Legal Education in the 21st Century

Legal Education in the 21st Century

Indonesian and International Perspectives

Aalt Willem Heringa, Sascha Hardt, Radian Salman &
Rosa Ristawati (Eds.)

eleven

Published, sold and distributed by Eleven
P.O. Box 85576
2508 CG The Hague
The Netherlands
Tel.: +31 70 33 070 33
Fax: +31 70 33 070 30
email: sales@elevenpub.nl
www.elevenpub.com

Sold and distributed in USA and Canada
Independent Publishers Group
814 N. Franklin Street
Chicago, IL 60610, USA
Order Placement: +1 800 888 4741
Fax: +1 312 337 5985
orders@ipgbook.com
www.ipgbook.com

Eleven is an imprint of Boom uitgevers Den Haag.

ISBN 978-94-6236-278-9
ISBN 978-90-5189-591-9 (e-book)

The Orange Knowledge Programme is funded by the Dutch Ministry of Foreign Affairs, and managed by Nuffic.

Preface

This edited volume is one of the outputs of the LEAP project: *Legal Education, Ethics and Professionalism – Skills and Integrity for the Rule of Law.*[1] Briefly put, this project, running from 2019 to 2022, aimed at bringing legal education in Indonesia to a higher level and to integrate issues of good governance, the rule of law, as well as legal and professional ethics into the curricula of Indonesian law schools. After all, legal education should not only convey knowledge of black-letter law, but also teach the skills and competences required for being a legal professional (in any capacity). In this way, legal education contributes to the overall improvement and professionalization of the legal system and helps to promote good governance and the rule of law.

As an institutional collaboration project, LEAP was led by the Faculty of Law at Maastricht University (UM Law), Maastricht School of Management (MSM) and the Faculty of Law at Airlangga University (Surabaya, Indonesia), in collaboration with five other law faculties in Indonesia, at Universitas Nusa Cendana (Kupang), Universitas Borneo Tarakan (Kota Tarakan), Universitas Halu Oleo, (Kendari), Universitas Trunojoyo (Madura) and Universitas Mulawarman (Samarinda). The following outputs have been realized within the LEAP project:

- Redesigning courses and course materials, in particular with a view to enhancing topicality and interactivity of learning by introducing a problem-based learning (PBL) approach and including skills training;
- The construction of state-of-the-art small-scale teaching rooms specifically geared towards PBL;
- The purchase of licences and e-packages for the Airlangga law library to facilitate research by students and scholars;
- Training staff in PBL and student-centred teaching;
- Developing new courses and redesigning existing ones on Good Governance and Legal Ethics, respectively, and integrating elements of these important subjects in other courses;
- Developing a new, pan-Indonesian (e-)moot court competition; www.youtube.com/watch?v=wUqWztDPIDY
- Creating instructive videos and other materials to train legal teaching staff;
- Creating video clips to be used in legal education in Indonesia;

1 LEAP (2019-2022) was funded by Nuffic, the Dutch organization for internationalization and international cooperation in education, under the *Orange Knowledge Programme* (OKP). Project Number OKP-IDN-103515. The *Orange Knowledge Programme* is funded by the Dutch Ministry of Foreign Affairs, and managed by Nuffic.

- Setting up a legal education network in Indonesia that brings together stakeholders with an interest in modernizing and further improving legal teaching, with an accompanying website devoted to legal education: www.japhi.id;
- Setting up an internship office at Airlangga University's Faculty of Law and updating the procedures and guidelines for internships with a view to connect legal education better to the labour market;
- Building a legal education app (ALEC – Airlangga Legal Education Center; available in iOS/Android app stores) with tools and information about different aspects of legal education;
- Creating a series of short guides about different aspects of legal education, to be made available through the aforementioned legal education website and app;
- Launching and operating an interactive website on the theme of Good Governance and the Rule of Law in Indonesia, featuring blogs, information and discussion: www.cons.id.

The present volume adds to this list of outputs, and also draws on the collective and personal experience of the various authors in working to modernize and further develop legal education. The book contains pieces of information, reflection and advice about legal education in general – the contributions written in English, with an abstract in Bahasa Indonesia – and contributions specifically devoted to legal education in Indonesia – written in Bahasa Indonesia with an abstract in English.

All contributions result in specific recommendations. For convenient access, we have bundled all recommendations at the beginning of the book; each set of recommendations refers to the chapter which it is based on.

The authors of the contributions to this volume have all, in various capacities, been involved in the LEAP project. It is our hope and aim that the book and all of its component chapters will contribute to reflections on legal education, stimulate dialogue and exchange and lead to further steps to continue along the path of further developing and improving legal education in Indonesia for the benefit of students, the Indonesian legal system and society at large.

With much gratitude for the Dutch government grant that financed the LEAP project, we are happy to make the present volume available to Indonesian law schools and the newly created Indonesian Legal Education Network, *Jaringan Pendidikan Hukum Indonesia* (JaPHI).

The six Indonesian partner institutions in the LEAP project have taken great steps forward and will no doubt continue to drive and inspire the development of legal education in Indonesia. Our hope is that this volume will enable other legal educators and stakeholders to benefit from the experience of LEAP and to make legal education a driving force for good governance, the rule of law, legal ethics and the general advancement of the Indonesian legal system and society.

Maastricht/Surabaya, January 2022

The 'LEAP' project team and editors of the present volume

Prof. Dr. Aalt Willem Heringa
Dr. Sascha Hardt

Maastricht University, Faculty of Law

Dr. Radian Salman
Dr. Rosa Ristawati

Universitas Airlangga, Fakultas Hukum

Table of Contents

Collected Recommendations

I. Legal Education: Different Models and Their Commonalities

Lulusan hukum, ketika memasuki pasar kerja, jelas perlu memiliki pengetahuan tentang hukum, tetapi juga penting bagi mereka untuk memperoleh keterampilan dan kompetensi akademik dan teknik belajar sepanjang hayat serta memiliki alat untuk bekerja secara interdisipliner dan untuk menyelidiki bidang-bidang baru di bidang hukum. Mereka juga harus mengembangkan keterampilan pemecahan masalah dengan pikiran hukum kritis dan evaluatif yang tepat. Universitas dan sekolah hukum harus memastikan bahwa pola pikir akademis ini sepenuhnya diamankan, dan memfasilitasi bekerja dengan hukum.

Law graduates, when entering the labour market, must evidently possess legal knowledge, but it is also imperative for them to have acquired academic skills and competences and lifelong learning techniques as well as the tools to work in an interdisciplinary manner and probe new areas of the law, and to have developed problem-solving skills with a critical and evaluative legal mind. Law schools and law faculties must ensure that this academic mindset is fully internalized and that it facilitates working with the law.

II Pendidikan Hukum di Indonesia: Antara Pendidikan Akademis dan Profesi

Permendikbud No 3 Tahun 2020 telah menetapkan berbagai model dan bentuk pembelajaran yang dapat digunakan oleh dosen untuk menunjang capaian pembelajaran mata kuliah tertentu, terutama mata kuliah yang bersifat praktek. Sehingga adalah sangat penting bagi dosen untuk melakukan inovasi pembelajaran dengan menggunakan berbagai metode pembelajaran yang ada. Hal ini untuk menghilangkan image bahwa kuliah di fakultas hukum kebanyakan menggunakan metode pembelajaran yang old-fashion, yaitu ceramah saja. Diskusi kelompok, studi kasus, pembelajaran kolaboratif dan kooperatif, dan problem based learning (PBL) perlu dibiasakan untuk memberi bekal mengasah kemampuan kritis, analitis, dan ketrampilan mahasiswa dalam merespon kasus-kasus hukum yang real terjadi di masyarakat. Bentuk pembelajaran tutorial juga perlu dilakukan untuk meningkatkan pemahaman mahasiswa terkait dengan materi yang sedang dipelajari.

Regulation No. 3 (2020) of the Ministry of Education has established various models and forms of learning that can be used by lecturers to support learning outcomes for certain subjects, in particular practical courses. It is important for lecturers to innovate learning by using various existing teaching methods. This is to eliminate the image that studying at the law faculty mostly means the use of old-fashioned teaching methods, namely lectures. Group discussions, case studies, collaborative and cooperative learning and PBL need to become commonplace in order to provide students with the critical and analytical faculties and the skills required to respond to real legal cases that occur in the community.

Meskipun, program internasionalisasi mengakibatkan beban kerja dosen semakin meningkat, namun proses dan kualitas pembelajaran pendidikan hukum harus tetap menjadi perhatian utama bagi para pemimpin fakultas hukum dan dosen karena core business utama lembaga pendidikan adalah untuk pendidikan, pengajaran dan penelitian. Standarisasi terhadap kualitas pengajaran perlu terus dimonitor, dan dievaluasi agar mutu

Although the internationalization programme has resulted in an increased workload for lecturers, the process and quality of legal education must remain a major concern for law faculty leaders and lecturers because the core business of educational institutions is education, teaching and research. Standardization of teaching quality needs to be continuously monitored and evaluated so that the quality of legal education in Indonesia is improving.

pendidikan hukum di Indonesia semakin meningkat. Apalagi pada saat pandemi ini, kualitas dan kuantitas pembelajaran melalui media online perlu dijaga mutunya agar capaian pembelajaran lulusan dapat tercapai. Jadi, selain mengejar pemeringkatan dan internasionalisasi, kurikulum dan metode pembelajaran juga harus mendapat perhatian yang sama untuk meningkatkan kompetensi lulusan.	Especially during this pandemic, the quality and amount of learning through online media need to be monitored so that the learning outcomes of graduates can be achieved. So, in addition to pursuing rankings and internationalization, curriculum and learning methods must also receive equal attention to improve the competence of graduates.

III The Impact of Professional Requirements on the Academic Nature of a Law Curriculum

Hubungan antara institusi akademik dan profesi harus diatur sedemikian rupa sehingga fakultas bebas menentukan kurikulum mereka sedemikian rupa sehingga lulusan benar-benar dapat dilihat sebagai akademisi, meninggalkan akses yang sebenarnya ke profesi (bagi lulusan yang benar-benar mencari menjadi anggota profesi) untuk ujian yang diselenggarakan oleh profesi ini.	The relationship between academic institutions and the professions should be organized such that that faculties are free to determine their curricula in such a way that graduates can actually be seen as academics, leaving the actual access to the profession (for those graduates that actually seek to become members of the professions) to an exam organized by these professions.

IV Running an Internship Office

Akses terhadap unit magang sangat diapresiasi oleh mahasiswa dan oleh karena itu disarankan untuk membuka dan mengelola unit pemagangan yang dapat memberikan informatif kepada mahasiswa.	The accessibility of the internship office is much appreciated by students, and it is therefore recommended to open the internship office for short informative appointments with students.
Berkenaan dengan komunikasi dan pengalaman yang kita punyai, kita telah belajar bahwa sejumlah besar mahasiswa meminta informasi umum tentang magang melalui surel meskipun mereka dapat menemukan informasi ini di halaman web portal kegiatan mahasiswa. Oleh karena itu, kantor magang berusaha dan merekomendasikan untuk membimbing mahasiswa agar menggunakan informasi secara daring melalui fitur pertanyaan dan jawaban dengan tujuan untuk mengurangi jumlah permintaan informasi melalui email.	With regard to communication, experience has taught that a large number of students request general information about internships by email although they can find this information on the student portal web page of the internship office. Therefore, the internship office strives and recommends to better guide the student through the online information 'on a question-and-answer basis', with the aim of reducing the amount of information requests by emails.
Ketika magang disetujui, data tersebut akan terdaftar di database unit magang. Kantor magang menggunakan database ini untuk memberi saran kepada mahasiswa. Kantor magang juga menggunakan perangkat lunak tertentu yang telah membantu kantor bekerja lebih akurat dan efisien dalam rangka tujuan pendaftaran.	When an internship is approved, it is registered in the internship database of the internship office. The internship office uses this database to advise students. For the purpose of registration, the internship office uses certain software which has helped the office to work more accurately and efficiently.
Untuk setiap magang, koordinator magang mengatur seorang superviso atau pembimbing fakultas. Dalam hal itu, kantor magang	For each internship, the internship coordinator arranges a faculty supervisor. In that respect, the internship office makes agreements with the

merekomendasikan untuk membuat perjanjian dengan staf akademik tentang jumlah peemagang yang dapat mereka awasi di tahun ajaran mendatang. Ini memungkinkan koordinator magang untuk bekerja lebih efisien.	academic staff about the number of internships they can supervise in the upcoming academic year. It enables the internship coordinators to work more efficiently.

V Implementasi Merdeka Belajar Kampus Merdeka (MBKM) Melalui Pemagangan: Pengalaman Fakultas Hukum Universitas Borneo Tarakan

Memberikan pengalaman nyata pada dunia nyata profesi hukum adalah penting untuk menyiapkan mahasiswa masuk dunia kerja. Untuk itu pemagangan perlu didesain dengan sistematis dan terstandar, pembimbing dan standar penilaian, beban dan jangka waktu, tujuan (host) pemagangan, hingga evaluasinya.	Providing experience in the real world of the legal profession is important to prepare students for the world of work. For this reason, internships need to be designed in a systematic and standardized manner, with good supervision and clear standards for evaluation, workload and duration, as well as the purpose of the internship on the part of the host.

VI Skills in Legal Education: Where to Start

Jadikan partisipasi dalam proses pendidikan hukum sebagai bagian dari mata kuliah keterampilan Anda. Jika metode pengajaran khusus seperti pembelajaran berbasis masalah digunakan, pastikan bahwa semua keterampilan yang diperlukan untuk program itu diterapkan sejak awal. atau hapuskan metode ini sama sekali.	Make participating in the legal education programme a part of your skills courses. If a special teaching method - like PBL - is used, either ascertain that all the skills needed for that programme are part of the curriculum starting from day one, or, if not, abolish this method altogether.
Keterampilan yang mungkin secara khusus terkait dengan praktik hukum, termasuk keterampilan penelitian, harus diintegrasikan ke dalam kurikulum di samping mata kuliah hukum substansial pada saat mahasuswa, sehingga memperoleh pengetahuan dasar yang cukup tentang hukum yang relevan untuk praktik hukum guna dapat mengambil manfaat dari proses pembelajaran.	Skills that may be specifically associated with legal practice, including research skills, should be integrated into the curriculum alongside courses of substantial law once students have acquired enough basic knowledge of the law relevant for legal practice to be able to profit from these trainings.
Mulai semester pertama dengan paket terpadu analisis aturan hukum, penalaran hukum dan penulisan hukum harus menjadi bagian dari program bersama mata kuliah yang substansial.	Starting from the first semester, an integrated package of analysis of legal rules, legal reasoning and legal writing should be part of the programme alongside substantial courses.
Dasar dari setiap pembelajaran keterampilan membantu mahasiswa untuk menganalisis aturan hukum harus yang merupakan visualisasi dari interpretasi yang benar terhadap aturan yang dihubungkan dengan fakta dan perilaku terhadap konsekuensi hukum.	The basis of any skills training helping students to analyse legal rules should be the visualization of the correct interpretation of the rule using its general structure of connecting facts and behaviour with legal consequences.
Pengembangan keterampilan menulis harus didasarkan pada hubungan yang kuat antara menulis teks hukum dengan keterampilan menganalisis aturan hukum yang dapat dilakukan secara semi formal.	The development of writing skills should be based on a solid connection of writing legal texts with the skill of analysing legal rules in a semi-formal way.

Studi kasus hukum dan penalaran hukum (argumentasi hukum) sebagai bagian dari mata kuliah keterampilan harus ditambahkan ke analisis aturan dan penulisan hukum pada saat yang tepat dalam kurikulum.	The study of case law and legal reasoning (legal arguments) as part of the skills course should be added to rule analysis and legal writing at an appropriate point in the curriculum.
Mata kuliah keterampilan berdasarkan analisis aturan hukum harus dirancang sedemikian rupa sehingga pada awalnya mahasiswa akan mengenali isi contoh dan latihan dari mata kuliah hukum substantif.	Skills courses based on a semi-formal rule analysis should be designed in such a way that at the start students will recognize the contents of examples and exercises from the parallel courses in substantive law.

VII Keterampilan Hukum dalam Pendidikan Hukum

Meskipun pendidikan ilmu hukum dikualifikasi sebagai jenis pendidikan akademik namun karena pendidikan hukum pada dasarnya menghasilkan profil lulusan yang yang mempunyai keahlian hukum dan akan memasuk berbagai profesi hukum, maka keterampilan hukum adalah hal mutlak. Fakultas hukum atau sebutan lainnya perlu untuk menerapkan dan mengembangkan keterampilan hukum dalam dua bentuk, yakni keterampilan dasar untuk memampukan mahasiswa mengikuti pendidikan hukum seperti kemampuan presentasi dan argumentasi dan keterampilan dalam bidang hukum, seperti keterampilan dalam beracara, perancangan kontrak dan perancangan perundang-undangan.	Although legal education is considered a type of academic education (not vocational), because legal education produces a profile of graduates who have legal expertise and will enter various legal professions, legal skills are an absolute must. Law faculties or other designations need to apply and develop legal skills in two forms, namely basic skills to enable students to acquire legal education – such as presentation and argumentation skills – and skills in the field of law, such as skills in court proceedings, contract drafting and drafting legislation.

VIII Moot Courts in European Legal Education

Peradilan semu tidaklah sekadar sebuah kompetisi. Peradilan Semu merupakan salah satu alat pengajaran yang paling efektif untuk pengembangan pengetahuan dan keterampilan hukum yang akan meningkatkan pengajaran interaktif yang menempatkan orientasi kepada mahasiswa. Oleh karena itu, Peradilan Semu harus menjadi komponen yang harus dilakukan secara rutin baik di tingkat sarjana maupun pascasarjana.	Moot courts are more than a game. They are one of the most effective teaching tools for acquiring both legal knowledge and skills and perfectly augment a student-driven, interactive teaching method. Moot courts should therefore be a routine and recurring component of both undergraduate and graduate legal studies.
Kemajuan teknologi, terutama pada saat masa pandemi, memungkinkan kita untuk tetap dapat menyelenggarakan dan melaksanakan kompetisi pengadilan semu pada skala besar dengan sangat profesional seperti ELMC yang dilaksanakan sepenuhnya daring. Ini adalah tanda perkembangan yang baik dan diharapkan kompetisi pengadilan semu secara daring akan tetap sebagai bagian tambahan dari spektrum pengadilan semu. Mahaiswa harus didorong untuk mengikuti kompetisi tersebut baik pada tingkat nasional maupun internasional. Namun, kompetisi peradilan semu secara daring dapat	Technological advances, not least during the pandemic, have made it possible to hold even large-scale and highly professional moot court competitions like the ELMC entirely online. This is a good development and it is to be expected that online mooting competitions will remain as an additional aspect of the moot court spectrum. Students should be encouraged to participate in such competitions both nationally and internationally. However, online mooting cannot and should not fully replace live mooting, since those aspects of moot court participation that cannot be reproduced online – engagement with

dan tidak boleh sepenuhnya menggantikan peradilan semu secara langsung, karena aspek-aspek partisipasi pengadilan semu itu yang tidak dapat direproduksi secara daring – keterlibatan dengan mahasiswa lain dan profesional di luar sesi; pengalaman ruang sidang; dll. – sangat berharga, juga dari sudut pandang pendidikan melihat.

other students and professionals outside sessions, the courtroom experience, etc. – are also very valuable from an educational point of view.

IX Optimalisasi Moot Court Sebagai Sarana Pembelajaran Praktik Hukum

Praktik peradilan atau praktik hukum dalam berbagai profesi merupakan aspek yang bertujuan mendekatkan pada profesi hukum. Pada masa pandemik, tantangan pembelajaran praktik ini adalah mencari model baru yang tetap mendekatkan mahasiswa atmosfir praktik. Namun penekanan pada aspek ini bukanlah pada hal "penampilan" atau performa, tetapi pada penguasaan substansial mekanisme dan proses dengan tetap mengutamakan argumentasi, seperti pada model moot court.

Judicial practice or legal practice in various professions is an aspect that aims to bring the legal profession closer. During the pandemic, the challenge of this practical learning has been to find a new model that still ensures that students experience the practical side of things. However, the emphasis on this aspect is not on 'appearance' or performance, but on substantial mastery of mechanisms and processes while still prioritizing arguments, such as in the moot court model.

X The Use of Case Law in the Legal Curriculum: Why and How?

Kasus hukum harus memainkan peran penting dalam pendidikan hukum. Secara substantif, suatu perkara yang diputus oleh badan peradilan merupakan suatu sumber hukum. Tidak memberi perhatian terhadap putusan pengadilan ini dalam menghasilkan ahli hukum, akan membuat pendidikan hukum tidak relevan.

Case law must play an essential role in whichever type of legal education. As a matter of substantive law, this follows from the recognition of cases decided upon by the highest courts as a source of law. Not paying attention to these cases in training new lawyers would make legal education irrelevant.

Kasus juga merupakan elemen penting dalam mengembangkan keterampilan. Analisis hukum kasus yang cermat dan kritis adalah sarana yang diperlukan untuk mempelajari bagaimana membuat keputusan yang masuk akal. Kasus-kasus peradilan sangat cocok untuk pembelajaran aktif karena berbagai elemen yang dikandungnya.

Cases are also an essential element in developing skills. The careful and critical analysis of case law is a necessary means to learn how to make reasoned decisions. Judicial cases lend themselves very well to active learning because of the various elements they consist of.

XI Kajian Putusan Pengadilan Dalam Pengajaran di Fakultas Hukum di Era Digital: Manfaat dan Tantangan

Pendidikan hukum bukan hanya mengenai pengetahuan. Pendidikan hukum mempunyai dimensi keterampilan hukum dan pemecahan masalah. Untuk itu sudah seharusnya pendidikan hukum memperkaya konten pembelajaranya dengan kasus-kasus. Untuk pembelajaran baik dalam ragam pengajaran, tutorial dan riset mahasiswa, harus dilakukan berbasis kajian terhadap putusan-putusan pengadilan.

Legal education is not just about knowledge. Legal education has dimensions of legal skills and problem-solving. For this reason, legal education should enrich its learning content with cases. To ensure that good learning occurs in a variety of teaching settings, in tutorials and through student research, it must be based on a study of court decisions. Learning about cases can start from simple things, such as designing

Pembelajaran terhadap kasus dapat dimulai dari hal sederhana, seperti mendesaian kasus hipotetik, pengajaran mengenai bagaimana membaca putusan pengadilan, memecahkan masalah dari kasus hingga analisa terhadap putusan pengadilan perlu dilakukan secara sistematik pada setiap mata kuliah. Dengan demikian setiap pembelajaran hukum berlaku rumus : pengetahuan + kasus.	hypothetical cases, teaching about how to read court decisions, solving problems from cases or analysing court decisions, which needs to be done systematically in each course. Thus, every legal study applies the formula: knowledge + case.

XII Legal Education: The Role of Comparative and Global Law

Pada saat krisis seperti pandemi Covid-19, fleksibilitas struktur moot court sangat penting dan harus dimasukkan ke dalam aturan kompetisi moot court jika berlaku.	When in a crisis such as the Covid-19 pandemic, flexibility in the structure of a moot court is crucial and should be incorporated into the rules of the moot court competition if applicable.
Pengadilan semu daring sangatlah bermanfaat daripada tidak mengadakan pelatihan atau kompetisi pengadilan semu sama sekali karena akan membuat mahasiswa tidak memiliki kemungkinan untuk melatih keterampilan hukum mereka. Dalam konteks pengadilan semu yang lebih besar itu berarti ratusan mahasiswa tidak meningkatkan keterampilan mereka dan membuat kontak baru di luar kehidupan sehari-hari mereka.	Any online moot court is better than not having a moot court training or competition as it leaves the students without the possibility to practice their legal skills. In the context of larger moot courts that means hundreds of students not enhancing their skills and making new contacts outside their everyday lives.
Menumbuhkan jaringan persaingan Moot Court dengan praktik hukum di lembaga dan firma hukum swasta adalah hal mendasar.	Cultivating links and networks between moot court competitions and legal practitioners in institutions, courts and law firms is fundamental, both during times of crisis and on sunny days.
Kita harus ingat bahwa semua upaya, dan khususnya yang diungkapkan di sini dari MU dan ELMC Society, dibuat terutama untuk mahasiswa dan untuk meningkatkan komunitas hukum secara keseluruhan yang membawa kita ke motto ELMC yakni Moot, Meet and Compete!	One should remember that all the efforts, and specifically those presented here from MU and the ELMC Society, are made primarily for the students and to improve the legal community as a whole, which brings us to the, now quite famous, motto of the ELMC competition that applies to all well-built moot courts worldwide: Moot, Meet and Compete!

XIII Penguasaan Perbandingan Hukum sebagai Keterampilan Khusus Bidang Hukum di Indonesia

Meskipun hukum selalu berkaitan dengan sistem dan yurisdikasi, pembelajaran hukum perlu alat bantu berupa perbandingan hukum. Hal ini tidak selalu dimaknai dengan adanya mata kuliah perbandingan hukum atau sebutan lainnya tetapi dalam konten mata kuliah perlu dikembangkan perbandingan hukum, baik perbandingan aturan, kelembagaan atau putusan. Perbandingan hukum membantu dalam memecahkan masalah hukum, karena tidak setiap hukum nasional dapat	Although law is always related to systems and jurisdictions, legal learning needs the tool of comparative law. This does not always have to be in the form of special courses dedicated to comparative law; rather, comparative law should be integrated in the content of regular courses, whether by comparative rules, institutions or decisions. Comparative law helps in solving legal problems, because not every national law can provide answers to all given problems; hence,

memberikan jawaban atas permasalahan dan hal ini berguna pula untuk pembangunan hukum.	comparative law is also useful for legal development.

XIV The Integration of Research in Legal Teaching

Waktu dan upaya yang dihabiskan peneliti untuk mengajar harus diakui dan dihargai, yaitu diambil menjadi pertimbangan positif dalam pengambilan keputusan tentang promosi, remunerasi, dan perpanjangan kontrak.	Time and effort researchers spent on teaching should be recognized and rewarded, i.e., taken into positive considerations in decisions on promotions, remuneration, contract extensions and hiring.
Pakar hukum yang berprestasi – termasuk profesor dan cendekiawan ternama – harus menyadari bahwa keahlian mereka tidak dengan sendirinya membuat mereka memenuhi syarat untuk mengajar dengan baik. Oleh karena itu, pelatihan guru dan langkah-langkah peningkatan kapasitas harus menjadi komponen tetap dari akademik.	Accomplished legal experts – including professors and acclaimed scholars – should realize that their expertise does not in itself qualify them to teach well. Therefore, teacher training and measures of capacity building should be a fixed component of academic positions.
Pelatihan guru/ dosen dan peningkatan kapasitas pendidikan di sekolah hukum harus dirancang oleh atau di kolaborasi dengan para peneliti dan ahli hukum.	Teacher training and educational capacity building at law schools should be designed by or in collaboration with persons who are themselves both researchers and accomplished legal educators.
Peneliti yang mengajar hendaknya tidak hanya menggunakan hasil karya ilmiahnya dalam mengajar. Lebih penting lagi, mereka harus membiarkan mahasiswa mereka mempraktikkan keterampilan idealnya dengan membiarkan mahasiswa melakukan penelitian mereka sendiri di bawah bimbingan profesional.	Researchers who teach should not only use the results of their scientific work in teaching. More importantly, they should let their students practice the skills and processes involved in successful legal research, ideally by letting students conduct their own research under professional guidance.

XV A Legal Ethics Course for Judges: A Dutch Experience

Sebelum memulai memberikan mata kuliah etika hukum terlebih dahulu buatlah kode etik yang disepakati bagi para hakim dan staf sebagai bahan pembelajaran.	Before starting to give legal ethics courses, first create an agreed code of conduct for judges and staff members.
Buatlah peserta kuliah etika hukum merasa nyaman untuk membicarakan dilema etika dari praktik mereka, tanpa takut akan disiplin atau konsekuensi negatif lainnya bagi karier mereka.	Make participants of legal ethics courses feel safe to talk about ethical dilemmas from their practices, without fear of being disciplined or other negative consequences for their careers.
Berikan mata kuliah etika hukum dalam kombinasi kursus e-learning diikuti dengan pelatihan tatap muka, mungkin dalam kelompok kecil.	Offer legal ethics courses as a combination of an e-learning course followed by face-to-face training, possibly in small groups.
Buat konten pembelajaran berorientasi pada praktik, interaktif dan berdasarkan skenario kehidupan nyata.	Make the content of the training practice-oriented, interactive and based on real-life scenarios.
Selenggarakan mata kuliah etika hukum sehingga mereka dapat berperan kelah melatih para hakim dan staf sehingga mereka mampu dan mau	Set up legal ethics courses such that they train judges and staff so they will be able and willing to talk about dilemmas with peers, and contribute

berbicara tentang dilema dengan rekan-rekan, dan berkontribusi pada pembentukan budaya diskusi terbuka tentang nilai-nilai inti profesi (hakim sebagai contoh).	to the establishment of a culture of open discussion on the core values of judges.

XVI Pemikiran untuk Penguatan Pendidikan Etika Profesi Hukum

Kurikulum pendidikan hukum cenderung memberikan bobot lebih pada pengetahuan dan keterampilan hukum. Dalam hal etika profesi hukum, diperlukan pendekatan non-kurikuler di mana lembaga pendidikan tinggi hukum mempromosikan dan mengadopsi lingkungan belajar berbasis etika; dan pendekatan kurikuler di mana lembaga pendidikan tinggi hukum dapat menerapkan kebijakan agar setiap mata kuliah di dalam kurikulum memiliki muatan pembelajaran etika profesi. Lebih lanjut pelbagai metode pembelajaran seperti pembelajaran reflektif dan partisipatori dapat diterapkan dalam proses pembelajaran etika profesi hukum untuk menginternalisasi nilai-nilai etika profesi pada diri mahasiswa.	Legal education curricula tend to give more weight to legal knowledge and skills. In terms of the ethics of the legal profession, a non-curricular approach is needed in which legal higher education institutions promote and adopt an ethics-based learning environment, and a curricular approach in which legal higher education institutions can implement policies so that each subject in the curriculum has the content of learning professional ethics. Furthermore, various learning methods such as reflective and participatory learning can be built into the legal profession ethics learning process for students to internalize professional ethical values.

XVII Teaching Good Governance and the Rule of Law

Bahkan dalam kurikulum yang berorientasi pada pengajaran hukum positif, konsep Rule of Law dan Good Governance harus mendapat tempat yang menonjol.	Even in a curriculum oriented towards teaching positive law, the concepts of the Rule of Law and Good Governance should take a prominent place.
Direkomendasikan untuk tidak mengajarkan konsep Rule of Law dan Good Governance 'secara terpisah' – misalnya dengan membahas perkembangan ideasional dari rule of law – tetapi untuk memasukkannya ke dalam semua bidang hukum (hukum tata negara, administrasi, pidana, pajak, dll).	It is recommended not to teach concepts of Rule of Law and Good Governance 'in isolation' – for example by discussing the ideational development of the rule of law – but to incorporate them into courses of all legal fields (constitutional and administrative law, criminal law, tax law, etc.).
Mengenai Rule of Law, harus digarisbawahi bahwa ini adalah salah satu pilar konstitusionalisme (bersama dengan demokrasi dan penghormatan terhadap hak-hak fundamental dan minoritas). Hal ini menandakan bahwa praktik dan bagaimana konsep-konsep ini berhubungan satu sama lain harus diajarkan berdasarkan contoh-contoh praktis.	As regards the Rule of Law, it should be highlighted that it is one of the cornerstones of constitutionalism (together with democracy and respect for fundamental and minority rights). What this means in practice and how these concepts relate to each other should be taught using practical examples.
Pengajaran harus dilaksanakan secara baik sehingga mahasiswa dapat terlibat secara aktif dan kritis dengan konsep Rule of Law dan Good Governance; mereka harus didorong untuk menyelidiki arti dari istilah-istilah ini, konsekuensi hukum spesifik yang mereka miliki, dan apakah dan sejauh mana penerapannya masih perlu ditingkatkan.	Teaching should happen in such a way that students engage actively and critically with the concepts of the Rule of Law and Good Governance; they should be prompted to investigate the meaning of these terms, the specific legal consequences they have and whether and to what extent their implementation still needs to be improved.

Pembelajaran berbasis masalah sangat berguna dalam hal ini. Melalui skenario kasus atau 'cerita' yang menyentuh pertanyaan seputar Rule of Law dan Good Governance, mahasiswa didorong untuk merumuskan masalah hukum, menyelidiki arti istilah, dan mengidentifikasi hubungan antara prinsip dan norma hukum positif.	PBL is particularly useful in this regard. Through case scenarios or 'stories' that touch upon questions surrounding the Rule of Law and Good Governance, students are prompted to formulate legal issues, investigate the meaning of terms and identify the connection between principles and positive legal norms.
Skenario kasus PBL harus dirumuskan secara terbuka – bercerita tetapi tidak mengajukan pertanyaan secara langsung atau mengarahkan mahasiswa terlalu banyak ke arah tertentu. Dengan cara ini, mahasiswa dirangsang untuk menerapkan pengetahuan sebelumnya dan mencari relevansi antar keduanya.	PBL case scenarios should be formulated openly – tell a story but do not ask questions directly or point students too much in a certain direction. This way, students are stimulated to apply prior knowledge and look for connections.

XVIII Rule of Law dan Good Governance dalam Pendidikan Hukum Indonesia

Cita-cita negara hukum adalah cita-cita konstitusi yang tidak pernah selesai. Pendidikan hukum mempunyai peran penting yang menentukan wajah hukum dalam bernegara. Untuk itu pendidikan hukum perlu selalu menanamkan dan menginternalisasi nilai-nilai mendasar dalam berhukum, seperti keadilan, konstitusionalisme, Hak Asasi Manusia dan integritas.	The ideals of the rule of law are constitutional ideals that have never been fully implemented. Legal education plays an important role in determining the face of law in the state. For this reason, legal education needs to always make students internalize fundamental legal values, such as justice, constitutionalism, human rights and integrity.
Kerangka rule of law, Negara hukum Indonesia dan good governance di Indonesia berkembang melalui pendidikan hukum di Indonesia dan praktek penegakan hukum di Indonesia. Fakultas hukum dan para dosennya perlu menggali perkembangan konsep dan prinsip-prinsip rule of law dan good governance baik secara teoretik maupun berbasis putusan pengadilan, seperti putusan Mahkamah Konstitusi.	The framework of the Rule of Law in Indonesia and Good Governance in the Indonesian state is developing through legal education and the practice of law enforcement in the country. Law faculties and their lecturers need to explore the development of concepts and principles of the Rule of Law and Good Governance both theoretically and based on court decisions, such as decisions of the Constitutional Court.
Institusi Fakultas Hukum sebagai penyelenggara pendidikan hukum di Indonesia dalam ranah akademik dan Mahkamah Konstitusi sebagai pemegang kekuasaan kehakiman dalam ranah profesionalism perlu kolaborasi saling melengkapi dan berkontribusi dalam baik study maupun implementasi rule of law dan good governance.	The institution of the Faculty of Law as the provider of legal education in Indonesia in the academic realm, and the Constitutional Court as the holder of judicial power in the realm of legal practice, need to collaborate and contribute to both the study and the implementation of the Rule of Law and Good Governance.

XIX Making Teaching Interactive: Experiments from the Maastricht European Law School

Memikirkan dan menuliskan filosofi pengajaran yang mengakomodasi interaksi antar mahasiswa dan dosen guna membantu memastikan bahwa keduanya dapat menemukan kecocokan.	Thinking about and writing down a teaching philosophy that accommodates interaction among students and between students and

	teachers helps ensure that everyone is on the same page.
Melatih dan membina staf pengajar tentang filosofi mengajar dan bagaimana penerapannya yang mana sangat diperlukan bagi mahasiswa sehingga mereka tahu apa yang diharapkan dari mereka.	Training teaching staff and continuing to foster a conversation with them about the teaching philosophy employed and how it is applied to teaching will create standardized learning outcomes for students so that they know what is expected of them.
Tempat mengajar memiliki efek positif pada interaksi. Pelajari lebih lanjut tentang cara kerjanya dan pikirkan bagaimana ruangan yang ada dapat digunakan secara optimal untuk mendorong interaksi.	Teaching spaces have a positive effect on interaction. Learning more about how this works and thinking about how existing rooms can be optimally used to foster interaction is important.
Merevisi bahan ajar untuk memasukkan tantangan sosial, seperti perubahan iklim, yang akan membantu menghubungkan bahan ajar secara langsung dengan pengalaman mahasiswa, yang mengarah ke lebih banyak interaksi.	Revising teaching materials to include societal challenges, such as climate change, will help directly connect the teaching materials to the experience of students, leading to more interaction.

XX Transformasi Model Pembelajaran Dari Aktif-Interaktif Ke Problem-Based Learning (PBL)

Dua pelaku utama dalam proses pembelajaran adalah dosen dan mahasiswa. Sebagai persiapan pelaksanaan pembelajaran PBL, dosen perlu melakukan penilaian dan evaluasi dari secara jujur tentang kesiapannya sebagai pribadi dan kesiapan mahasiswanya sebelum memutuskan untuk menerapkan model pembelajaran PBL.	The two main actors in the learning process are the lecturers and the students. In preparing for the implementation of PBL, lecturers need to conduct an honest assessment and evaluation of their own readiness and that of the their students before deciding to apply the PBL model.
Tutor diperlukan keberadaannya pada sesi tutorial. Dosen Penanggung Jawab Mata Kuliah (PJMK) perlu menentukan persyaratan sebagai tutor, melatih tutor agar mampu berperan secara tepat dan proporsional dalam melaksanakan tugasnya.	Tutors are required to be present at tutorial sessions. Course coordinators need to determine the requirements that tutors have to meet, and train tutors accordingly to play a proper and proportional role in carrying out their duties.
Pada tahap akhir, dosen perlu menyampaikan rangkuman dan ulasan terhadap hasil akhir PBL yang telah dilakukan mahasiswa, baik dari substansi dan penguasaan *soft-skill*. Penting juga bagi mahasiswa untuk mendapatkan umpan balik dari dosen dan penegasan apakah bangunan yang telah mereka bangun itu telah tepat dan benar secara keilmuan.	In the final stage, the lecturer needs to submit a summary and review of the final results of PBL produced by students, both in terms of substance and in terms of soft-skill mastery. It is also important for students to receive feedback from lecturers and to confirm whether their theories and solutions are scientifically correct.
Pembelajaran PBL dapat dimodifikasi, tidak selalu harus diterapkan maksimum. Menerapkan model PBL secara maksimum seharusnya tetap dijadikan target capaian. Namun, jika pada saat ini penerapan PBL *secara ideal* belum dapat diterapkan, maka berkompromi dengan keadaan menjadi pilihan terbaik.	PBL learning can be modified; it does not always have to be applied to the fullest extent. Applying the PBL model to the maximum level possible should, however, still be the ultimate target. If at present this ideal model of PBL cannot be implemented, then making adjustments to the situation is the best option.
Team Teaching bersama-sama PJMK perlu secara bersama-sama menyusun *road-map* dalam	Team teaching by the tutor and course coordinator is necessary to jointly create a road

persiapan penyelenggaraan PBL pada mata kuliah yang bersangkutan. PJMK dan *Team Teaching* perlu pula menentukan target capaian serta melakukan evaluasi secara berkala sehingga dapat diketahui kapan saat yang tepat untuk melaksanakan metode pembelajaran PBL.	map in preparing for the implementation of PBL in the relevant subject. The course coordinator and the teaching team also need to determine common targets of achievement and conduct periodic evaluations so as to determine the right time to (take further steps to) implement the PBL method.

XXI Blended Learning: A Label as Barrier

Mulailah dengan sebuah visi. Buat visi tersebut secara kolaboratif, dan pastikan visi itu didukung oleh seluruh komunitas. APA dan MENGAPA harus jelas bagi semua orang, dan mampu menciptakan kepemilikan dan urgensi.	Start with a vision. Create this vision collaboratively, and make sure it is supported by the entire community. The WHAT and WHY need to be clear for everyone, creating ownership and urgency.
Temukan bahasa bersama, pastikan semua orang mendefinisikan konsep kompleks dengan cara yang sama.	Find a shared language, making sure everybody defines complex concepts similarly.
Jelaskan secara eksplisit bahwa mengajar tidak sama dengan belajar.	Make explicit that teaching is not the same as learning. ,

XXII Quality Assurance Mechanisms and Standards

Saat memilih metode penjaminan mutu, seseorang harus selalu mempertimbangkan kondisi berikut: – Keandalan metode; – Validitas metode; – Keadilan metode; – Konsekuensi sosial dari metode tersebut.	When choosing a quality assurance method, one should always take into consideration the following conditions: – Reliability of the method; – Validity of the method; – Fairness of the method; – Social consequence of the method.
Dengan mempertimbangkan kondisi, disebutkan dalam rekomendasi sebelumnya, berikut ini direkomendasikan untuk survei kursus: – Saat mengembangkan survei untuk kursus PBL: sertakan topik yang menentukan apakah filosofi PBL dapat diikuti dan sertakan topik yang lebih umum yang didasarkan pada bukti berbasis penelitian untuk meningkatkan pembelajaran mahasiswa dan metakognisi. Biarkan ahli di bidangnya membantu Anda dalam hal ini. – Gunakan analisis statistik untuk menafsirkan hasil survei kursus dan berikan pelatihan untuk memahami analisis tersebut. – Jangan gunakan survei kursus sebagai satu-satunya metode penjaminan mutu. – Yang paling penting, dan berlaku untuk semua metode penjaminan mutu, adalah memiliki mutu budaya di fakultas.	Taking into account the conditions mentioned in the preceding recommendation, the following is recommended for course surveys: – When developing a survey for PBL courses include topics that assess if the PBL philosophy is followed and include more general topics that are based on research-based evidence for improving student learning and metacognition. Let experts in the field help you with this. – Use statistical analyses to interpret the results of the course surveys and provide training in understanding those analyses. – Do not use course surveys as the only method of quality assurance. – Most important, and applicable for all quality assurance methods, is to have a quality culture in one's faculty.

XXIII Collaboration among Law Schools and with Society

Fakultas Hukum menyediakan informasi hukum kepada khalayak umum dan mengajak masyarakat untuk berpartisipasi dalam debat publik tentang masalah hukum, sebagai sarana untuk mendidik masyarakat dan memberi masukan tentang aspek-aspek kewargaan yang esensial seperti supremasi hukum, demokrasi, dan tata pemerintahan yang baik.	Opening up to society by making available legal information to a general audience and participating in public debate about legal issues, is a means to educate society and to give input to public debate about essential civic aspects such as rule of law, democracy and good governance.
Berkolaborasi dengan fakultas hukum lain dalam jaringan pendidikan hukum, untuk bersama-sama meningkatkan derajat pendidikan hukum dalam suatu masyarakat, yang memang seharusnya menjadi tanggung jawab bersama.	Collaborate with other law schools in legal education networks to jointly raise the level of legal education in a society, which indeed ought to be a shared responsibility.

XXIV Kolaborasi Antar Institusi Pendidikan Hukum dan Masyarakat Profesi Hukum

Pengembangan keilmuan hukum, pemerataan kualitas lulusan dan kemajuan institusi pendidikan hukum, memerluka kolaborasi lebih luas dan menyeluruh dari institusi pendidikan tinggi hukum. Hal ini meliputi perguruan tinggi negeri di lingkungan Kemendikbud, perguruan tinggi keagamaan islam negeri dan perguruan tinggi swasta sehingga manfaat yang lebih luas dapat diperoleh berbagai pihak.	Development of jurisprudence, equal graduate quality and advancement of legal education institutions, requires wider and comprehensive collaboration from legal higher education institutions. This includes state universities within the Ministry of Education and Culture, state Islamic religious universities and private universities so that more benefits can be obtained by various parties.
Kolaborasi yang lebih efisien, efektif, adaptif dan aksesibel perlu dikembangkan melalui platform bersama, dengan memanfaatkan perkembangan teknologi informasi dan komunikasi seperti platform berbasis laman/ website, aplikasi dan sebagainya sehingga kemanfaatan lebih luas dapat diperoleh banyak pihak, termasuk masyarakat pada umumnya.	More efficient, effective and adaptive collaboration needs to be developed through a common accessible platform by utilizing information and communication technology (ICT), such as web-based platforms or websites, applications and other tools, so that wider benefits can be obtained by many parties, including the community in general.

Legal Education

I Legal Education: Different Models and Their Commonalities

Aalt Willem Heringa[*]

Tulisan ini bertujuan untuk menjelaskan berbagai model pendidikan hukum di sekolah dan fakultas hukum dan sebagai pelatihan akademik atau profesional. Penelitian ini juga secara singkat menggambarkan hubungannya dengan pasar tenaga kerja secara umum dan ke pekerjaan pengacara dan ranah pengadilan secara khusus. Model pendidikan hukum yang fokus secara spesifik ke pekerjaan pengacara dan pengadilan tentu akan meletakkan titik berat yang berbeda dibandingkan fakultas yang menawarkan pembelajaran hukum secara akademik, di mana hanya sebagian kecil dari lulusannya terjun ke dunia peradilan dan sebagian besar lebih memilih bekerja di kepegawaian negara, dunia usaha, sebagai penasihat kebijakan, ataupun pekerjaan non-hukum.
Kurikulum pembelajaran juga ditentukan oleh panjang, muatan, dan kedalaman pendidikan yang mendahului studi hukum. Apabila studi hukum adalah kurikulum pendidikan tinggi dengan akses terbuka untuk calon mahasiswa yang baru menyelesaikan jenjang sekolah menengah, maka kurikulum hukum sebaiknya dilengkapi oleh pembelajaran kemampuan akademik dan pengetahuan umum yang diperlukan para profil lulusan nantinya. Oleh karena itu, aspek-aspek seperti keahlian, keinterdisiplineran, serta sikap kritis dan analitis harus memiliki tempat yang penting dalam sebuah kurikulum hukum. Hal ini juga berlaku untuk aspek hukum internasional, global dan komparatif karena tren globalisasi dan hukum dalam konteks tersebut.

This article describes different models of legal education in law schools and law faculties and as academic or professional training. It also briefly sketches different modes of connection to the labour markets in general and to the bar and judiciary specifically. A pure focus on the bar and judiciary will lead to different accents in the content of the courses and learning outcomes as compared to law faculties that educate legal academics, with a minority of graduates entering the bar and the majority aspiring to work in the civil service or in the corporate world or as policy advisors or in non-legal employment.
Curricula are also largely determined by the length, content and depth of education that preceded the study of the law. When the study of the law is a university curriculum, with access open for prospective students who have successfully completed secondary school, a law curriculum ought also (added to the study of the law) to include academic skills and basic knowledge of other academic courses with which lawyers in their later careers may be, and are most likely, confronted. These aspects (skills, interdisciplinarity, critical and analytical attitudes) must therefore find a prominent place in the legal curriculum. And this also applies to international and global and comparative aspects of the law, because of globalization trends and law in context.

* Professor of Comparative Constitutional and Administrative Law, Maastricht University; former dean of Maastricht Law and of the China EU School of Law. Author of *Legal Education* (Intersentia, 2013). Dutch project director of LEAP.

1 Introduction

In this article, I will briefly sketch major systems of legal education in the world and their pros and cons, as well as the communalities and requirements imposed on legal education in the various curricula in the different existing models.[1]

Legal education is to a large extent regulated by national law and/or by the bar associations in the respective countries. Because of the link between legal education to a specific legal system and its regulation by the national legislature and/or the national bar (associations), there is a tendency to describe the curricular requirements also in terms of the national legal system, and only adjust such descriptions when pressure to further open up the national curriculum is exerted by the bar or by other important stakeholders.[2]

A question with regard to legal education is whether law schools/law faculties do provide for professional training or cater for academic training, predominantly, or are a specific mix of academic and professional training.

'International law schools' as such do not exist;[3] law schools are embedded in a national legal system, with the national rules applying to the exercise of and accession to legal professions being indicated in national rules and criteria. And in the absence of an international legal system as such with accompanying legal institutions, and through the links between a legal system and legal institutions to sovereign states, the regulation of legal curricula and access to legal professions are within the national domain. This national domain does possess relevance for the exercise of a legal profession at the international level (including the European Union (EU) level), where it is common to respect and acknowledge the rules of national states in that respect. And evidently, states may recognize within their own legal order, (foreign) lawyers with legal bar status obtained in their home country. They may do so since that decision is also part of their national sovereignty. An important example of international rules relating to the recognition of a foreign diploma, to some extent also in the legal domain, is the EU, within the context of freedom of employment and freedom of movement. It is to be noted here however, that the relevant rules in this respect are much less strict and more generous than rules with regard to other

1 A valuable and informative book about legal education and legal research: Carel Stolker, Rethinking the Law School, Education, Research, Outreach and Governance, Cambridge 2014.

2 For instance: Andy Boon and Julian Webb, The Legal Professions as Stakeholders in the Academy in England and Wales, in: Fiona Cownie (ed), Stakeholders in the Law School, Hart 2010 (pp. 65-95).

3 However, international programmes do exist: Mary Hiscock and William van Caenegem (eds.), The Internationalisation of Law, Legislating, Decision-making, Practice and Education, Edward Elgar 2010. In this book Vai Io Lo describes, on the basis of various examples, the different models and modes of how internationalization and comparative law have impacted legal education: The Internationalisation of Legal Education: A Road Increasingly Travelled, pp. 117-131. Also: Legal Education (ibid), Chapter 11: Globalization and Comparative Law, pp. 103-118. Maastricht Law offers a highly successful and unique international (European) law programme (fully taught in English): the European Law School (LLB and LLM).

employments and do generally require only a (minimum) knowledge of the new legal system.

2 Major Legal Education Systems

When making a comparison between legal systems, it is usually rewarding to distil opposing models, whilst realizing that mixed models and models which combine different features and characteristics do exist. For our purpose, we may distinguish two main models:

1. The first model is that of a professional legal education which sits on top of a general undergraduate education. The undergraduate training provides for a general academic training, or can be the study of history or linguistics or arts, and following that is a professional legal training/education, which can either be taken in a setting of an internship in the bar or organized by the bar itself, or in a professional (law)school, which prepares candidates for a later 'bar' exam which paves the way and is an entrance exam for admission to the bar.[4]
2. The second model is that legal education is one of the programmes which can be followed in a university faculty, usually a law faculty. Studying law is part of taking an academic programme in a university, after completing a secondary school, and students are usually to enter at the age of 18 or so. After graduating from law (after completing a bachelor's and a master's in law), access to the bar may be granted automatically or after some form of examination and further training, either in an internship setting, or by taking an entrance exam.

A major example of the first model is the United States, where students do a college and undergraduate degree (after having completed (senior) high school), before at some point in time entering a law school programme of 3 years, which basically will be followed by a bar exam (taken in one of the states) to become entitled to admission to the bar. After law school, and prior to the bar exam, many students follow a special bar exam course which trains them specifically for the bar exam test. In quite a few US law schools, the percentage of students of that school passing the bar exam test is one of the criteria to measure the ranking of specific schools. Do also note that law schools differ substantially; the top law schools do not specifically prepare for any given bar exam but teach the law and the major fields of law on a high and academic level, whereas others do indeed focus much more on

4 See for instance: Chapter 1: Law School in the Preparation of Professionals, in: William M. Sullivan, Anne Colby, Judith Welch Wegner, Lloyd Bond, Lee S. Shulman, Educating Lawyers, Preparation for the Profession of Law, Stanford 2007.

the law of that specific state (including, evidently, federal law) so as to prepare students as best as they can for that state's bar exam.

The evident benefit of this two-tier model is that law schools can focus on the law, since their students have already completed an undergraduate academic training, in which they had focused on general academic skills and have acquired broader academic substantive knowledge.

Most law schools are private schools and do charge high fees and can be quite selective in their admission policies; the higher ranking a law school, the higher fees it may charge, the better it can pick the best students and also offer them the best employment prospects. Some state law schools do offer low fees for state residents.

The second model is largely the opposite; it admits students in a law curriculum without any selection, simply on the basis of possession of a high school diploma, and in many countries, without charging the students hefty fees. This is the model in some European countries such as Germany, France, Belgium and the Netherlands.

In these, and quite a few other countries, the model followed is a 3-year bachelor's and a 2-year (one year for the Netherlands) master's, to be obtained from a law faculty as part of a university education. Access is free for those prospective students who have acquired a specific secondary school exam; tuition fees are generally low, and a large part of the curriculum comprises law courses (with attention to general academic skills and/or courses such as philosophy, history or legal theory).

In other European countries, a similar model is applied but access to law faculties is very limited, with an ensuing strict selection on the basis of an entrance exam. This is the model employed in Scandinavian countries.

For this 'university-based' model, the question arises, more so than in the 'law school' model, as to what professions law faculties train and educate their students for. Within the university model it seems impossible, specifically when access is open, that all graduates can and will have the possibility to be admitted to the bar. For that reason, we see that the larger number of graduates seek and find employment in the civil service, within the corporate world, with non-governmental organizations, in various agencies, in policy jobs and even outside the legal domain, as administrators or in management jobs or in politics. Apparently, these other domains find it attractive to hire legal graduates and cherish the characteristics, skills and knowledge of these graduates. Consequently, it is observed that law faculties build into the curriculum, features and courses that equip students for other employment prospects and labour markets, other than the bar.

In these university model legal education systems, one still has to regulate whether extra requirements are being imposed for those who have graduated, in order to secure access to the bar. Here we may discern two main possibilities. The first is to introduce exams after university, which graduates must pass before they can be admitted to (legal) professions. This is what has been set up in Germany, with the so-called first and second *Staatsexam*,[5] exams that need to be taken by all those who aspire to a career in the legal profession and also in the civil service. The second possibility is for the legislature and/or the bar to lay down specific rules and requirements to which a law curriculum must conform. This is the model which we observe in the Netherlands. The legislature (and the government/ministers in delegated acts) have laid down certain requirements that a law faculty must follow in order to ensure that their graduates meet the legal criteria to be admissible to the bar and other legal professions such as the judiciary or public prosecutors' offices. These requirements relate to domains of the law that must be included in a curriculum. On top of this, the bar association has also concluded an agreement with all law faculties with more specific requirements about domains of the law that must be covered, and to what extent and depth. This agreement is based upon the insistence of the bar that it be certain about the expertise of all graduates and is a reassurance for law faculties that law firms will hire graduates from all law faculties without setting up the equivalent of a bar exam.

The probable consequence of this model is that law faculties may set up other law programmes that do not meet the necessary requirements of the state and the bar, with the proviso that the graduates of such programmes will have a disclaimer on their certificate that they are not admissible to the bar. But since the large majority of legal graduates do not entertain being employed as a lawyer as a career move, it is certainly a possibility.

As an example, we may consider the European Law School (ELS) programme of Maastricht University Law. This programme attracts approximately 500 first-year students annually at the bachelor's level; however, graduation does not lead to admissibility to the Dutch bar, but (due to its specific characteristics) to a variety of international and national employment prospects, especially for those who aspire to work in 'European' policy fields.

3 Curricular Contents

Curricular contents are roughly comparable between European law faculties; however, major discrepancies do also exist. Important distinctions do exist, related to the presence and size of non-law courses and meta-courses; to the size and extent of legal history and/or Roman law and to the size and extent of courses on international and European law. As expected though, the curricula do offer a large focus on private law and its various aspects, criminal law, corporate law and constitutional and administrative law.

What also differs quite a lot from one faculty to another are the modes of teaching and delivery, the focus on skills and the inclusion of such elements as moot courts, mock

5 www.ibanet.org/PPID/Constituent/Student_Committee/qualify_lawyer_Germany.aspx.

parliaments or negotiation skills, legal writing and presentation skills. Furthermore, the length of semesters and of the academic year differs – either from September to the end of June, or mid-October until May.

All in all, legal education substantially fluctuates between states and legal systems in terms of content and courses and their integration with skills and modes of delivery, and intensity and fullness of the curriculum. This is partly due to the organization and decision-making in law faculties; collegial decision-making does make it more complicated to make changes in a curriculum or to make a curriculum more teaching-intensive, or to add skills and other practical training, since adding new courses does lead to less room for existing courses. And new courses or legal materials may have to be added; in European universities, this applies evidently to the growth of European law, but also international law, economic law, administrative law, environmental law, consumer law and other domains that have made their entrance into legal systems and have therefore knocked on the doors of law faculties.

Another aspect, specifically in university legal education models, is the increasingly felt notion that it is not enough to teach the law, but that it is necessary to include academic competences, skills, academic (legal) writing and different kinds of moot exercises. Skills that were not trained or not trained enough in prior education and that legal practice considered necessary and that were imported in a law curriculum after having benchmarked a law curriculum with other university programmes. And in this respect, it is also suggested to introduce law students into other academic domains such as forensic sciences, psychology, sociology, economy and statistics, since these are disciplines that lawyers, when working in different sectors of society, are confronted with and need to be informed about and acquire some basic knowledge of.

Indeed, the question arises whether general criteria can be formulated which may determine the content and sequence of courses, taking into account that law curricula may follow after different prior education, and that national laws and bar regulations impose different obligations. And the issue in that respect is also whether we can expect law faculties and law schools to deliver graduates that are ready to work in practice and can be productive in their various employments. Such expectations are easier to meet when a law school is set up and organized indeed as professional education. The more legal programmes have the function of training future lawyers, who are fully equipped after having finished law school (and passed a bar exam), the more the graduates can be expected to master the relevant knowledge and skills for those professions and work in law firms.

In the case of law faculties in universities where students enter after secondary school at a relatively young age, and law curricula have to prepare and train the students academically and for a diversity of employment types, the situation is different. Unlike in US law schools, students in Europe do not possess an academic degree (undergraduate) which gives them the necessary academic skills of critical thinking, reading, writing and debate, and also educates them in the basics of other disciplines.

The foregoing implies that law curricula in law faculties in a university setting will need to provide for academic skills and theoretical and basic interdisciplinary skills and knowledge, and ought not to focus solely on legal topics. And this is indeed what we can witness many law faculties doing – incorporating theory and critical reflection and interdisciplinary skills that graduates might need in any future employment. And when the labour market changes and increasingly requires competences in collaborative work, as in cooperating with experts in other legal fields or even disciplines, it is imperative that law curricula take these developments into account.

Furthermore, law curricula ought to take into account the need to educate the legal system as such and the various (main) subdomains. But for the incorporation of European law in curricula, this means taking into account the growth and increasing importance of European law (institutional and substance), and for law curricula to incorporate major new fields of the law such as administrative law, environmental law, (international) human rights and the intricacies of increasing state interference in many aspects of society. Here, choices must be made. Not all (sub)domains of law or new and developing special areas can be studied in full, so what ought to be done is to work with students on how to explore new fields and give them the tools to do so.

And here another feature of legal systems comes into play: the increasing half-time of rules, regulations and case law. Law students must be trained to cope with that aspect and to move away from learning black letter laws, and move towards understanding the logic of legal disciplines and their concepts, how to find their way in regulations, case law and literature and how to understand all new disciplines and developments in light of the legal system and the conflicting issues, with an aim to enable the students to know how to resolve new disputes.

Law curricula furthermore need to appeal to students' creativity, apart from ensuring they comprehend the legal (sub)system(s) and master the basics; graduates must learn how to find solutions to disputes and for new situations and problems. And for that they need, indeed a basic knowledge, but also practice and training in how to build upon that knowledge and reflect on new solutions. For that, practice is needed during the law studies, but also the benefits from studying other disciplines, and the skill to work with comparative law to be used as a tool to find solutions in other countries for similar problems, and to better evaluate one's own legal system's solutions and options. And a critical attitude about the law is needed – about the quality of its rules and regulations and solutions, and about the rule of law, good governance, legal ethics, effectiveness and necessity and proportionality.

4 Law Curricula and the 'Quality' of the Law

It seems evident that law curricula must teach the students to master the law(s) and be able to work with it. But, whether it is legal professionals being trained, or legal academics being educated, due attention should be paid to the quality of the law, in the sense of basic fairness (which requires an understanding of what fairness is and what it entails), justice (what it is and whether the system achieves it), effectiveness and legitimacy. And these fundamental issues need attention in the curriculum, and not (only) in separate courses of legal theory or philosophy, but also, and maybe largely, in substantive law courses, where the foregoing questions ought to be raised. To return to another issue I briefly referred to, I believe that these issues benefit from comparative law and from diverse (and whenever possible, international) classrooms. Specifically, when legal concepts differ and legal cultures set different priorities, the question is whether one is better than the other, which leads to another question, *id est*, of how we define concepts better. From the perspective of effectiveness (cost-benefit) or fairness or justice, students will be confronted with questions about the (sub)goals of a legal system and the definitions of the words fair and just, and the balance to be struck between conflicting goals (effectiveness versus fairness or individual treatment).

5 Methodology/Modes of Delivery

Is there a 'best' design of a curriculum or a 'best' method of delivery? These questions do require a lot of research to empirically determine, if it is at all possible that one model and method is better than the others. However, some comments can be made about a few selected aspects that can make a law curriculum perform better, in the very rough meaning of educating students to become well-versed, critical and skilled lawyers.

My comments are independent of the quality of the education prior to the admission in a law programme and also from the quality (didactical and substantive) of staff. The first aspect is a sort of a given for law programmes, but the latter aspect can and ought to be influenced by law faculties and law schools. Continued learning, didactical teacher training, on-the-job training, peer-review and assessment, evaluations by expert committees, student evaluations, faculty-/school-wide analysis of quality of teaching and courses, annual appraisal interviews in which teaching does play a role etc. are all tools for any institution of education and learning to improve their education efforts and outputs.

Law schools and faculties have long been known for rather traditional methods of teaching, such as frontal lectures, or Socratic teaching in larger settings. Indeed, lectures and Socratic lectures may be tools to convey knowledge and to have an interactive discussion about major issues, questions and concepts. However, it is also well known that learning by doing, exercising the legal skills learned and applying the knowledge obtained, and working with it and engaging in conversations with tutors and fellow students, all lead to mastery of knowledge. Mastering an area of the law and being able to apply it requires exercise and more than passive listening. And furthermore, active learning skills are an asset for any future employment setting. In this manner, competences and skills about learning and applying the law automatically, simply by practice and doing, become part and parcel of a student's attitude. These goals need to be integrated in the law curriculum, with due time, opportunity and exercises built in. We as teachers are sometimes inclined to assume that once we have explained a concept or told the students how to apply it, students subsequently can automatically do it, but that is an illusion. Students may need explanation, but they also need the time and opportunity to exercise and apply their knowledge to specific cases and questions – active learning, so to speak. And this includes learning and understanding the law; being able to apply the law to a specific case; being able to search for and find solutions and to critically evaluate the quality of the law and to suggest better solutions and arguments in a given context. From the perspective of building a curriculum it implies including these elements in an aligned sequence in (all) courses, whilst expecting students to actively participate, prepare, defend, argue, listen and solve cases presented. This approach taps into the students' resources and enables them to practice what they have been taught, or rather, what they have learned.

6 OVERALL DESIGN

It is my conviction that the old ways of devising a curriculum, when each Chair (professor) was the sole authority to determine how and what to do, are out of date and cannot be seen to reflect the developments in the law and the needs of society. Overall, the number of laws have substantially increased; new areas of law have been added and have also grown substantially; more demands are made of lawyers. The need of the hour is collaboration with other disciplines, collaboration with other specialist lawyers and competition with law information available to all on the web. And the law curriculum has not been extended in many cases to reflect these developments. How to adjust the curriculum and how to best educate lawyers are questions that need well-debated approaches and cannot be left to history and coincidence. Curricula must also be effective and efficient and show the best way to educate lawyers; they cannot be focused on all legal fields and all relevant skills, so choices must be made. And a curriculum must be designed in the light of a starting point, and subsequent outcomes require that courses and skills build upon each other; that the mode of delivery fits the skills and competences included in the programme and that examinations and assessments also fit the same purposes.

7 Conclusion

Unless we research all national legal education systems and compare them and evaluate them on a comparative basis, I would not dare to make definite concluding remarks about the 'best' model. Furthermore, each model sits within its own legal context of prior education on the one hand, and access to the labour market, which also comprises the bar, on the other hand.

However, it can be safely argued that the law school model can build upon the academic skills and knowledge of their students, which is certainly a great advantage. Students are more mature, have shown that they can master more than one discipline and do possess relevant academic skills. This alleviates the burden of the law school, since it can build upon this prior knowledge. University law faculties on the other hand do need to incorporate large chunks of these academic skills and look for ways to bring interdisciplinarity into their curricula.

No matter what the extent of these skills, and irrespective of the national demands for legal courses and topics, law programmes must be built around a structure and be aligned and show a coherent inclusion of all knowledge, skills and competences needed, either included in a specific manner or inherent in the modes of teaching adopted in that programme. Such 'design' would ensure that new aspects of the law, new expectations from the labour markets and new didactical insights and new IT technology can structurally be woven into the curriculum.

Such design would start from a description of the intake and define the outcomes of the programme, and systematically describe step by step how to build knowledge and skills gradually towards the outcomes, and indicate what modes of delivery best fit the school's programme and the defined learning outcomes.

It follows as a general recommendation that law graduates, when entering the labour market, must possess legal knowledge evidently, but that it is imperative for them to have acquired academic skills and competences and lifelong learning techniques as well as possess the tools to work in interdisciplinary fields and to probe new areas of the law and develop problem-solving skills with an apt critical and evaluative legal mind. Law schools and law faculties must ensure that this academic mindset is fully ensured and facilitates working with the law.

II Pendidikan Hukum di Indonesia: Antara Pendidikan Akademis dan Profesi

Nurul Bazirah[*]

Artikel ini memaparkan model pendidikan hukum di Indonesia, khususnya untuk jenjang sarjana, apakah pendidikan hukum tersebut merupakan studi akademis atau profesional dari perspektif standar nasional pendidikan tinggi, tujuan dan desain kurikulum. Artikel ini juga menganalisis model pendidikan hukum di Indonesia dalam kaitannya dengan pasar tenaga kerja pada umumnya, dan khususnya dengan profesi hukum dan peradilan. Selanjutnya, artikel ini menjelaskan isi kurikulum, capaian pembelajaran lulusan, yang terdiri dari sikap, pengetahuan dan keterampilan umum dan khusus yang dibutuhkan oleh profesi hukum dalam karir masa depan mereka. Berbagai metode pembelajaran dan kelemahannya dalam pelaksanaannya juga akan dianalisis. Bagian ini juga mencoba menjawab, mengapa lulusan fakultas hukum dianggap tidak mampu berpraktik hukum? Selain itu, tulisan ini juga menjelaskan perkembangan terbaru pendidikan hukum dan kebijakan nasional yang berpotensi berdampak pada pendidikan hukum di Indonesia, seperti kebijakan Merdeka Belajar-Kampus Merdeka, sistem pemeringkatan dan persyaratan publikasi bagi mahasiswa dan dosen, serta aspek internasionalisasi lainnya. Artikel ini menyarankan bahwa kurikulum dan metode pembelajaran harus mendapat perhatian yang lebih besar.

This chapter describes the model of legal education used in Indonesia, particularly for undergraduate level. It addresses the question whether such legal education constitutes an academic or a professional study from the perspective of the national standard of higher education, the objectives pursued, and curriculum design. This article also analyzes the model of legal education in Indonesia in relation to the labor market, both in general and with specific regard to the legal and judicial professions. Furthermore, it also describes the contents of the curriculum and the expected learning outcomes regarding attitude, knowledge, as well as general and specific skills required by legal professionals in their careers. Different methods of learning and their respective weaknesses in implementation are also analyzed. The chapter thereby tries to answer the question why law school graduates are considered incapable of practicing law. Lastly, the chapter addresses the current state of development of national policies which have a potential impact on legal education in Indonesia, such as the Merdeka Belajar-Kampus Merdeka policy, the ranking system, and publication requirements for students and lecturers, as well as aspects of internationalization. It is suggested that, in addition to pursuing ranking and internationalization, the curriculum and teaching methods must also receive greater attention.

---

* Profesor bidang Hukum Internasional, Fakultaas Hukum Univerisitas Airlangga/ Professor of International Law, Airlangga University.

Tulisan ini merupakan pendapat pribadi penulis dan tidak bisa diintrepetasikan sebagai pandangan institusi. Tulisan ini berbasis pada pengalaman penulis sebagai wakil dekan dan dekan di Fakultas Hukum Universitas Airlangga (2019-2020) sehingga ide dan argumentasi yang disampaikan dalam tulisan ini sebagian besar merupakan hasil pengamatan penulis secara langsung, dan dipengaruhi oleh kondisi yang berkembang pada pendidikan hukum dan kebijakan sistem pendidikan tinggi pada dasa warsa terakhir ini.

This chapter presents the author's personal opinion and cannot be interpreted as an institutional view. It is based on the author's experience as deputy dean and dean of the Faculty of Law at Airlangga University (2019-2020); the ideas and arguments presented in this paper are largely the result of the author's direct observations and are influenced by developments in law and policy regarding the higher education system during the last decade.

1 Pengantar

Profesi hukum di Indonesia saat ini telah menarik banyak minat calon mahasiswa untuk memilih pendidikan hukum sebagai salah satu alternatif utama untuk belajar. Hal ini tentu berkaitan dengan konsep profesionalisme yang ditawarkan oleh pendidikan hukum di Indonesia dalam menyiapkan lulusannya agar menjadi ahli-ahli hukum yang professional dan mampu berpraktek di bidang hukum. Luasnya cakupan profesi hukum yang bisa dimasuki oleh lulusan pendidikan hukum di Indonesia, juga menjadi salah satu pertimbangan penting bagi calon mahasiswa untuk memilih Fakultas Hukum sebagai alternatif utama untuk belajar. Namun, pada sisi lain, masih banyak kritik terhadap kualitas pendidikan hukum di Indonesia, terutama dalam kesiapannya untuk membekali lulusan terhadap kompetensi yang dibutuhkan untuk berkompetisi di pasar domestik dan internasional, terutama dalam merespon globalisasi di sektor jasa pelayanan hukum. Tidak hanya itu, diskursus mengenai sifat dari pendidikan hukum di Indonesia juga masih sering dipertanyakan, apakah pendidikan hukum ini merupakan pendidikan akademis atau pendidikan professional, dan bagaimana membekali sikap, pengetahuan dan ketrampilan yang dibutuhkan sebagai ahli hukum dalam kurikulum pendidikan hukum di Indonesia.

Pendidikan hukum di Indonesia saat ini juga dihadapkan pada tantangan untuk bisa merespon berbagai kebijakan sistem nasional pendidikan tinggi yang baru yang memberikan penekanan pada capaian pembelajaran lulusan sebagai standar utama dalam penyusunan kurikulum dan profil lulusan. Sehingga kurikulum pendidikan hukum juga harus dilakukan penyesuaian yang berbasis pada capaian pembelajaran lulusan dan mengacu pada Kerangka Kualifikasi Nasional Indonesia (KKNI). Kebijakan Merdeka Belajar dan Kampus Merdeka, yang menawarkan *interdisciplinary learning* serta internasionalisasi universitas *menuju world class university* di beberapa Perguruan Tinggi Negeri (PTN), juga merupakan tantangan sekaligus peluang bagi pendidikan hukum di Indonesia untuk bisa menyediakan lulusan yang mampu berkompetisi, tidak hanya untuk memenuhi kebutuhan pasar domestik, tetapi juga pasar internasional.

Tulisan ini secara singkat akan menjelaskan secara umum tentang sistem pendidikan hukum di Indonesia, sejarahnya, kesamaannya dan persyaratan yang ditetapkan untuk pendidikan hukum, terutama untuk program sarjana, termasuk kurikulum yang berbasis pada capaian pembelajaran lulusan. Tulisan ini diawali dengan membahas tentang aturan nasional pendidikan hukum, hubungannya dengan asosiasi profesi dan stakeholder lainnya di negeri ini, serta pengaruhnya terhadap sistem dan kualitas pendidikan hukum di Indonesia.

Berbasis pada ketentuan nasional tersebut, dan keterlibatan dari asosiasi profesi hukum (advokat), serta kurikulum yang ditawarkan, tulisan ini menganalisa apakah pendidikan hukum di Indonesia merupakan pendidikan akademik atau profesi, atau kombinasi dari keduanya. Tulisan ini juga akan membahas tentang kritik dan kelemahan pendidikan hukum di Indonesia secara umum, terutama dikaitkan dengan isi kurikulum, metode pembelajaran dalam menyiapkan lulusan yang mempunyai kompetensi ketrampilan hukum yang siap memasuki dunia kerja. Selanjutnya tulisan ini juga menjelaskan tantangan dan peluang dalam merespon kebijakan nasional pendidikan tinggi yang baru, yang tentunya sangat berpengaruh terhadap kualitas pendidikan hukum di Indonesia. Terakhir, tulisan ini juga akan merespon apakah trend internasonalisasi pendidikan hukum dan pengembangan *international undergraduate program* yang sedang popular saat ini, dan yang telah dikembangkan di beberapa fakultas hukum terkemuka di Indonesia, dapat menjadi solusi untuk merespon tuntutan globalisasi pendidikan hukum yang terjadi saat ini.

2 Sistem Pendidikan Hukum di Indonesia dan Sejarahnya

Sejarah Pendidikan hukum di Indonesia tidak bisa dipisahkan dari sistem pendidikan hukum Eropa. Sistem pendidikan hukum Eropa ini dipromosikan oleh Pemerintah Kolonial Belanda, dan kemudian ditransplantasikan ke dalam sistem pendidikan hukum nasional. Pada awalnya, pendidikan hukum yang dibentuk oleh Pemerintah Kolonial setingkat dengan Sekolah Menengah Atas dengan didirikannya *Rechtsschool* pada tahun 1908. Kemudian, pendidikan hukum dialihkan menjadi pendidikan tinggi atau setingkat universitas, dengan diresmikannya pendirian *Rechtshogeschool* pada tahun 1924. Sehingga pada masa itu, sistem pendidikan hukum di Indonesia kurang lebih sama dengan sistem pendidikan hukum di Belanda, baik dalam hal kurikulum, materi yang diajarkan, buku teks yang dipergunakan, dan metode pengajarannya.

Tujuan pendidikan hukum pada masa Pemerintahan Hindia Belanda adalah untuk memenuhi kebutuhan administrasi, yaitu untuk mengisi jabatan birokrat hukum yang berasal dari golongan masyarakat pribumi. Lulusan pendidikan hukum pada saat itu diharapkan menjadi hakim *landraad* atau pejabat hukum di kantor-kantor Pemerintah Kolonial Belanda,[1] serta untuk menghasilkan birokrat hukum (*rechtsambtenaren*). Konsekuensinya, kurikulum pendidikan hukum dirancang dengan tujuan utama untuk memastikan bahwa setelah lulus dari Fakultas Hukum, lulusan memiliki pengetahuan yang mendalam tentang prinsip-prinsip hukum tertentu, terutama yang berbentuk peraturan perundangan.[2] Sehingga ada kecenderungan menghasilkan lulusan yang sangat legalistik karena pengetahuannya tentang hukum tidak menyentuh realitas empiris yang

1 Wignjosoebroto, S., "Perkembangan hukum nasional dan pendidikan hukum di Indonesia pada era pascakolonial" (Development of the national law and legal education in Indonesia in the post-colonial era), 1992, http://huma.or.id/wp-content/ uploads/2006/08/Perkembangan-Hukum-Nasional-Pendidikan-Hukum-Di-Indonesia- Pada-Era-Pascakolonial_Soetandyo.pdf (accessed 10 September 2021).

2 Ibid.

ditemukan di masyarakat dalam kerangka memenuhi kepentingan Pemerintah Kolonial Belanda.[3]

Setelah kemerdekaan, tujuan pendidikan hukum berubah sesuai dengan kepentingan Pemerintah Indonesia pada masa itu. Pada awal kemerdekaan, dengan semangat mengganti semua hukum kolonial menjadi hukum nasional dan untuk mengisi kemerdekaan,[4] tujuan pendidikan hukum adalah menghasilkan lulusan yang tidak hanya memiliki keberanian melepaskan belenggu hukum Kolonial Belanda, tetapi juga memiliki keterampilan yang diperlukan untuk melanjutkan revolusi dari negara jajahan menuju kemerdekaan. Pada masa Presiden Suharto, tujuan pendidikan hukum berubah lagi. Pendidikan hukum didesain untuk menghasilkan lulusan yang mampu memberikan kontribusi pada proses pembangunan Indonesia.[5] Pada masa itu mahasiswa hukum cukup mengetahui teori-teori hukum dan ketentuan hukum yang berlaku, dan memiliki kepekaan terhadap penerapan hukum di masyarakat. Hal ini karena pada masa itu, hukum senantiasa dikaitkan dengan masalah pembangunan sosial dan ekonomi.[6]

Namun, seiring berjalannya waktu, pada tahun 1990 an, ada banyak kritik terhadap kualitas lulusan pendidikan hukum, terutama jika dikaitkan dengan ketidaksiapan lulusan memasuki dunia kerja, kurangnya kemampuan lulusan berpraktek hukum. Kritik ini mendorong dilakukannya perubahan kurikulum pendidikan hukum, untuk memastikan bahwa lulusan tidak hanya cukup mengetahui teori tetapi juga memiliki keterampilan hukum yang memadai.[7] Berdasarkan perspektif tersebut, dapat diinterpretasikan bahwa ada penggabungan model pendidikan akademik dan professional dalam satu kurikulum pada sistem pendidikan hukum di Indonesia.[8] Namun, pada kenyataannya, tujuan yang ditetapkan tersebut belum berdampak secara signifikan terhadap kualitas lulusan yang dihasilkan. Kritik yang terkait dengan kapasitas lulusan dalam merespon kebutuhan praktek sebagai professional yuris masih terus dipertanyakan.

3 PENDIDIKAN HUKUM DI INDONESIA; ANTARA AKADEMISI DAN PROFESI

Sebagaimana dijelaskan diatas, bahwa tujuan pendidikan hukum di Indonesia adalah menghasilkan ahli hukum yang professional, memiliki kompetensi teori dan ketrampilan praktek hukum. Berbasis pada tujuan tersebut maka tidak ada pembedaan antara pendidikan hukum akademik dan professional di Indonesia, tetapi gabungan atau kombinasi di antara

3 Ibid.
4 Hikmahanto Juwana, Legal Education Reform in Indonesia, p. 3, at https://www.academia.edu/12661515/Legal_Education_Reform_in_Indonesia (Accessed at 30 Sepetmber 2021).
5 Ibid.
6 Wignjosoebroto, S., p.4.
7 Hikmahanto Juwana, p. 4.
8 Ibid.

akademik dan professional. Konsekuensinya, kurilulum pendidikan hukum telah disusun sedemikian rupa sehingga lulusan memiliki pengetahuan teori tentang hukum dan ketrampilan profesi. Meskipun demikian, diskursus akademis yang terkait dengan apakah sebaiknya pendidikan hukum di Indonesia adalah pendidikan akademis atau profesi masih terus berlangsung.

Kondisi tersebut tidak lepas dari adanya perubahan kurikulum pada tahun 1993 yang menggabungkan antara penguruan tinggi dan pendidikan profesi, dan bahkan sebagian besar pendidikan tinggi di Indonesia menerapkan pendekatan terapan.[9] Demikian juga dengan fakultas hukum. Permasalahannya adalah mata kuliah yang ditetapkan dalam kurikulum pendidikan hukum tersebut belum cukup untuk menjamin kesiapan kerja lulusan untuk berkarya pada profesi tertentu. Hal ini karena terbatasnya masa studi bagi mahasiswa. Kurikulum didesain agar mahasiswa bisa lulus dalam waktu 8 semester atau 4 tahun, dan bahkan ada sebagian mahasiswa yang lulus dengan waktu 3,5 tahun. Meskipun saat ini, Standar Nasional Pendidikan Tinggi (SNPT) memberi kesempatan mahasiswa menempuh program Sarjana dalam waktu paling lama 7 (tujuh) tahun akademik, dengan paling sedikit 144 Sistem Kredit Semester (SKS).

Di Indonesia, legislasi yang mengatur tentang pendidikan tinggi hukum sama dengan legislasi yang mengatur tentang pendidikan tinggi di sektor lainnya, yaitu Undang-Undang No 12 Tahun 2012 tentang Pendidikan Tinggi, dan Peraturan Menteri Pendidikan dan Kebudayaan (Permendikbud) No. 3 Tahun 2020 tentang SNPT. Tujuan pendidikan tinggi menurut Undang-Undang tersebut diantaranya adalah untuk mengembangkan potensi Mahasiswa agar menjadi manusia yang beriman dan bertakwa kepada Tuhan Yang Maha Esa dan berakhlak mulia, sehat, berilmu, cakap, kreatif, mandiri, terampil, kompeten, dan berbudaya untuk kepentingan bangsa. Pendidikan tinggi juga bertujuan untuk menghasilkan lulusan yang menguasai cabang ilmu pengetahuan dan/atau teknologi untuk memenuhi kepentingan nasional dan peningkatan daya saing bangsa. Berdasarkan tujuan tersebut, terdapat sikap, pengetahuan dan ketrampilan.

Undang-undang tentang Pendidikan Tinggi ini membagi Pendidikan Tinggi menjadi 3 Jenis yaitu (1) Pendidikan Akademik; (2) Pendidikan Vokasi dan (3) Pendidikan Profesi (Pasal 15). Pendidikan akademik merupakan pendidikan tinggi program sarjana dan/atau program pascasarjana yang diarahkan pada penguasaan dan pengembangan cabang Ilmu Pengetahuan dan Teknologi. Pendidikan vokasi merupakan program diploma menyiapkan Mahasiswa untuk pekerjaan dengan keahlian terapan tertentu sampai program sarjana terapan (Pasal 16). Sedangkan pendidikan profesi adalah Pendidikan Tinggi setelah program sarjana yang menyiapkan mahasiswa dalam pekerjaan yang memerlukan persyaratan keahlian khusus. Pendidikan profesi ini diselenggarakan oleh Perguruan Tinggi dan bekerja

---

9 Marjono Reksodiputro, "Legal Laboratory as a Vehicle for Legal Skills Education through the Applied Approach" and "Legal Writing", Law and Development, NO 6/XXIV, 487.

sama dengan Kementerian, Kementerian lain, Lembaga Pemerintah Non Kementerian (LPNK) dan/atau organisasi profesi yang bertanggung jawab atas mutu layanan profesi (Pasal 17).

Program sarjana merupakan pendidikan akademik yang diperuntukkan bagi lulusan pendidikan menengah atau sederajat sehingga mampu mengamalkan Ilmu Pengetahuan dan Teknologi melalui penalaran ilmiah (Pasal 18 ayat 1). Program sarjana ini menyiapkan Mahasiswa menjadi intelektual dan/atau ilmuwan yang berbudaya, mampu memasuki dan/atau menciptakan lapangan kerja, serta mampu mengembangkan diri menjadi profesional (Pasal 18 ayat 2). Program diploma merupakan pendidikan vokasi bagi lulusan pendidikan menengah atau sederajat untuk mengembangkan keterampilan dan penalaran dalam penerapan Ilmu Pengetahuan dan/atau Teknologi (pasal 21 ayat 1). Program diploma ini menyiapkan Mahasiswa menjadi praktisi yang terampil untuk memasuki dunia kerja sesuai dengan bidang keahliannya. Sedangkan program profesi adalah pendidikan keahlian khusus yang diperuntukkan bagi lulusan program sarjana atau sederajat untuk mengembangkan bakat dan kemampuan memperoleh kecakapan yang diperlukan dalam dunia kerja (Pasal 24 ayat 1), dan menyiapkan profesional (pasal 24 ayat 3).

Di Indonesia, mahasiswa fakultas hukum (level sarjana) berasal dari lulusan pendidikan menengah atau sederajat. Untuk menjadi mahasiswa Fakultas Hukum pada perguruan tinggi negeri (PTN), calon mahasiswa harus lulus seleksi nasional maupun seleksi lokal yang dilakukan oleh perguruan tinggi yang bersangkutan. Pada umumnya, seleksi masuk PTN ini sangat kompetitif berbasis pada seleksi akademik (kompetensi hasil test) karena jumlah kursi yang disediakan terbatas. Penerimaan Mahasiswa baru perguruna tinggi tidak boleh dikaitkan dengan tujuan komersial (UU tentang PT, Pasal 73).

Pada awal setelah Indonesia merdeka, mayoritas pendidikan hukum yang didirikan merupakan universitas publik (PTN),[10] termasuk Fakultas Hukum Universitas Airlangga pada tahun 1954. Sehingga pada umumnya kualitas pendidikan hukum di PTN lebih bagus dari pada di perguruan tinggi swasta (PTS). Pada saat ini juga ditemukan ada beberapa pendidikan hukum yang dikelola oleh PTS yang kualitasnya lebih bagus dari pada di PTN. Sedangkan untuk menjadi mahasiswa fakultas hukum di PTS, diatur oleh PTS masing-masing atau dapat mengikuti pola penerimaan Mahasiswa baru PTN secara nasional. Biasanya, test seleksi masuk juga dilakukan, meskipun tidak terlalu kompetitif. Saat ini, jumlah lembaga penyelenggara pendidikan hukum di Indonesia banyak didominasi oleh PTS. Dari total 393 program pendidikan hukum, ada 393 program studi yang

10 Hukumonline, "Bermula dari *rechtshogeschool* (Starting from *rechtshogeschool*)," 20 May 2013, http://www.hukumonline.com/berita/baca/lt51a71729d07f5/bermula-dari- irechtshogeschool-i (accessed 5 September 2021).

diselenggarakan oleh PTS.[11] Meskipun demikian, PTN masih tetap favorit dan menjadi tujuan utama bagi calon mahasiswa fakultas hukum.

Berbasis ketentuan UU tentang Pendidikan Tinggi mengenai pendidikan akademik yang mensyaratkan calon mahasiswa berasal dari lulusan sekolah menengah atas, dan tujuan pendidikan sebagaimana diuraikan diatas, maka dapat disimpulkan bahwa pendidikan hukum di Indonesia adalah pendidikan akademik. Keterlibatan lembaga profesi dalam proses pendidikan hukum juga tidak terlalu signifikan, hanya sebatas memberikan masukan dalam proses redesain kurikulum, jika diperlukan. Lembaga profesi juga tidak ikut dalam proses penjaminan mutu pendidikan hukum di Indonesia.

Lulusan Fakultas Hukum di Indonesia untuk program studi sarjana tidak bisa langsung menjadi advokat atau pengacara praktek. Untuk bisa diangkat menjadi advokat, lulusan Fakultas Hukum harus mengikuti Pendidikan Khusus Profesi Advokat (PKPA) yang diselenggarakan oleh asosiasi profesi atau organisasi advokat dan bekerjasama dengan lembaga pendidikan hukum atau fakultas hukum (Undang-Undang No 18 Tahun 2003 tentang Advokat). Kemudian, lulusan fakultas hukum harus mengikuti ujian profesi advokat (UPA), dan terhadap yang lulus seleksi UPA, berhak mendapatkan sertifikat lulusa UPA dari organisasi advokat. Setelah lulus harus mengikuti magang di kantor advokat sekurang-kurangnya 2 (dua) tahun secara terus. Magang tidak harus dilakukan pada satu kantor advokat, yang penting adalah magang tersebut dilakukan secara terus menerus dan sekurang-kurangnya selama 2 (dua) tahun (Pasal 3 ayat [1] huruf g UU Advokat).

Lulusan fakultas hukum program studi sarjana juga tidak secara otomatis menjadi hakim dan Jaksa. Setelah lulusan dari fakultas hukum, lulusan dapat diterima menjadi calon hakim dan calon jaksa melalui test penerimaan pegawai baru sebagai hakim dan jaksa. Setelah itu, untuk bisa menjadi hakim dan jaksa diperlukan training yang khusus yang telah ditetapkan oleh Mahkamah Agung dan Kejaksaan Agung.

Jadi, berdasarkan ketentuan tentang persyaratan menjadi advokat, hakim dan jaksa tersebut diatas, menunjukkan bahwa pendidikan hukum di Indonesia ini adalah pendidikan akademik, bukan pendidikan profesi.

4 Isi Kurikulum dan Capaian Pembelajaran Lulusan

Berdasarkan UU tentang Pendidikan Tinggi, Kurikulum Pendidikan Tinggi mengacu pada SNPT untuk setiap Program Studi yang mencakup pengembangan kecerdasan intelektual,

11 Direktorat Jendral Pendidikan Tinggi, "Hasil Pencarian Program studi (Searching results of study program)," http://forlap.dikti.go.id/prodi/search/360, in Sinaga, V. S. 2018. Private law schools in Indonesia: Their development, governance and role in society. *International Journal of Asia Pacific Studies* 14 (2): 165–185, https://doi.org/10.21315/ijaps2018.14.2.8.

akhlak mulia, dan keterampilan (Pasal 35). SNPT ditetapkan berdasarkan Peraturan Menteri Pendidikan dan Kebudayaan (Permendikbud) No 3 Tahun 2020. SNPT tersebut menjadi acuan dalam menyusun, menyelenggarakan dan mengevaluasi kurikulum. Adapun SNPT tersebut meliputi: (a) standar kompetensi lulusan; (b) standar isi Pembelajaran; (c) standar proses Pembelajaran; (d) standar penilaian pendidikan Pembelajaran; (e) standar Dosen dan Tenaga Kependidikan; (f) standar sarana dan prasarana Pembelajaran; (g) standar pengelolaan Pembelajaran; dan (h) standar pembiayaan Pembelajaran (pasal 4).

Berdasarkan Permendikbud tersebut, Standar Kompetensi Lulusan merupakan acuan utama pengembangan standar isi Pembelajaran, standar proses Pembelajaran, standar penilaian Pembelajaran, standar Dosen dan Tenaga Kependidikan, standar sarana dan prasarana Pembelaaran, standar pengelolaan Pembelajaran, dan standar pembiayaan Pembelajaran (pasal 5). Rumusan Capaian Pembelajaran Lulusan (CPL) harus mengacu dan memiliki kesetaraan dengan jenjang Kerangka Kualifikasi Nasional Indonesia (KKNI). Sehingga, pendidikan hukum di Indonesia harus melakukan penyesuaian kurikulum sesuai dengan KKNI. SNPT tidak menetapkan kurikulum nasional yang berlalu untuk program studi, tetapi menetapan rumusan CPL untuk setiap jenjang program studi. Standar Kompetensi lulusan adalah kriteria minimal tentang kualifikasi kemampuan lulusan yang mencakup sikap, pengetahuan, dan keterampilan yang dituangkan dalam rumusan CPL.

Sikap merupakan perilaku benar dan berbudaya sebagai hasil dari internalisasi dan aktualisasi nilai dan norma yang tercermin dalam kehidupan spiritual dan sosial melalui proses Pembelajaran dan pengalaman kerja mahasiswa. Pengetahuan merupakan penguasaan konsep, teori, metode, dan/atau falsafah bidang ilmu tertentu secara sistematis yang diperoleh melalui penalaran dalam proses Pembelajaran dan pengalaman kerja mahasiswa. Keterampilan adalah kemampuan melakukan unjuk kerja dengan menggunakan konsep, teori, metode, bahan, dan/atau instrumen. Ketrampilan ini dibedakan menjadi 2 yaitu, Ketrampilan umum dan Ketrampilan Khusus. Keterampilan umum merupakan kemampuan kerja umum yang wajib dimiliki oleh setiap lulusan dalam rangka menjamin kesetaraan kemampuan lulusan sesuai tingkat program dan jenis Pendidikan Tinggi; dan keterampilan khusus sebagai kemampuan kerja khusus yang wajib dimiliki oleh setiap lulusan sesuai dengan bidang keilmuan Program Studi (pasal 6). Sedangkan pengalaman kerja mahasiswa adalah penalaman dalam kegiatan di bidang tertentu, baik dalam bentuk pelatihan kerja, kerja praktek, praktek kerja lapangan atau bentuk kegiatan lainnya.

Untuk rumusan sikap dan ketrampilan umum, ditetapkan secara nasional dalam Permendikbud, tetapi perguruan tinggi dapat menambahkan pada kedua rumusan tersebut. Sedangkan untuk rumusan pengetahuan dan ketrampilan khusus, harus disusun oleh forum program studi sejenis. Untuk pendidikan hukum di Indonesia, dalam hal ini adalah Badan Kerjasama Dekan Fakultas Hukum Negeri se-Indonesia. Hasil rumusan dari Badan Kerjasama Dekan tersebut diusulkan ke direktur jenderal pendidikan tinggi untuk ditetapkan sebagai CPL. Kemudian Menteri menetapkan rumusan CPL tersebut sebagai rujukan Program studi sejenis.

Permendikbud tersebut juga mengatur tentang standar isi pembelajaran yang merupakan kriteria minimal tingkat kedalaman dan keluasaan materi pembelajaran, yang harus mengacu pada rumusan CPL dari KKNI (pasal 8 dan 9). Tingkat kedalaman dan keluasan materi pembelajaran untuk sarjana paling sedikit menguasai konsep teoritis bidang pengetahuan dan ketrampilan tertentu secara umum dan konsep teoritis bagian khusus dalam bidang pengetahuan dan ketrampilan tersebut secara mendalam. Hal ini juga berlaku bagi pendidikan hukum program sarjana. Tingkat kedalaman dan keluasan materi pembelajaran tersebut bersifat kumulatif dan/atau integratif, serta dituangkan dalam bahan kajian yang distrukturkan dalam bentuk mata kuliah.

Hal tersebut juga menunjukkan bahwa SNPT tidak mengatur secara rinci mengenai struktur kurikulum dan nomenklatur mata kuliah yang ditetapkan untuk setiap jenjang program studi yang berlaku secara nasional. Forum program studi sejenis pun tidak diberikan kewenangan untuk menyusun dokumen kurikulum yang bersifat nasional. Hal ini berarti lembaga penyelenggara pendidikan hukum harus menetapkan struktur, standar dan dokumen kurikulumnya sendiri, termasuk nomenklatur mata kuliah harus disesuaikan dengan CPL yang ditetapkan oleh Permendikbud dan forum program studi sejenis.

Pada satu sisi, Permendikbud tersebut memberikan kebebasan dan keleluasaan bagi penyelenggara pendidikan hukum untuk menetapkan mata kuliah sejalan dengan visi dan misi perguruan tinggi dan program studi, dan mengakomodasi keunikan dan kekhasan masing-masing program studi, sepanjang sesuai dengan rumusan CPL. Bagi penyelenggara pendidikan hukum yang sudah mapan, terutama di kampus-kampus PTN yang besar seperti Fakultas Hukum Universitas Airlangga, Fakultas Hukum Universitas Indonesia dan Fakultas Hukum Universitas Gadjah mada, hal ini merupakan kesempatan untuk memaksimalkan keunggulan akademik dan keunikan yang dimiliki oleh Fakultas tersebut. Namun, bagi penyelenggara pendidikan hukum lainnya, yang tersebar di berbagai pelosok negeri, mendesain kurikulum adalah merupakan pekerjaan yang sangat berat, perlu keahlian khusus, dan biasanya disesuaikan dengan ketersediaan sumber daya manusia yang dimiliki oleh lembaga penyelenggara pendidikan hukum tersebut. Tidak jarang untuk menentukan mata kuliah tertentu disesuaikan dengan tenaga dosen yang tersedia. Tidak adanya keseragaman dalam struktur dan desain kurikulum menimbulkan pertanyaan terkait dengan keseragaman kualitas pendidikan hukum di Indonesia dan output yang dihasilkan.

Kritik terhadap pendidikan hukum di Indonesia, tidak hanya terkait dengan pertanyaan mengenai kesesuaian desain kurikulum dengan CPL yang menjadi perhatian pimpinan pendidikan hukum saat ini dalam kerangka merespon SNPT. Kritik juga terkait dengan dikotomi antara orientasi pendidikan hukum yang liberal dan formal, serta pendidikan hukum untuk mencetak lulusan yang memiliki kompetensi hukum yang bersifat general atau spesialis.[12] Beberapa sarjana juga mengkritik sifat pendidikan hukum yang sangat teoretis, doktinal, dan formalistik dengan output lulusan yang cenderung legalistik.[13] Pendidikan hukum di Indonesia juga dianggap kurang memiliki orientasi pada praktik dan keilmuan,[14] hanya mampu menghasilkan lulusan yang fasih pandai menghafal doktrin-doktrin hukum tetapi belum memiliki pemahaman hukum yang luas, serta tidak ada kesempatan bagi mahasiswa untuk mencari perspektif yang berbeda.[15] Lebih dari itu, sistem pembelajaran yang ada saat ini dianggap tidak mampu untuk mendorong sikap kritis mahasiswa, karena adanya kecenderungan jawaban hasil ujian yang seragam dan mirip dengan yang disampaikan oleh dosennya.[16]

Keseimbangan prosentase antara mata kuliah teori dan mata kuliah praktis juga telah mendapatkan perhatian serius dari pemimpin pendidikan hukum agar CPL dapat tercapai. Sebelumya, ada keluhan bahwa pendidikan hukum kurang membekali siswa dengan keterampilan yang dibutuhkan untuk praktik hukum. Misalnya, ketrampilan membuat kontrak, menulis pendapat hukum, menyampaikan argumen hukum secara lisan, dan lain-lainnya.[17] Setelah itu dilakukan perubahan terhadap kurikulum pendidikan hukum.[18] Dan untuk merespon keluhan tersebut, CPL yang ditetapkan dalam Permendikbud dan forum program studi sejenis merumuskan aspek ketrampilan umum dan ketrampilan khusus yang harus dimiliki oleh lulusan pendidikan hukum. Pendidikan hukum klinik, magang, moot court juga menjadi bagian dari kurikulum untuk memberi bekal ketrampilan yang cukup. Meskipun demikian, kebijakan tersebut belum menghasilkan lulusan yang seragam karena adanya disparitas fasilitas dan pendanaan dari berbagai lembaga penyelenggara pendidikan hukum di Indonesia.

Permendikbud juga menetapkan tentang masa dan beban belajar untuk program sarjana, yaitu 7 (Tujuh) tahun akademik, dengan beban belajar mahasiswa paling sedikit 144 (seratus empat puluh empat) SKS. Namun biasanya, penyelenggara pendidikan hukum mendesain kurikulum untuk memampukan mahasiswa lulus dalam jangka waktu minimal 3.5 atau 4 tahun akademik. Hal ini membuat mahasiswa disibukkan untuk sesegera mungkin

---

12 Bedner, Adriaan and Vel, Jacqueline (2021) "Legal Education in Indonesia," The Indonesian Journal of Socio-Legal Studies: Vol. 1: No. 1, Article 6. Available at: https://scholarhub.ui.ac.id/ijsls/vol1/iss1/6.

13 Lihat Sulistiawati, L. and I. Hanif. 2018. Second fiddle: Why Indonesia's top graduates shy away from being judges and prosecutors, and what we can do about it. In: Harding, A., Hu, J. and M. de Visser (eds) *Legal education in Asia: From imitation to* innovation, 318-349, 320, Leiden: Brill Nijhoff; Lihat juga Hikmahanto Juwana (2006). "Legal education reform in Indonesia." Asian Journal of Comparative Law, 1(1), https://doi.org/10.2202/1932-0205.1016. p 3; Lihat juga Bedner, Adriaan and Vel, Jacqueline (2021), p. 14.

14 Ibid, Bedner, Adriaan and Vel, Jacqueline (2021), p. 14.

15 Hikmahanto Juwana (2006), p. 4

16 Ibid dan lihat juga Sulistiawati & Hanif, 2018, p. 338.

17 Arifin, S., Wedhatami, B., & Alkadri, R. 2020. "Adoption and Implementation of Clinical Legal Education Programmes in the Indonesian Legal Education System." *Asian Journal of Legal Education*, https://journals.sagepub.com/ doi/full/10.1177 /2322005820961208.

18 Ibid.

menyelesaikan studinya. Tentu, hal ini juga berpengaruh terhadap kualitas lulusan karena padatnya jadwal kuliah dan tugas yang diberikan dosen menyebabkan tidak cukup waktu bagi mahasiswa untuk meningkatkan softskillnya yang diperlukan ketika mereka memasuki dunia kerja.

5 METODE DAN BENTUK PEMBELAJARAN

Sebenarnya, berdasarkan Permendikbud No 3 tahun 2020, ditegaskan bahwa proses pembelajaran melalui kegiatan kurikuler wajib dilakukan secara sistematis dan terstruktur melalui berbagai mata kuliah degan beban belajar yang terukur, dengan menggunakan metode pembelajaran yang efektif, sesuai dengan karakter mata kuliah (Pasal 14). Metode pembelajaran tersebut meliputi: diskusi kelompok, simulasi, studi kasus, pembelajaran kolaboratif, pembelajaran kooperatif, pembelajaran berbasis proyek, pembelajaran berbasis masalah, atau metode pembelajaran lain yang dapat secara efektif memfasilitasi pemenuhan CPL.

Beberapa metode pembelajaran dapat digunakan untuk setiap mata kuliah, yang diwadahi dalam bentuk pembelajaran, yaitu berupa: (a) kuliah; (b) response dan tutorial; (c) seminar; (d) praktikum, praktik studio, praktik bengkel, praktik lapangan dan praktek kerja; (e) penelitian, perancangan atau pengembangan; (f) pelatihan militer; pertukaran pelajar; (g) magang; (h) wirausaha; (i) bentuk lain pengabdian masyarakat.

Untuk pendidikan hukum, sebenarnya sebagaian besar metode pembelajaran yang ditetapkan dalam pasal 14 tersebut diatas dapat digunakan untuk mata kuliah tertentu sesuai dengan capaian pembelajaran masing-masing mata kuliah, yaitu diskusi kelompok, simulasi, studi kasus, pembelajaran kolaboratif, pembelajaran kooperatif, pembelajaran berbasis proyek, pembelajaran berbasis masalah (*problem based learning*- PBL). Namun, tidak banyak pendidikan hukum di Indonesia yang sudah menerapkan dan mempraktekkan metode pembelajaran tersebut. Untuk PBL dan studi kasus misalnya, kemungkinan hanya beberapa pendidikan hukum di kampus besar yang menggunakan metode tersebut. Hal ini karena disamping kurangnya pemahaman dan training yang terkait dengan metode tersebut, juga karena kurangnya dorongan dari pimpinan pendidikan hukum agar dosen menggunakan berbagai macam metode yang sesuai dengan karakter mata kuliah dan capaian pembelajaran. Di Fakultas Hukum Universitas Airlangga, misalnya, PBL ini telah diterapkan beberapa tahun terakhir setelah sejumlah dosen mendapatkan training dan pemahaman akan pentingnya metode tersebut dalam meningkatkan kompetensi lulusan oleh Faculty Law Maastricht University.

Mayoritas penyelenggaraan pendidikan hukum di Indonesia menerima mahasiswa untuk program sarjana hukum lebih dari 400 mahasiswa per tahun. Tetapi fasilitas, sarana prasarana yang tersedia tidak cukup untuk mensupport dilakukannya proses transfer pengetahuan dan ketrampilan dengan menggunakan berbagai metode pembelajaran sebagaimana tersebut di atas. Sebagaian besar ruang kelas masih berukuran besar yang menampung lebih dari 100 mahasiswa dan desain kelas juga kurang menunjang adanya interaksi antara dosen dan mahasiswa. Konsekuensinya, pengajaran lebih banyak dilakukan dalam bentuk ceramah kepada kelompok besar, kurang interaktif,[19] dan sistem penyampaiannya juga bersifat doktrinal dan teoritis.

Sampai sekarang pendidikan hukum di Indonesia masih menggunakan metode ceramah sebagai metode pembelajaran yang utama. Konsekuensinya, lulusan fakultas hukum di Indonesia hanya sedikit yang memiliki kapasitas menulis opini hukum secara logis sebagai ketrampilan yang penting untuk praktek hukum. Metode pengajaran ini banyak terfokus pada penguasaan aturan hukum. Metode seperti ini kurang pas dengan visi pendidikan hukum yang memberikan bekal kepada lulusan dengan pengetahuan dan skill yang tepat sehingga setelah lulus siap menjadi ahli hukum (*Practising lawyers*).

Salah satu upaya yang sudah biasa dilakukan oleh pendidikan hukum di Indonesia adalah dengan *mootcourt. Mootcourt* ini perlu dimaksimalkan untuk memberikan ketrampilan hukum klinis, debat kasus, sehingga ketrampilan mahasiswa dapat terasah dengan baik. Mootcourt juga perlu diikui oleh semua mahasiswa. Hal ini karena, di beberapa kampus, tidak semua mahasiswa tertarik untuk mengikuti *mootcourt* ini.

6 Kebijakan Merdeka Belajar dan Kampus Merdeka

Pemendikbud No 3 tahun 2020 tentang SNPT juga sangat berpengaruh terhadap kualitas pembelajaran pendidikan hukum pada Fakultas Hukum di Indonesia. Hal tersebut karena adanya ketentuan pasal 18 yang menetapkan bahwa pemenuhan masa dan beban belajar bagi mahasiswa program sarjana atau sarjana terapan dapat dilaksanakan: 1) mengikuti seluruh proses pembelajaran dalam program studi pada perguruan tinggi sesuai masa dan beban belajar; dan 2) mengikuti proses pembelajaran di dalam program studi untuk memenuhi sebagian masa dan beban belajar dan sisanya mengikuti proses pembelajaran di luar program studi. Ketentuan pasal 18 tersebut dikenal dengan istilah Merdeka Belajar - Kampus Merdeka.

Melalui Merdeka Belajar – Kampus Merdeka, mahasiswa memiliki kesempatan untuk 1 (satu) semester atau setara dengan 20 (dua puluh) sks menempuh pembelajaran di luar program studi pada Perguruan Tinggi yang sama; dan paling lama 2 (dua) semester atau setara dengan 40 (empat puluh) sks menempuh pembelajaran pada program studi yang sama di Perguruan Tinggi yang berbeda, pembelajaran pada program studi yang berbeda di Perguruan Tinggi yang berbeda; dan/atau pembelajaran di luar Perguruan Tinggi.

19 Hikmahanto Juwana (2006), p. 4.

Merdeka Belajar – Kampus Merdeka, merupakan kebijakan Menteri Pendidikan dan Kebudayaan, yang bertujuan mendorong mahasiswa untuk menguasai berbagai keilmuan yang berguna untuk memasuki dunia kerja. Kampus Merdeka memberikan kesempatan bagi mahasiswa untuk memilih mata kuliah yang akan mereka ambil. Menurut Menteri Nadiem Makarim, "merdeka belajar memberikan kebebasan yang otonom kepada lembaga pendidikan, dan merdeka dari birokratisasi, dosen dibebaskan dari birokratisasi yang berbelit, serta mahasiswa dibebaskan untuk memilih bidang yang mereka sukai."[20] Impementasi kebijakan ini menjadi tantangan tersendiri karena sampai saat ini pun, dosen juga masih terbelenggu dengan tanggungjawab mengurusi administrasi dan birokrasi di kampus.

Berdasarkan buku panduan tersebut, pembelajaran dalam Kampus Merdeka memberikan tantangan dan kesempatan untuk pengembangan kreativitas, kapasitas, kepribadian, dan kebutuhan mahasiswa, serta mengembangkan kemandirian dalam mencari dan menemukan pengetahuan melalui kenyataan dan dinamika lapangan seperti persyaratan kemampuan, permasalahan riil, interaksi sosial, kolaborasi, manajemen diri, tuntutan kinerja, target dan pencapaiannya.

Tujuan kebijakan Merdeka Belajar - Kampus Merdeka, program "hak belajar tiga semester di luar program studi" adalah untuk meningkatkan kompetensi lulusan, baik *soft skills* maupun *hard skills*, agar lebih siap dan relevan dengan kebutuhan zaman, menyiapkan lulusan sebagai pemimpin masa depan bangsa yang unggul dan berkepribadian. Program-program *experiential learning* dengan jalur yang fleksibel diharapkan akan dapat memfasilitasi mahasiswa mengembangkan potensinya sesuai dengan passion dan bakatnya.

Berdasarkan konsep Merdeka Belajar dan Kampus Merdeka tersebut, ada 8 bentuk kegiatan pembelajaran yang dibisa dilakukan di dalam program studi maupun di luar program studi, meliputi pertukaran pelajar, magang, membangun desa (Kuliah Kerja Nyata tematik), studi/proyek independen, asistensi mengajar di satuan pendidikan, proyek kemanusiaan, kegiatan wirausaha dan penelitian. Dari 8 bentuk kegiatan tersebut, yang paling sesuai dengan karakter pendidikan hukum dalam kerangka untuk meningkatkan ketrampilan lulusan sesuai dengan bidang kompetensi hukum adalah magang. Sedangkan bentuk kegiatan lainnya kurang sesuai dengan CPL pendidikan hukum. Untuk merespon kebijakan tersebut, mahasiswa fakultas hukum bisa memilih magang di berbagai lembaga penegak hukum, kantor-kantor hukum, kantor-kantor pemerintahan baik pusat maupun daerah, organisasi internasional, biro hukum perusahaan nasional maupun multinasional, dan lembaga-lembaga lainnya yang terkait dengan profesi dan pendidikan hukum.

20 Buku Panduan Merdeka Belajar - Kampus Merdeka Hak Cipta: © 2020 pada Direktorat Jenderal Pendidikan Tinggi Dilindungi Undang-Undang Diterbitkan oleh: Direktorat Jenderal Pendidikan Tinggi Kemdikbud RI.

Kebijakan Merdeka Belajar dan Kampus Merdeka ini memberikan peluang kepada mahasiswa hukum untuk meningkatkan kompetensi ketrampilan hukum lulusan yang lebih besar dibanding dengan kurikulum sebelumnya. Kebijakan ini juga menawarkan *interdisciplinary learning* yang belum banyak dikembangkan oleh pendidikan hukum di Indonesia. Pada kurikulum sebelumnya, magang hanya dilakukan beberapa minggu dengan maksimal 4 SKS. Namun harus dicatat, untuk bisa melakukan magang yang baik, mahasiswa harus dibekali dengan konsep dan teori hukum yang matang. Sehingga magang bisa diartikan dengan mengimplementasikan konsep dan teori yang telah dipelajari di bangku kuliah. Bekal penguasaan konsep, teori dan pemahaman tentang hukum yang berlaku harus dipersiapkan dengan baik oleh fakultas hukum sebelum mahasiswa diberikan izin untuk melakukan magang. Modul, pedoman, dan standar magang juga harus dipersiapkan oleh pengelola program bersama dengan lembaga penyedia tempat magang. Jika tidak dipersiapkan dengan baik, maka kebijakan tersebut berpotensi melemahkan dan menurunkan kompetensi lulusan pendidikan hukum di Indonesia. Hal ini karena waktu 2 semester yang mestinya digunakan untuk mempelajari materi yang terkait dengan teori dan konsep hukum, digunakan untuk magang tanpa ada pedoman yang jelas.

Selain itu, bagi mahasiswa hukum, mengikuti mata kuliah diluar kampus fakultas hukum selama 1 semester, memberikan kepada mereka perspektif baru terutama memberikan kesempatan kepada mahasiswa mengenal pendekatan-pendekatan lain selain hukum doktrinal yang diajarkan di dalam Fakultas Hukum.[21]

7 SISTEM RANGKING DAN PUBLIKASI

Selain Kebijakan yang terkait dengan Merdeka Belajar dan Kampus Merdeka, saat ini PTN di Indonesia dituntut bisa memenuhi *Key Performance Indikator* (KPI) dan *Indeks Kinerja Utama* yang salah satunya adalah menjadikan PTN tersebut sebagai universitas kelas dunia. Kementrian Pendidikan, Kebudayaan, Riset dan Teknologi menetapkan target untuk universitas tertentu, terutama Universitas yang sudah berbadan hukum (PTNBH) untuk mencapai rangking tertentu di lembaga perangkingan internasional yang diakui, seperti, *QS World University Rangking, Times Higher Education World Rangking, Webometric*, dan lain-lainnya. Sehingga tidak jarang ditemukan spanduk-spaduk di lingkungan kampus yang dengan kata-kata seperti, "*To be World Class University, to Reach World Class University*". Kalimat tersebut tidak hanya menjadi visi baru bagi universitas, tetapi sekaligus

21 Van Huis, S. 2021. "Law and interdiscipinarity in a time of transformation: the 'new normal' at law institutions of higher education." Public lecture at the 10th Dies Natalis of Business Law Department BINUS, 5 June 2021.

menjadi motto dan semboyan untuk menyemanggati sivitas akademiknya mencapai target yang ditetapkan universitas.

Rapat dilakukan secara periodik oleh pimpinan universitas untuk memantapkan strategi memenuhi target rangking sebagaimana yang ditetapkan oleh Kementerian. Semua sumber daya yang dimiliki universitas dikerahkan dan dimaksimalkan untuk tercapainya rangking. Rangking ini sekarang juga mulai menjadi salah satu acuan calon mahasiswa untuk memilih universitas tempat studi, selain ketersediaan fasilitas dan besarnya uang kuliah. Konsekuensinya, pimpinan universitas seringkali hanya memfokuskan diri pada urutan rangking yang ingin dicapai, sehingga kurang memberikan perhatian pada aspek pembelajaran yang diterapkan di program studi. Pada saat Pandemi Covid 19 ini, dimana keseluruhan proses pembelajaran dilakukan melalui media online, kualitas pembelajaran perlu mendapatkan perhatian yang serius agar CPL yang telah ditetapkan dapat tercapai.

Pendidikan hukum di Indonesia pun tidak bebas dari sistem rangking ini, tidak hanya mengejar tercapainya target rangking internasional, tetapi juga nasional. Konsekuensi dari sistem rangking ini adalah prioritas kegiatan fakultas, dosen, mahasiswa dan semua civitas akademika didedikasikan untuk tercapai standar kriteria lembaga perangkingan internasional, sehingga hanya sedikit perhatian yang diberikan terhadap kurikulum, kualitas pembelajaran, inovasi dan prosesnya. Proses pembelajaran dianggap sebagai kegiatan rutin program studi, sementara dosen dituntut untuk bisa melakukan penelitian yang berkualitas, karena penelitian memiliki bobot yang tinggi untuk perangkingan internasional. Ada dua indikator yang dinilai yaitu hasil *peer review (academic reputation)* dan sitasi per fakultas. Untuk kepentingan tersebut, dosen didorong untuk melakukan kolaborasi dengan peneliti tingkat dunia dan diberi kesempatan untuk melakukan berbagai kegiatan akademik dengan partner universitas di luar negeri dalam kerangka mempromosikan fakultas dan mendapatkan *academic peer lists.* Dosen juga didorong untuk menulis pada jurnal internasional yang bereputasi tinggi, *top tier journal, open access* agar disitasi oleh akademisi lain di seluruh dunia.

Meskipun kualitas pengajaran juga dinilai, tetapi bobotnya hanya sekitar 20% dan untuk indikator ini, dan hanya menilai rasio jumlah mahasiswa dan dosen. Akibatnya, beban kinerja yang harus dikerjakan oleh dosen bertambah dan dalam kerangka mengejar publikasi di jurnal internasional yang bereputasi seringkali dosen tidak punya cukup waktu untuk mengembangkan inovasi metode dan bentuk pembelajaran yang baru dan mengupdate materi perkuliahan yang baru. Hal ini tentu berpengaruh terhadap kualitas pembelajaran dan CP lulusan Fakultas Hukum.

8 Internasionalisasi Pendidikan Hukum

Perkembangan yang sangat berarti dalam dinamika pendidikan hukum di Indonesia adalah internasionalisasi pendidikan hukum. Internasionalisasi ini tidak hanya untuk merespon globalisasi di bidang pendidikan hukum untuk mampu memberikan pelayanan hukum lintas batas negara, tetapi juga untuk memenuhi target perangkingan, yang salah satu indikatornya adalah *international outlook*, meliputi jumlah fakultas yang menyediakan program internasional dan jumlah mahasiswa internasional yang dimiliki oleh program studi atau fakultas. Sehingga, tidak mengherankan jika beberapa fakultas hukum terkemuka di Indonesia, termasuk Fakultas Hukum Universitas Airlangga membuka program ini sejak 5 tahun yang lalu. Sebelumnya Fakultas Hukum Universitas Indonesia dan Fakultas Hukum Universitas Gadjah Mada juga membuka program yang sama, yang dikenal dengan *International Undergraduate Program* (IUP).

Disamping itu, IUP ini juga bertujuan untuk menyiapkan lulusan Fakultas Hukum agar bisa berkompetisi pada pasar global, mengisi peluang kerja di berbagai perusahaan multinasional, menjadi lawyer yang mewakili kepentingan Indonesia pada forum penyelesai sengketa internasional. Hal ini juga untuk merespon masifnya pergerakan perdagangan jasa antar negara, termasuk jasa lawyer asing yang mengajukan izin praktek di Indonesia. Berdasarkan studi yang dilakukan Bapenas, advokat Indonesia akan berkompetisi melawan advokat asing yang mendapatkan izin praktek di Indonesia.[22] Jadi penting bagi pendidikan hukum di Indonesia untuk mengadopsi strategi yang agresif untuk meningkatkan kemampuan berkompetisi pada level internasional bagi para lulusannya. Sehingga pendidikan hukum harus mempertimbangkan pasar domestik dan pasar internasional untuk berkompetisi di era globalisasi ini. Globalisasi ini membuat kita harus memmikirkan cara baru tentang profesi hukum dan peran dari pendidikan hukum. Dalam konteks ini, harus diingat bahwa tidak ada hukum global, tidak ada pemerintahan global dan tidak ada kedaulatan global. Sehingga hukum nasional, budaya, institusi mempunyai posisi yang sama penting untuk menyelesaikan beberapa kasus yang melibatkan individu lintas batas negara.

Internasionalisasi pendidikan hukum ini dapat meningkatkan kapasitas dan kompetensi dosen dan mahasiswa fakultas hukum di Indonesia untuk belajar sistem hukum negara lain. Meskipun tidak mudah untuk mempelajari sistem hukum tersebut, kemudian menyelaraskan dan membandingkan dengan hukum nasional di negaranya karena adanya perbedaan sistem hukum misalnya. Namun internasionalisasi pendidikan hukum ini telah

---

22 Marjono Reksodiputro, Challenges to Legal Education in Indonesia, at http://www.aseanlawassociation.org/docs/w#.indo.pdf in Koesrianti, Legal Education in Indonesia:Professional Jurist in Globalized Era, Proceeding International Conference Southeat Asia Legal Education; Preparing lawyers for Tomorrow's Society and Prefession, p. 305.

memperluas pandangan dan pemikiran dosen dan mahasiswa Indonesia, terutama terhadap sistem kehidupan akademik yang ada di negara lain. Internasionalisasi ini juga mampu meningkatkan kemampuan Bahasa internasional lulusan pendidikan sarjana hukum, memampukan lulusan tersebut untuk bersaing pada pasar kerja internasional dan mengembangkan jejaring internasional.

Namun, IUP program belum cukup sukses untuk menarik mahasiswa asing belajar hukum di Indonesia. Di Fakultas Hukum Universitas Airlangga misalnya, sampai saat ini belum ada mahasiswa asing *fulltime* yang menempuh pendidikan di IUP, meskipun jumlah mahasiswa *part time*, seperti yang mengikuti pertukaran mahasiswa semakin bertambah. Hal ini dapat dipahami dengan mudah karena karakter pendidikan hukum sangat erat kaitannya dengan sistem hukum yang berlaku di negara tersebut. Untuk level sarjana, kurikulum program pendidikan hukum di suatu negara biasanya dimaksudkan untuk menyiapkan lulusan yang mampu berpraktik hukum sesuai dengan ketentuan nasional di negara tersebut. Kurikulum program sarjana juga di desain agar lulusan dapat mengisi dunia kerja profesi hukum yang berada pada jurisdiksi nasional negara tersebut. Warga negara asing, agar bisa beracara di muka pengadilan negara lain, harus memenuhi aturan yang telah ditetapkan dalam hukum nasional. Kondisi ini tentu berbeda dengan program studi hukum pada tingkat master, yang memungkinkan mahasiswa asing atau internasional untuk studi hukum di negara lain karena adanya capaian pembelajaran yang berbeda.

9 Simpulan dan Rekomendasi

9.1 *Simpulan*

Berdasarkan ketentuan mengenai Pendidikan Tinggi dalam UU No 12 Tahun 2012 dan Permendikbud No 3 Tahun 2 tentang Standar Nasional Pendidikan Tinggi, tujuan pendidikan sarjana hukum secara umum, kurikulum yang ditetapkan, dan capaian pembelajaran lulusan, sistem penerimaan mahasiswa baru yang berasal dari lulusan sekolah menengah atas, dan hubungan antara pendidikan hukum dengan asosiasi profesi (advokat), serta UU tentang Advokat, dapat disimpulkan bahwa model pendidikan hukum untuk program sarjana di Indonesia adalah pendidikan akademik. Rumusan CPL yang ditetapkan, meliputi sikap, pengetahuan, dan ketrampilan umum serta khusus sudah didesain untuk memampukan mahasiswa mendapatkan pemahaman yang cukup tentang pemahaman teori, konsep dan aturan hukum yang digunakan untuk menyelesaikan permasalahan hukum tertentu. Ketrampilan ditetapkan dalam CPL untuk memampukan mahasiswa melakukan praktek hukum setelah lulus dari Fakultas Hukum.

Pendidikan hukum di Indonesia bukan merupakan pendidikan profesi. Konsekuensinya, lulusan Fakultas Hukum tidak bisa langsung berpraktek atau beracara sebagai advokat di pengadilan untuk mewakili kepentingan klien atau pihak yang berperkara. Untuk bisa berpraktik sebagai advokat, diperlukan Pendidikan Khusus Profesi Advokat (PKPA). Pendidikan ini diselenggarakan oleh organisasi advokat, bekerjasama dengan lembaga pendidikan hukum atau fakultas hukum (Undang-Undang No 18 Tahun 2003 tentang Advokat). Kemudian, lulusan fakultas hukum harus mendapatkan sertifikat lulus ujian profesi advokat (UPA) dan mengikuti magang di kantor advokat sekurang-kurangnya 2 (dua) tahun secara terus menerus. Setelah persyaratan tersebut dipenuhi, baru dapat diangkat sebagai advokat. Demikian juga untuk menjadi seorang hakim atau jaksa, lulusan fakultas hukum harus mengikuti training calon hakim dan jaksa yang diselenggarakan oleh Mahkamah Agung dan Kejaksaan Agung Republik Indonesia, dan harus memenuhi kriteria yang ditetapkan oleh kedua lembaga tersebut. Hal tersebut menunjukkan bahwa model pendidikan hukum di Indonesia adalah pendidikan akademik.

Berbasis pada kenyataan diatas, dan dari pengamatan penulis, adalah sangat wajar apabila banyak kritik yang disampaikan terhadap pendidikan hukum di Indonesia terutama jika dikaitkan dengan kekurang terampilan dan ketidak siapan lulusan dalam berpraktik hukum karena memang kurikulum dan capaian pembelajaran lulusan menerapkan standar pendidikan akademis dan bukan standar pendidikan profesi. Meskipun demikian, secara umum, ada banyak perubahan terhadap kualitas pendidikan hukum di Indonesia pada dasa warsa terakhir ini merespon kritik yang berkembang di masyarakat. Beberapa fakultas hukum telah memberikan prosentase yang agak seimbang antara teori dan praktek dalam kurikulum dan mata kuliah yang diajarkan. Mahasiswa juga diberikan kesempatan untuk mengambil mata kuliah pendidikan hukum klinik, magang, mootcourt dan mata kuliah yang bersifat praktis lainnya.

Kebijakan Merdeka Belajar dan Kampus Merdeka juga memberikan kesempatan kepada mahasiswa hukum untuk meningkatkan kompetensi ketrampilan hukum bagi lulusan yang lebih besar dibanding dengan kurikulum sebelumnya. Kebijakan ini juga memberikan kesempatan kepada mahasiswa untuk tidak hanya berpikir dognatik hukum yang kaku, karena menawarkan *interdisciplinary learning.* Salah satu kesempatan yang dapat dimanfaatkan oleh mahasiswa fakultas hukum adalah dengan magang. Namun, mahasiswa harus dibekali dengan konsep dan teori hukum yang matang sebelum magang dilakukan. Modul, pedoman, dan standar magang juga harus dipersiapkan oleh pengelola program bersama dengan lembaga penyedia tempat magang. Jika tidak dipersiapkan dengan baik, maka kebijakan tersebut berpotensi melemahkan dan menurunkan kompetensi lulusan pendidikan hukum di Indonesia. Hal ini karena waktu 2 semester yang mestinya digunakan untuk mempelajari materi terkait dengan teori dan konsep hukum, digunakan untuk magang tanpa ada pedoman yang jelas.

Kebijakan publikasi internasional bagi mahasiswa dan dosen, perjuangan mengejar rangking fakultas, menuju *world class university* merupakan tantangan sekaligus peluang yang dihadapi oleh pengelola pendidikan hukum saat ini. Kebijakan tersebut pada satu sisi dapat dimanfaatkan untuk menyiapkan lulusan Fakultas hukum agar bisa berkompetisi pada pasar global dan merespon masifnya pergerakan jasa lawyer asing di Indonesia. Menghadapi globalisasi saat ini, menjadi penting bagi pendidikan hukum di Indonesia untuk mengadopsi strategi yang agresif untuk meningkatkan kemampuan berkompetisi pada level internasional bagi para lulusannya. Internasionalisasi pendidikan hukum ini dapat meningkatkan kapasitas dan kompetensi dosen dan mahasiswa fakultas hukum di Indonesia terutama meningkatkan kemampuan bahasa internasional, untuk memampukan lulusan tersebut bersaing pada pasar kerja internasional dan mengembangkan jejaring internasional. Namun kebijakan ini juga mengakibatkan beban kerja dosen semakin meningkat, dan seringkali membuat dosen tidak punya cukup waktu untuk melakukan inovasi dan pembaharuan metode dan materi pembelajaran.

IUP program belum cukup sukses untuk menarik mahasiswa asing belajar hukum di Indonesia secara full time, meskipun jumlah mahasiswa yang part time, seperti pertukaran mahasiswa semakin bertambah. Hal ini dapat dipahami karena karakter pendidikan hukum itu sangat erat kaitannya dengan sistem hukum yang berlaku di negara tersebut. Untuk level sarjana, kurikulum program pendidikan hukum di suatu negara biasanya dimaksudkan untuk menyiapkan lulusan yang mampu berpraktik hukum sesuai dengan ketentuan nasional di negara tersebut. Pada umumnya, kurikulum program sarjana juga di desain agar lulusan dapat mengisi dunia kerja profesi hukum yang berada pada jurisdiksi nasional negara tersebut.

9.2 Rekomendasi:

1. *Permendikbud No 3 Tahun 2020 telah menetapkan berbagai model dan bentuk pembelajaran yang dapat digunakan oleh dosen untuk menunjang capaian pembelajaran mata kuliah tertentu, terutama mata kuliah yang bersifat praktek. Sehingga adalah sangat penting bagi dosen untuk melakukan inovasi pembelajaran dengan menggunakan berbagai metode pembelajaran yang ada. Hal ini untuk menghilangkan image bahwa kuliah di fakultas hukum kebanyakan menggunakan metode pembelajaran yang old-fashion, yaitu ceramah saja. Diskusi kelompok, studi kasus, pembelajaran kolaboratif dan kooperatif, dan problem based learning perlu dibiasakan untuk memberi bekal mengasah kemampuan kritis, analitis, dan ketrampilan mahasiswa dalam merespon kasus-kasus hukum yang real terjadi di masyarakat. Bentuk pembelajaran tutorial juga perlu dilakukan untuk meningkatkan pemahaman mahasiswa terkait dengan materi yang sedang dipelajari.*
2. *Meskipun, program internasionalisasi mengakibatkan beban kerja dosen semakin meningkat, namun proses dan kualitas pembelajaran pendidikan hukum harus tetap menjadi perhatian utama bagi para pemimpin fakultas hukum dan dosen karena core*

business utama lembaga pendidikan adalah untuk pendidikan, pengajaran dan penelitian. Standarisasi terhadap kualitas pengajaran perlu terus dimonitor, dan dievaluasi agar mutu pendidikan hukum di Indonesia semakin meningkat. Apalagi pada saat pandemi ini, kualitas dan kuantitas pembelajaran melalui media online perlu dijaga mutunya agar capaian pembelajaran lulusan dapat tercapai. Jadi, selain mengejar pemeringkatan dan internasionalisasi, kurikulum dan metode pembelajaran juga harus mendapat perhatian yang sama untuk meningkatkan kompetensi lulusan.

Labour Market

III The Impact of Professional Requirements on the Academic Nature of a Law Curriculum

Sjoerd Claessens[*]

Memperoleh gelar hukum akademik adalah langkah penting dalam proses kualifikasi profesi hukum. Berkaitan dengan hal tersebut, institusi yang mengatur profesi-profesi hukum tersebut memiliki minat khusus pada isi dan pendekatan di sisi akademik dari proses kualifikasi. Di Belanda, pengaruh profesi tercerminkan dengan adanya sebuah perjanjian antara fakultas-fakultas hukum dan profesi-profesi tertentu, yang mengakibatkan sebagian besar gelar lulusan, baik sarjana maupun pascasarjana hanya fokus pada studi hukum lex lata atau black letter law. Hipotesa yang diajukan adalah fokus seperti ini pada black letter law mengganggu sifat akademis dari sebuah gelar hukum yang seharusnya lebih mengarah pada mendapatkan pandangan menyeluruh mengenai ilmu hukum serta isu-isu de lege ferenda. Institusi profesi hukum baiknya menguji pengetahuan para kandidat melalui ujian pengacara dan membiarkan sekolah hukum lebih leluasa untuk memutuskan bagaimana menyiapkan profil lulusan mereka untuk ujian tersebut.

Academic law degrees are a necessary step in the qualification process for regulated legal professions. In that sense, organizations that govern these regulated professions have a vested interest in the content and approach of the academic leg of the qualification process. In the Netherlands, the influence of the professions is laid down in a covenant between the law faculties and the professions leading to a situation where a large portion of the law degree – that consists of a bachelor's and a master's degree – is devoted to the study of lex lata, or black letter law. The hypothesis is put forward that this focus on black letter law encroaches upon the academic nature of a law degree that should focus much more on acquiring a bird's eye perspective of the discipline and issues relating to de lege ferenda. Professional organizations should test the knowledge of candidates for the profession by means of a Bar exam, leaving the law faculties the freedom to choose whether and how they want to prepare their graduates for these exams.

1 Introduction

When universities were (re)born in Europe in the eleventh century CE, law was the main subject that could be studied in these universities, most notably the law of the Romans who preceded the Middle-Age Europeans. In that sense, it can be argued that the study of law is closely linked to the (re)emergence of academia in Europe. In the modern age, that close link is not so obvious. Since the emergence of nationally oriented legal systems at the end of the Ancien Regime in Europe, law studies have changed to the point where they

* Mr. Dr. Sjoerd J.F.J. Claessens, LL.M. is Associate Professor in European Law and Vice Dean for Education of the Faculty of Law at Maastricht University.

mainly focus on national law and gradually, more and more, the focus has shifted to how to become part of regulated professions after studies.

In this day and age, a law degree – or more accurately in the case of the Netherlands, a bachelor's and a master's degree in law – is a necessary element of the qualification track for the three main regulated legal professions: lawyer (advocaat); public prosecutor (Officier van Justitie) and judge (rechter) (hereinafter 'the professions'). This leads to there being vested interests of these professions in the content taught through these law degrees. This vested interest may encroach upon the 'academic' nature of a law curriculum by giving too much attention to the apparent or perceived needs of the professions.

In this contribution, I will – by means of the example of the Netherlands – investigate whether it is indeed true that the vested interests of the professions in the curricula of bachelor's and master's programmes in law limit the 'academic' nature of these curricula. To this end, I will not only describe the rules in force in the Netherlands and the origin of those rules, but I will also attempt to define what makes a curriculum 'academic' in order to see whether these rules do in fact encroach upon the academic nature of the legal curriculum. Lastly, I will look beyond the borders of the Netherlands to see whether different approaches could also be employed.

2 Rules Regarding Entrance to the Professions in the Netherlands

Currently, Dutch legislation contains a number of rules with regard to entry to the professions. For the profession of advocaat, the principal rule is laid down in Article 2 of the Advocatenwet (Lawyers Act).[1] That article states that the profession of advocaat is accessible to those who have obtained both a bachelor's and a master's degree in law conferred by a Dutch university.[2] The article states further that more detailed rules regarding the requirements for access to the profession can be set by AmvB (government decree).[3] These more detailed rules are laid down in the Besluit beroepsvereisten advocatuur (decree on professional requirements for the profession of lawyer).[4] That decree states that the exams referred to in Article 2 of the Advocatenwet should at least include private law (including procedural law), criminal law (including procedural law) and either constitutional law, administrative law (including procedural law) or tax law.[5] No further specifications are included. For the other two professions, Officier van Justitie and rechter,

1 *Advocatenwet*, via: https://wetten.overheid.nl/BWBR0002093/2020-07-01, last accessed 23 June 2021.
2 Art. 2 *Advocatenwet.*
3 Art. 2(2) *Advocatenwet.*
4 *Besluit beroepsvereisten advocatuur*, via: https://wetten.overheid.nl/BWBR0017969/2008-10-01, last accessed 23 June 2021.
5 Art. 1 *Besluit beroepsvereisten advocatuur.*

similar requirements are laid down – albeit with some notable differences. Article 5 of the Wet rechtspositie rechterlijke ambtenaren (Law on the legal position of civil servants in the judiciary) states that the professions of Officier van Justitie and rechter are accessible to those who have obtained a bachelor's and master's degree in law conferred by a Dutch university.[6] In a government decree, the Besluit rechtspositie rechterlijke ambtenaren (decree on the legal position of civil servants in the judiciary),[7] further specifications are laid down. For rechters, this means that their degrees need to have led to thorough knowledge of and insight into at least three out of the five fields mentioned above (whereby two of the three fields should come from private law, criminal law or administrative law).[8] For Officieren van Justitie the besluit states that their degrees need to have led to thorough knowledge of and insight into criminal law (including procedural law) and thorough knowledge of and insight into two of the remaining four fields (with a possibility to limit that to one of the four remaining fields for those who have extensive (at least six years) of professional experience).[9] For completeness' sake, it must be mentioned that these are only the requirements regarding the academic degrees that are necessary to qualify for access to these professions (colloquially and hereinafter referred to as civiel effect requirements). Actual access to these professions is dependent on the successful completion of a vocational stage – that only in the case of advocaten is directly accessible after graduation from university; for Officieren van Justitie and rechters a considerable number of years of professional experience is required to even be allowed to enter the selection stage for the vocational training.[10]

It is clear that the civiel effect requirements are defined in the realm of the professions, i.e., as minimum requirements that the conferred degrees need to meet in order for their bearers to qualify for theoretical access to the professions concerned. That warrants the question of whether Dutch legislation does not lay down content-related criteria for the titles to be conferred. This is only the case to a very limited extent. As per the current system of university education that is governed by the Wet op het hoger onderwijs en wetenschappelijk onderzoek (law on higher education and scientific research – hereinafter WHW),[11] two types of titles can be conferred: a bachelor's or master's degree in the arts (BA and MA respectively) and degrees in the sciences (BSc and MSc respectively). That

6 Art. 5 *Wet rechtspositie rechterlijke ambtenaren*, via: https://wetten.overheid.nl/BWBR0008365/2021-05-07, last accessed 23 June 2021.

7 *Besluit rechtspositie rechterlijke ambtenaren*, via: https://wetten.overheid.nl/BWBR0006530/2020-10-01, last accessed 23 June 2021.

8 Art. 2 *Besluit rechtspositie rechterlijke ambtenaren.*

9 Art. 2a *Besluit rechtspositie rechterlijke ambtenaren.*

10 See: www.werkenbijderechtspraak.nl/rechter-of-raadsheer-worden/, last accessed 23 June 2021 for *rechters* and https://werkenbijhetom.nl/home-oio, last accessed 23 June 2021 for *officieren.*

11 *Wet op het hoger onderwijs en wetenschappelijk onderzoek*, via: https://wetten.overheid.nl/BWBR0005682/2021-01-01, last accessed 23 June 2021.

means that the system of the WHW as such has no specific designation for degrees in law.[12] This lacuna was resolved by means of a ministerial decree. The Regeling titulatuur hoger onderwijs (ministerial decree on titles in higher education)[13] states that a bachelor's and a master's degree mostly devoted to law may be followed with the designation 'of laws' and may be abbreviated as an LLB or an LLM respectively.[14] No further content requirements beyond 'mostly devoted to law' are laid down. The decision of which programme leads to which title ultimately lies with the Dutch-Flemish Accreditation Organization (hereinafter NVAO) that will accredit (and periodically re-accredit) programmes, including their resulting degrees (and titles).[15]

From a regulatory point of view, the civiel effect criteria do indeed belong to the realm of the professions. That has, however, not always been the case. In legislation prior to the WHW, most notably the Academisch Statuut,[16] there were substantive criteria laid down for the conferral of a mr. title (Meester in de rechten; a degree that traditionally was equal to or even higher than a doctorate, but slowly through further regulatory changes found itself among the current master's (and therefore pre-doctorate) degrees).[17] The Statuut mentioned that for a mr. title (effectively a doctorate) studies in Dutch private and commercial law, criminal law and constitutional law were necessary. Notably different from the current situation, no further requirements for access to the profession of advocaat were necessary;[18] in other words, someone who obtained a mr. title could start to practice as an advocaat where the conferred title served as guarantee that the person involved was indeed capable of doing so.

Throughout different changes in legislation – that fall beyond the scope of this chapter – that inherent link between title and content has been lost, whereby content

12 At least not in English; Art. 7.20(1b) *WHW* allows those who have completed a master's degree in the field of law to use the Dutch mr. title.

13 *Regeling titulatuur hoger onderwijs*, via: https://wetten.overheid.nl/BWBR0018486/2018-12-04, last accessed 23 June 2021.

14 Art. 1 *Regeling titulatuur hoger onderwijs*. Note the absence of the full stops between the LL and the B or M; this is a deliberate deviation from the Anglo-Saxon way of designating these titles (LL.B. and LL.M. respectively).

15 See: www.nvao.net/en/procedures/the-netherlands/accreditation-of-existing-programme, last accessed 23 June 2021.

16 On the *Academisch Statuut* see: Groen, M. (1985), *Maatschappelijke bevoegdheid. De wetgeving.* (EUT report. WM, Eindhoven University of Technology, Department of Philosophy and Social Sciences; Vol. 85-WM-006). Technische Hogeschool Eindhoven, via: https://pure.tue.nl/ws/portalfiles/portal/4347301/240096.pdf, last accessed 23 June 2021. See also: Ahsmann, M. (2015), *Civiel effect, Keurslijf of keurmerk?*, in: Nederlands Juristenblad, 2015/962 and Laemers, M. (2017), *Het Convenant Civiel Effect 2016: Leidt meer uniformiteit tot meer academische kwaliteit?*, in: Ars Aequi, 2017/155.

17 Groen, M. (1985), *Maatschappelijke bevoegdheid. De wetgeving.* (EUT report. WM, Eindhoven University of Technology, Department of Philosophy and Social Sciences; Vol. 85-WM-006). Technische Hogeschool Eindhoven, via: https://pure.tue.nl/ws/portalfiles/portal/4347301/240096.pdf, last accessed 23 June 2021.

18 *Ibid:* The other professions did require first informal and later formal continued (vocational) training.

requirements are now still present in legislation as the minimum requirements (identified above) for theoretical access to the professions that all require further vocational training in order to fully qualify for them. That also leads to the perception – certainly within the professions – that the academic law degree is nothing more than a preparation for 'the real thing' – the qualification for the profession (where traditionally the qualification came with the degree).[19] This 'problem' became even more prominent after the implementation of the so-called Bologna system[20] that replaced (even where many other European countries did not do so in the realm of law degrees) the unitary 4-year track for a mr. title into a 3-year bachelor's leading to an LLB and a 1-year master's leading to an LLM title, whereby switching universities between an LLB and an LLM was not only possible, but even encouraged. In that context – with the connection between title(s) and content all but lost – it is at least understandable that the professions had, or gained, a vested interest in the question of what exactly was taught in the different law faculties, seeing that they would have to decide who to admit to their professions. This resulted first of all in a covenant between the law faculties and the Dutch Bar Association in 2005,[21] replaced by a much more detailed covenant in 2016 that besides the law faculties and the Bar Association was also signed by representatives of the public prosecution and the judiciary.

Wherein the 2005 covenant was relatively simple in its approach, requiring 200 out of 240 EC[22] to be spent on legal subjects (at least 60 in the bachelor's and 60 in the master's) whereby law faculties would certify that their diplomas would lead to 'thorough knowledge and insight' in Dutch private law, criminal law and constitutional and administrative law,[23] the 2016 covenant[24] is much more detailed.

The current covenant contains a number of detailed provisions apparently aimed at quantifying the claim that a combined bachelor's and master's degree in law leads to the fact that graduates fulfil the requirements laid down in legislation and regulation described above, meaning that for the profession of advocaat, a graduate must have knowledge of and insight into a number of areas of Dutch law, whereby for the professions of Officier van Justitie and rechter, a very thorough knowledge and insight is required and it needs to be remarked that the required areas for the professions do not necessarily overlap. To

19 Ahsmann clearly situates the academic degree as the portal to the subsequent professional training: Ahsmann, M. (2015), *Civiel effect, Keurslijf of keurmerk?*, in: Nederlands Juristenblad, 2015/962.

20 See: https://ehea.info, last accessed 23 June 2021.

21 Laemers, M. (2017), *Het Convenant Civiel Effect 2016: Leidt meer uniformiteit tot meer academische kwaliteit?*, in: Ars Aequi, 2017/155.

22 The European Credit Transfer System (ECTS) works with a division of 60 European Credits (EC) per year. A three-year bachelor's degree would culminate in 180 EC; a one-year master's in 60 EC, resulting in 240 EC for a 'full' law degree. See: https://ehea.info/page-ects, last accessed 23 June 2021.

23 Laemers, M. (2017), *Het Convenant Civiel Effect 2016: Leidt meer uniformiteit tot meer academische kwaliteit?*, in: Ars Aequi, 2017/155.

24 *Convenant Civiel Effect*, via: www.advocatenorde.nl/document/20160322-convenant-civiel-effect-1, last accessed 23 June 2021.

this end, the covenant aims to include a number of guarantees; it deserves to be mentioned that the covenant does not include the term 'thorough' when referring to knowledge and insight but instead refers to the 'necessary' knowledge and insight.[25]

For a number of fields of law, namely Dutch private law, Dutch criminal law and Dutch constitutional and administrative law (including procedural law and the impact of European law on those subjects), the covenant requires the following outcomes to be guaranteed in the learning outcomes of bachelor's and master's degrees conferred by Dutch law faculties:

- Knowledge of and insight into the system of the fields described above.
- The ability to apply concepts from these systems to a problem.
- The ability to analyse concepts from these systems and to see links between these concepts.[26]
- The ability to take and defend an argued position within the systems mentioned above.

For the fields of international and (institutional) European law, the first three requirements are imposed with regard to the major concepts of those fields, while the last requirement is omitted altogether.[27] These requirements are followed by a sentence that seems mostly explanatory in nature stating that with regard to the aspects of providing knowledge and insight, the courses dealing with the different fields of law should be mostly devoted to acquiring fundamental knowledge of and insight into those fields. This knowledge and insight are then described as: knowing the system, concepts and most important rules and how these are explained in jurisprudence and doctrine.[28] In conclusion, the covenant requires graduates to be able to write legal analytical pieces at an academic level and to have knowledge of and insight into different meta-legal perspectives on the law. Graduates must be able to use these meta-legal perspectives while analysing a societal-legal problem.[29]

The covenant then goes on to explain how these requirements should be reflected in the programme by first stating that the first year of a bachelor's degree should include introductory courses on Dutch private law, Dutch criminal law and Dutch constitutional and administrative law.[30] Years two and three of the bachelor's degree should contain a minimum of 30 EC in Dutch private law (where a maximum of 3 EC may be devoted to private international law) and a minimum of 10 EC respectively to Dutch criminal law and Dutch constitutional and administrative law. A minimum of 5 EC must be devoted to (institutional) European Law in the bachelor's degree, and a minimum of 5 EC must

25 *Ibid.*, preamble.
26 *Ibid.*, Art. 2.
27 *Ibid.*
28 *Ibid.*
29 *Ibid.*, Art. 3.
30 *Ibid.*, Art. 4.

be devoted to public international law in either the bachelor's or the master's degree.[31] Overall, 100 EC (of the available 180 EC) must be devoted to the fields described in the covenant during years two and three of the bachelor's degree and the one year of the master's degree.[32] Meta-legal courses count towards those 100 EC if they address black letter law topics to a sufficient extent.[33] For the master's programmes, specifically, the covenant requires one or more courses in one of the subjects mentioned above for at least 10 EC and at least one assessment where two or more of these subjects are combined.[34]

It may be clear that the covenant desires – at a striking level of detail – to guarantee that graduates reach the level required by the legal professions to even fulfil formal requirements for entering subsequent vocational training for these professions. To the careful observer, it might also be clear that the covenant fails to fulfil this desire for a number of reasons. First, there seems to be a lack of clarity and consistency of the terms used, most notably when it comes to knowledge and insight. As established above, the professions of Officier van Justitie and rechter require 'thorough' knowledge and insight in differing combinations in the various fields of Dutch law. That being the highest common denominator, it is at least remarkable that the term 'thorough' is missing from the covenant altogether, while the adjectives that are used in relation to knowledge and insight – 'necessary' and 'fundamental' – are neither defined individually nor in relation to each other or to the adjective 'thorough' (that in itself also remains undefined in the superseding regulations). The conclusion that adhering to the covenant leads to thorough knowledge and insight is therefore only implied from the existence of the covenant as such, but not from its content. Secondly, and also with regard to definitions, the covenant fails to give a (normative) definition of what knowledge and insight actually are – or at least what should be understood by them in the context of the covenant. The closest to a definition is the explanatory sentence mentioned above that attempts to give a descriptive definition of what knowledge and insight should mean.[35] In doing so, and linked to the next point, terms, and the explanations thereof seem to not be interlinked with the meaning of these terms within the realm of educational sciences. Thirdly, therefore, no attempt seems to have been made to link the requirements of the covenant to even the most basic elements of educational sciences, such as Bloom's taxonomy (with all its inherent shortcomings)[36] in order to ascertain the level of graduates in relation to the requirements for entry into the vocational training for these regulated professions. The requirements are mainly quantitative – expressed in ECs – and not qualitative. Hyperbolically, the

31 *Ibid.*, Arts 5, 6 and 7.
32 *Ibid.*, Art. 8.
33 *Ibid.*, Art. 9.
34 *Ibid.*, Arts 10 and 11.
35 See note 29 above.
36 See: https://en.wikipedia.org/wiki/Bloom%27s_taxonomy, last accessed 23 June 2021.

covenant states: spend a lot of ECs of your degree on black letter law and you will be fine, without ever convincingly making it explicit that indeed the vehicle of the covenant (fixing the number of ECs to certain subject areas) leads to its desired result – gaining the fundamental, necessary or thorough knowledge and insight that is required. This conclusion, together with the observation that a large part of the design of a law curriculum is fixed by the quantitative requirements of the covenant, leads to my hypothesis[37] that these requirements encroach upon the academic nature of a law degree.

3 The Academic Nature of a Law Degree

Before the aforementioned hypothesis can be assessed, it will first be necessary to define the academic nature of a law degree. Finding or giving such a definition might seem simple at first, but might be more complicated in practice, as the term only seems to be defined on a colloquial level. At this 'dictionary' level the term 'academic' is often defined in relation to its devotion to theory and scholarship, where both the terms academic and scholarship in themselves are defined as related to studying and thinking at a high (academic) level.[38] Both terms are contrasted with practical skills. Additionally, at a regulatory level, the WHW gives a definition of what wetenschappelijk education is; firstly it must be mentioned that the direct translation of wetenschappelijk in English would be scientific (and not academic)[39] and secondly, it is in no way, shape or form questioned that the law degrees as offered by universities in the Netherlands fall within the scope of this law.[40] The definition in the WHW is used to contrast education offered by universities from that offered by Hogescholen (universities of applied science) that offer higher professional education and that are both governed by the WHW. In that light, the WHW defines wetenschappelijk education as (in my own rough translation) education that prepares the student for the independent practice of science, or the professional application of scientific knowledge in combination with promoting insight into the interconnection of different disciplines.[41] In contrast, higher professional education is defined as education aimed at the transfer of theoretical knowledge and the development of skills closely linked to professional practice.[42] These definitions open up a number of discussions that are all too elaborate to deal with within the confined scope of this chapter. First of all, one could debate whether law is a

37 That is also shared by others, see: Laemers, M. (2017), *Het Convenant Civiel Effect 2016: Leidt meer uniformiteit tot meer academische kwaliteit?*, in: Ars Aequi, 2017/155.
38 Notice the circular reasoning?
39 I would consider 'academic' a broader term than 'scientific' in the sense that all scientific education is academic, but not all academic education is scientific.
40 Making this a largely academic exercise (pun intended).
41 Art. 1.1(c) *WHW*.
42 Art. 1.1(d) *WHW*.

science or not.[43] Although I am with the Romans on this one, believing that law is an art that leads to scholarship rather than science, I will not deal with this discussion here, since it is linked with the translation of the term wetenschappelijk and – as stated above – it is beyond doubt that the law degrees conferred by Dutch universities fall within this definition. More problematic is the application of the definitions to the content of the course of study and its relation to the professions. This is where – at least in the Netherlands – the comparison with medical professionals is often made.[44] As stated above: a course of study is still deemed wetenschappelijk if it aims at the application of scientific knowledge in professional practice. For medical professionals this is undoubtedly the case. Medical science constantly moves forward, and medical professionals need to implement this constantly changing medical science in their profession; thus most – if not all – medical professionals are themselves involved in furthering medical science.[45] That is less clear for those who end up in regulated legal professions. Of course, those professionals need to keep up with the latest legal developments, and judges, directly. (and lawyers and public prosecutors indirectly) can influence the course of scholarship, but the connection is much less direct compared to medical science, and the way a law degree looks – certainly when it implements the covenant mentioned above – is an awful lot like the definition of higher professional education, instead of that of scientific education.

Then there are the Dublin descriptors.[46] These are attempts to formulate learning outcomes for degrees conferred within the Bologna system. For a master's degree the descriptors boil down to the following: having so much knowledge of and insight into the discipline that the candidate is capable of adding original elements to that knowledge and insight by means of research; having the skills to apply their knowledge and insight to broader (multidisciplinary) contexts in new or unknown circumstances leading to solving problems, integrating knowledge and handling complex matters; having the skills to form a judgement on the basis of the problem in the discipline taking into account ethical, scientific and societal elements; having the skill to communicate knowledge, insight, reasoning, motives and judgements to specialists and non-specialists alike and having the

43 See for example: Stolker, C. (2003), *Ja geléérd zijn jullie wel! Over de status van de Rechtswetenschap*, in: Nederlands Juristenblad 2003/766.

44 See for example: Stolker, C. (2014), *Rethinking the Law School, Education, Research, Outreach and Governance*, Cambridge University Press, Cambridge 2014, pp. 139-141. See also: Claessens, S. (2015), *Internationalisering in rechtenonderwijs. Waar zijn onze competente rebellen?*, in: Nederlands Juristenblad, 2015/560 and – in a reaction thereto – Ahsmann, M. (2015), *Civiel effect, Keurslijf of keurmerk?*, in: Nederlands Juristenblad, 2015/962.

45 One of the CanMed competences – that are also used in the Netherlands – for those in the medical professions is being a scholar: www.royalcollege.ca/rcsite/canmeds/canmeds-framework-e, last accessed 23 June 2021.

46 See: http://ecahe.eu/w/index.php/Dublin_Descriptors, last accessed 23 June 2021.

learning skills that prepare them for a follow-up study that is largely self-directed and autonomous in nature (the PhD track).[47]

Lastly, Stolker, in his standard work 'Rethinking the Law School', has tried to build a fourfold argument or a deductive definition to argue that law curricula are – and more importantly should be – academic.[48] He states that law is an academic discipline because it has a large impact on people's lives and without law there would be anarchy; law is complex and growing more complex by the day – requiring more from those who study it; law is connected to other disciplines and lawyers must be able to work with these disciplines and legal academics are necessary in order to guarantee the continued existence of the legal discipline.[49] Although I want to highlight that I wholeheartedly agree with Stolker that law is an academic discipline and indeed belongs in universities, I find his reasoning hardly convincing, especially when he emphasizes importance and complexity. It is interesting to note though, that Stolker's third and fourth arguments do tie in with the WHW definition mentioned above, namely that – in my own words – scientific education primarily creates scientists,[50] and that scientific education must lead to promoting insight into different disciplines, i.e., the interdisciplinary elements that Stolker also mentions. I also do not disagree with Stolker when he says that jurists perform a vital role in society and are – in the words of my promotor – the guardians of the rule of law, but I would add the nuance to his argument that it is their academic training that allows them to fulfil this role.

All in all, taking into the account the different definitions mentioned above, I would classify a course of study as being 'academic' in the legal discipline when it leads to a command of (insight into) the discipline that transcends the body of knowledge of the discipline itself, in such a way that the academics are able to have a bird's-eye view of the discipline, see the network(s) within the discipline itself and the network(s) in which the discipline relates to other disciplines in order to therewith better the discipline itself. In that sense an academic – a legal scholar in our case – needs to be 'out of the box' and literally hover above the discipline.

---

47 http://ecahe.eu/w/index.php?title=Framework_for_Qualifications_of_the_European_Higher_Education_Area#Second_cycle_-_Master.27s_level, last accessed 23 June 2021.

48 Stolker, C. (2014), *Rethinking the Law School, Education, Research, Outreach and Governance*, Cambridge University Press, Cambridge 2014, pp. 92-101.

49 *Ibid.*

50 I will leave it up to the reader to either read 'academic' into 'scientific' or not.

4 Professional Requirements Encroaching Upon the Academic Nature of a Law Degree

Back to the sobering reality. It was demonstrated that we moved from a system where access to the professions was a side effect of becoming a legal scholar to a system where the academic degrees of future members of the professions serve as minimum access requirements to further selection and vocational training of those[51] who may end up in the professions. We have also established that the professions have had a major say in the content of the curricula by means of the covenant described and discussed above.

Before I demonstrate how this covenant encroaches upon the academic nature of a law degree, it needs to be mentioned that I firmly believe that those who were responsible for the covenant sought to capture the definition of what it means to be a legal academic in order to remedy perceived deficiencies in the quality of graduates – but failed to do so.

Some of the problems with the covenant have been highlighted above. The covenant is silent on the relationship of the terms used in it with the terms as used in educational science, like for example Bloom's taxonomy and the Dublin descriptors. A reading of the covenant that adheres strictly to terms used in the Dublin descriptors would lead to the conclusion that the requirements of the covenant fall short of the level of an academic master's degree. Moreover, the covenant seeks certainty in assigning quantitative requirements to be spent upon certain fields in the degree while failing to define – other than in the way described above – qualitative requirements, leading to a false sense of security in this regard (even more so since the quantitative unit used is far from harmonized).

The major problem of the covenant, however, lies in its apparent obsession with the black letter – or positive – law, the lex lata, so to speak. This is mostly evident in the requirement that meta-legal courses can only count towards the quantitative requirements if they deal with positive law to a large extent. This focus on the lex lata leads to a law curriculum that is mostly focussed on teaching its students how the current system works in relation to a possible career in a legal profession – thereby nicely fulfilling the definition of what higher professional education is, leaving the necessary transcendence to the academic level (the de lege ferenda element) to the 'left-over' room in the curriculum (some EC in the first year of the bachelor's degree, half a year in years two and three of the bachelor's combined and a little over half a year in the master's). It is actually a shame that the covenant is completely silent on this matter and proof, in my view, that the interest of the professions only lay in knowledge of and insight into the lex lata, rather than in the total picture of an academic – almost as if being a legal scholar is more a burden than an asset for the professions. Had the drafters of the covenant truly sought to ensure that

51 And it cannot be mentioned enough that this is a minority of law graduates.

universities would deliver competent scholars, they would have – or more accurately – should have put much more effort into describing requirements to ensure that such scholars would indeed be delivered.

So, by its disproportional attention to the lex lata by reserving large parts of the curriculum for the study of that lex lata and its complete disregard for the rest of the curriculum, where – as described above – the true differentiation between higher professional education and academic education lies, the professional requirements as laid down in the Netherlands in the form of the civiel effect covenant encroach upon the academic nature of law degrees.[52]

5 A Possible Solution and Conclusion

The exposé above is obviously limited to the situation in the Netherlands. Therefore, a short look across the border is warranted to see how other jurisdictions deal with the access to professional training in order to become a member of one of the regulated professions. Looking at jurisdictions like the United States,[53] Germany[54] and, as of late 2021, also in England and Wales[55] in the United Kingdom (and many others), the control of the professions to the access to (the vocational training stage of) the professions is organized by means of a Bar exam. That means that there is no direct influence[56] on the academic curriculum of the universities that deliver the graduates, but that graduates pass an exam in order to show that they fulfil the minimum requirements to enter (the qualification track for) the profession. Sometimes these exams, like in the US, England and Wales are organized by the profession themselves, whereas in Germany, for example, the exams are organized by the state.

This approach could offer a solution for the Dutch situation. Abandoning the civiel effect covenant, the different professions can organize their entrance exams by which they test whether applicants fulfil the criteria for access to the professions. In such a setting,

52 See also – in agreement – Laemers, M. (2017), *Het Convenant Civiel Effect 2016: Leidt meer uniformiteit tot meer academische kwaliteit?*, in: Ars Aequi, 2017/155.

53 See: www.lawyeredu.org/, last accessed 23 June 2021. Requirements in the US differ from state to state and qualifications are generally not interchangeable between states.

54 See: https://brak.de/fuer-anwaelte/beruf-anwalt/berufsweg-anwalt/, last accessed 23 June 2021.

55 See: www.lawsociety.org.uk/career-advice/becoming-a-solicitor/solicitors-qualifying-examination-sqe/, last accessed 23 June 2021.

56 At least not as direct – American Law Schools still need to be ABA accredited, See: www.americanbar.org/groups/legal_education/resources/aba_approved_law_schools/, last accessed 23 June 2021. It is remarkable that there are some standards with regard to the content of the curriculum, but they seem to focus on the didactic side of things. See: www.americanbar.org/content/dam/aba/administrative/legal_education_and_admissions_to_the_bar/standards/2020-2021/2020-21-aba-standards-and-rules-chapter3.pdf, last accessed 23 June 2021.

universities are free to develop their own curricula that focus on legal scholarship while in the meantime ensuring – either in their general programmes or in specialized programmes – that their graduates will pass the said test. The only guarantee for such a system to operate fairly is the guarantee – preferably in legislation – that the professions cannot grant exemptions to graduates of certain programmes in order to avoid unfair competition between the different universities. Actually, the Netherlands is already moving in that direction, since the Bar Association has introduced a diagnostic entrance test – that is only diagnostic in nature – but if and when lacunae are established, these must be remedied during the vocational training.[57] It might be clear that this a first step towards an exam organized by the profession, that should ultimately make the covenant superfluous.

Should a covenant still be deemed necessary, it should be formulated in a different manner in order to focus on level, rather than on content. The professions should require academics – not those who have spent four years largely studying the lex lata.

In the above discussion, I have demonstrated that the focus on the lex lata in the regulation in the Netherlands regarding the access to the regulated legal professions encroaches upon the academic nature of a law degree, and that this encroachment could be avoided by organizing the access to (the training for) the professions in such a way that access depends on an entrance exam, albeit with guarantees to avoid unfair competition between the different universities. I am convinced that in such a manner the perceived deficiency in the level of graduates can be remedied. That conclusion leads to the recommendation that the relationship between academic institutions and the professions should be organized in such a way that faculty members are free to determine their curricula in such a way that graduates can actually be seen as academics, leaving the actual access to the profession (for those graduates that actually seek to become members of the professions) to an exam organized by these professions.

57 www.advocatenorde.nl/basistest, last accessed 23 June 2021.

IV Running an Internship Office

Kathleen Mertens[*]

Di Fakultas Hukum, mahasiswa dapat memperoleh kredit (ECTS) untuk program magang yang mereka lakukan selama studi mereka. Kantor magang di Fakultas Hukum bertanggung jawab untuk menyetujui dan mengatur program-program magang ini. Sebuah program magang dapat menggantikan satu atau lebih mata kuliah pilihan. Seluruh program magang harus sejalan dengan persyaratan yang telah ditentukan di pedoman magang. Kantor magang berkomunikasi dengan mahasiswa melalui laman student portal yang mencantumkan berbagai macam informasi seperti formal proposal magang, buku pedoman magang, prosedur dan FAQs. Kantor magang juga bertanggung jawab atas pembuatan dan diseminasi kebijakan serta syarat permagangan. Aksesibilitas luas sangat diapresiasi oleh mahasiswa dan sebaiknya kantor magang juga terbuka untuk pertemuan-pertemuan singkat yang informatif dengan mahasiswa. Untuk setiap program magang, koordinator bidang permagangan menetapkan seorang pengawas fakultas yang terlebih dahulu memberikan persetujuannya mengenai jumlah program magang yang akan diawasi dalam kurun waktu satu tahun akademik. Mengenai komunikasi, berdasarkan pengalaman, banyak mahasiswa yang meminta informasi umum mengenai program magang melalui surel meskipun informasi tersebut telah disediakan di laman student portal. Oleh karena itu, kantor magang di Fakultas Hukum akan terus berusaha meningkatkan keteraksesan informasi untuk mengurangi permintaan mengenai hal ini melalui surel.

At the Faculty of Law, students can gain credits (ECTS) for an internship they conduct during their studies. The internship office of the Faculty of Law is responsible for approving and administering internships. An internship can replace one or two elective courses. The internship must comply with the requirements set forth in the internship guidelines. The internship office communicates with students via the website of Maastricht University and the student portal, where it publishes all kinds of information, including an internship proposal format, guidelines, procedural information and FAQs. The internship office is responsible for making and communicating the internship policy and requirements. The accessibility of the internship office is much appreciated by students, and it is therefore recommended that the office be open for short informative appointments with students. For each internship, the internship coordinator arranges a faculty supervisor. With regard to the latter, the internship office, in consultation with the academic staff, decide the number of internships they can supervise in the upcoming academic year. With regard to communication, it is observed that a large number of students request general information about internships via email although they can find this information on the student portal web page of the internship office. Therefore, the internship office strives to guide the student through the online information better, in order to reduce the amount of information requests via email.

1 The Internship Office: Core Business

The internship office of the Faculty of Law consists of a small team of two internship coordinators and one secretary. It is an independent unit that operates under the supervision

* Kathleen Mertens is internship coordinator at the Faculty of Law, Maastricht University.

of the Director of Studies. Every academic year, about 300 to 350 internships are approved and administered by the internship office.

The core business of the internship office is to advise students regarding internships and to administer the internships. The latter includes approving the internship proposal, arranging a faculty supervisor and finally administering the result of the internship. The internship office is also responsible for the internship policy and actively communicating with students about the internship possibilities.

2 Internship Policy

The internship office has drawn up internship guidelines regarding the internship and its procedural requirements.[1] In principle, students can receive 6 or 12 ECTS for an internship, depending on the length of the internship.[2] If a student conducts an internship of at least 20 full-time working days, 6 ECTS can be accredited to the internship. If the student conducts an internship of at least 40 full-time working days, 12 ECTS can be accredited to the internship. An internship that has been successfully completed replaces either one or two electives (depending on the number of credits).

2.1 Internship Requirements

Students can conduct an internship during their bachelor's and/or their master's programme. If a bachelor's student wishes to do an internship in the bachelor's programme, he/she should have gained a minimum of 84 ECTS of the particular programme. This is to ensure that the student has at least a basic amount of legal knowledge. In practice, this means that students in the Bachelor European Law School programme can do an internship in the final course period of their second year. Bachelor Dutch Law students can do their internship in the final semester of their third year. There is no minimum number of credits set for students who wish to undertake an internship during their master's programme.

Students can only receive credits for an internship that has been approved by the internship office. To that end, the student must send an internship proposal to the internship office not later than four weeks before the start of the internship. The internship office uses a form the student must fill out and sign. Part of the internship proposal is a student declaration. By signing this document, the student declares that he/she has read

1 The internship guidelines are updated every academic year in coordination with the Director of Studies and the exam board.

2 Not all programmes allow the student to receive ECTS for the internship. In that case, the student conducts an extracurricular internship.

the internship guidelines and knows what is expected of him/her before, during and after the internship.

The internship proposal contains, amongst other things, a description of the internship activities and a description of how these activities focus on the objectives of the degree programme. Furthermore, the student must describe the intended learning outcomes of the internship.

The internship coordinator decides, on the basis of the internship proposal (and if necessary, extra information received from the student), whether the internship complies with the requirements set forth in the internship guidelines. Students receive an email with administrative and practical information when the internship is approved. If the internship coordinator does not approve the internship, the student is informed by email as well. The internship coordinator takes the decision based on the internship guidelines. The student then has the possibility to arrange a new internship or to go back to the internship institution and make new agreements about the content of the internship.

When the student proposes to do an internship in a field which is not related to the objective of the educational programme or if the internship is not related to law at all or not sufficiently related to law, the internship coordinator does not approve the internship proposal.

An internship will also not be approved in the following cases: if the internship proposal is submitted after the start of the internship; if the activities are carried out in the context of an employment relationship; if the internship is undertaken at the offices of, or at organizations run by, family members; if the internship comprises activities performed for and on behalf of the Faculty of Law of Maastricht University or one of its departments; or, if the activities are carried out by students from their home.

2.2 *Objective of the Internship*

The objective of an internship conducted during the bachelor's programme is to provide an introduction to the professional practice of lawyers, legal experts or officials who deal with legal issues within their profession. The aim of the internship in the master's programme is to enable students to deepen their academic knowledge by way of exposure to legal professional practice. In any case, the internship must take place at the office of the host organization and under the direct supervision of an experienced, academically trained lawyer or otherwise a qualified supervisor with legal expertise.

2.3 Faculty Supervisor and Obligations of the Student During and After the Internship

For every internship, the internship office arranges a faculty supervisor. The faculty supervisor is a member of the academic staff. In practice, the internship office sends out a request for supervision to every department, and this is dependent on the availability of the academic staff; this is not the preferred way of working, though, due to the high number of internships per academic year and the workload of the academic staff. It is therefore recommended that the internship office make agreements with the academic staff, before the start of the academic year, about how many internships each academic staff member can and will supervise. This would enable the internship coordinators to work more efficiently.

Every two weeks the student must send the faculty supervisor an update about the internship activities. After the internship is completed, the student writes an internship report.[3] It contains an analysis and discussion of three legal cases. Furthermore, the student reflects on the internship experience and his/her intended learning outcomes.[4] The student must send the draft report to the supervisor at the host organization before he/she sends it to the internship office. This is to prevent the disclosure of any confidential information. The internship report can only be made public with the consent of the host organization. The internship office maintains a deadline of two weeks for receiving the internship report.

After the internship is completed, the faculty supervisor assesses the internship on the basis of the internship report, the assessment by the supervisor at the host organization[5] and the regular reporting of the internship activities by the student. If any of these components have not been fulfilled, credits may possibly not be awarded for the internship.[6] The internship is assessed in terms of a pass or a fail. If the faculty supervisor assesses the internship report as insufficient, the student has 14 days to rewrite the report. The internship office provides the faculty supervisor with instructions regarding the faculty supervision.

The student also sends the internship office an evaluation of the internship (a completed evaluation form) which offers the internship office some information about the internship host organization. This information can be used to advise students in their search for an internship host organization.

---

3 The requirements are described in the internship guidelines.
4 The internship guidelines contain the specific requirements of the internship report.
5 To that end the internship host organization receives an evaluation form from the internship office.
6 The Director of Studies will be responsible for the final decision therein.

2.4 *Registration of Internships*

When an internship is approved, it is also registered in the database of the internship office. For the last couple of years, the internship office has been using specific software in order to manage the workflow, which has enabled work to be done more efficiently and more accurately. Moreover, the software allows the office to retrieve all kinds of information from the database, which can be beneficial to the students. It is therefore recommended that the internship office use software in order to automate the registration process as much as possible.

3 Advising Students

One of the core activities of the internship office is to advise students with regard to internship possibilities. Students often prefer to discuss the possibilities during a short appointment. The internship coordinator can explain the requirements, advise the student on how to find an internship and help determine what type of internship the student wishes to undertake.

Before the Covid-19 pandemic, students had to make an appointment with the internship coordinator before they could have their internship approved. The internship coordinator could then explain the procedure and the obligations of the student, before, during and after the internship. Since the start of the pandemic, the obligation to make an appointment has been cancelled. Consequently, the internship coordinators now communicate more extensively via email with students about the internship proposal and internship opportunities. Because the internship office has had an overall positive experience with the cancellation of the mandatory appointment, it has decided not to reintroduce this obligation. The office remains open for any other questions students have. The internship office is also working on a method to guide students through the information via its website by means of questions and answers (see also Section 5).

The accessibility of the internship office has been much appreciated by students. Also, certain students prefer to have more guidance during the internship process than others. An internship is often a student's first step in the 'real world'. The advice of the internship coordinators can therefore help students to take that first step of finding and applying for an internship.

4 Acquisition

The internship office performs certain acquisition activities. However, this is not the core business of the office. Searching and applying for internships is considered to be part of the learning experience of the student. Of course, internship host organizations can publish their vacancies on the university's vacancy board. The internship office functions as an intermediary in that regard. So far, the internship office has actively acquired internship positions with law firms located in Maastricht and its region, the police department and with governmental institutions.

5 Communication: Website and Student Portal

The internship office has a website (part of the university website) where it publishes general information and video clips for incoming students.

The internship office also communicates with law students via the internships web page on the student portal.[7] Students can find all kinds of information on the student portal: internship guidelines, the handbook for Erasmus+ grants, the internship proposal form, procedural information on how to arrange an internship (and have it approved) and FAQs.

The internship office regularly organizes general information sessions for students, mostly combined with a recruitment activity from a big law firm and/or a CV check by a recruiter. These information sessions are much appreciated, certainly when combined with a practical activity.

In its communication with students, the internship office tries to give as much information as possible online. Students can contact the internship office at all times by email. There is, however, a downside to this accessibility. It has created an overload of emails from students asking for general information they can also read on the student portal and in the internship guidelines. The office, therefore, plans to use a digital system (via a website) that guides the student through all the important information on a question-and-answer basis. Only when the student has read all the relevant questions and answers can he/she ask the internship office a question via email.

7 The student portal is only accessible to students of Maastricht University.

6 Internship Contract

The internship office provides a tripartite internship contract. It is a general university-wide contract by means of which the university fulfils its duty of care towards the student who undertakes an internship.

7 Conclusion

The accessibility of the internship office is much appreciated by students and it is therefore recommended that the internship office be open for short informative appointments with students.

With regard to communication, it is observed that a large number of students request general information about internships by email although they can find this information on the student portal web page of the internship office. Therefore, the internship office strives to guide the student through the online information on a question-and-answer basis, with a goal of reducing the amount of information requests by emails.

When an internship is approved, it is registered in the internship database of the internship office. The internship office uses this database to advise students. For the purpose of registration, the internship office uses certain software which has helped the office to work more accurately and efficiently.

For each internship, the internship coordinator arranges a faculty supervisor. It is recommended that the internship office make agreements with the academic staff about the number of internships they can supervise in the upcoming academic year. This would enable the internship coordinators to work more efficiently.

V Implementasi Merdeka Belajar Kampus Merdeka Melalui Pemagangan

Pengalaman Fakultas Hukum Universitas Borneo Tarakan

*Yahya Ahmad Zein**

Program Praktik Kerja/Magang yang berlangsung selama satu (1) sampai dengan dua (2) semester akan memberikan pengalaman praktek yang di butuhkan mahasiswa melalui pembelajaran langsung di tempat kerja *(experiential learning).* Selama magang, mahasiswa akan mendapatkan *hard skills* (keterampilan, *complex problem solving, analytical skills*, dsb.), maupun *soft skills* (etika profesi/kerja, komunikasi, dan kerjasama). Program Praktik Kerja Profesi/Magang ini juga merupakan salah satu bentuk Merdeka Belajar Kampus Merdeka (MBKM) yang membuka kesempatan kepada mahasiswa untuk menerapkan dan memperoleh pengetahuan, keterampilan umum dan khusus/ keahlian kerja, dan menginternalisasi sikap profesional serta budaya kerja yang sesuai dan diperlukan bagi dunia usaha. Program Praktek Kerja Profesi adalah program kegiatan pendidikan, pelatihan, dan pembelajaran yang dilaksanakan pada lembaga mitra yang relevan untuk mencapai kompetensi mahasiswa sesuai level Kerangka Kualifikasi Nasional Indonesia (KKNI) dan Standart Nasional (SN)-Direktorat Jendral Pendidikan Tinggi (Dirjendikti) khususnya di bidang Ilmu Hukum.

An internship program lasting one to two semesters provides the practical experience students need through hands-on learning in the workplace (experiential learning). During the internship, students gain hard skills (including skills required to solve complex problems, analytical skills, etc.), as well as soft skills (professional/work ethics, communication, and collaboration). As of recently, the internship program has been strengthened through a national policy called "freedom to learn", which is a part of the *Merdeka Belajar Kampus Merdeka* (MBKM) policy. It opens opportunities for students to acquire and apply knowledge as well as general and specific skills/work skills, and to internalize professional attitudes and work culture that are appropriate and necessary for any occupation in the legal sphere. Within this program educational, training, and learning activities are carried out at relevant partner institutions to achieve student competence at levels in accordance with the Indonesian National Qualifications Framework (KKNI) and with the National Standards (SN) of Higher Education, in particular in the field of legal studies.

1 Pengantar

Program Magang / Praktek Kerja Profesi (PKP) di fakultas hukum adalah program penunjang untuk meningkatkan kemampuan dan kemahiran mahasiswa dalam menerapakan ilmu yang didapat di bangku perkuliahan kepada masyarakat. Program Magang / Praktek Kerja Profesi (PKP) di fakultas hukum ini akan mampu menjawab permasalahan mahasiswa Fakutas hukum yakni kurang mendapat pengalaman kerja di

* Dekan Fakultas Hukum Universitas Borneo Tarakan / Dean of the Faculty of Law at the University of Borneo Tarakan.

industri/dunia profesi nyata sehingga kurang siap bekerja. Sementara magang yang berjangka pendek (kurang dari 6 bulan) sangat tidak cukup untuk memberikan pengalaman dan kompetensi praktek bagi mahasiswa. Tempat-tempat yang menerima magang juga menyatakan magang dalam waktu sangat pendek tidak bermanfaat, bahkan mengganggu aktivitas di Tempat Magang.[1]

Program Magang/Praktik Kerja Profesi yang di laksanakan selama satu sampai dua semester memberikan pengalaman yang cukup kepada mahasiswa melalui pembelajaran langsung di tempat kerja *(experiential learning)*, sehingga perguruan tinggi akan mampu menghasilakan sarjana yang memiliki kemampuan praktik yang baik, serta relevan dengan kebutuhan zaman, dan siap memasuki dunia kerja secara professional, sehingga Tujuan dari standar nasional Pendidikan tinggi dapat tercapai yakni:[2]

1. Menjamin tercapainya tujuan Pendidikan Tinggi yang berperan strategis dalam mencerdaskan kehidupan bangsa, memajukan ilmu pengetahuan dan teknologi dengan menerapkan nilai humaniora serta pembudayaan dan pemberdayaan bangsa Indonesia yang berkelanjutan;
2. Menjamin agar Pembelajaran pada Program Studi, penelitian, dan Pengabdian kepada Masyarakat yang diselenggarakan oleh Perguruan Tinggi di seluruh wilayah hukum Negara Kesatuan Republik Indonesia mencapai mutu sesuai dengan kriteria yang ditetapkan dalam Standar Nasional Pendidikan Tinggi; dan
3. Mendorong agar Perguruan Tinggi di seluruh wilayah hukum Negara Kesatuan Republik Indonesia mencapai mutu Pembelajaran, Penelitian, dan Pengabdian kepada Masyarakat melampaui kriteria yang ditetapkan dalam Standar Nasional Pendidikan Tinggi secara berkelanjutan.

Program Magang/Praktik Kerja Profesi yang juga menopang tujuan dari standar nasional Pendidikan tinggi, pada adasarnya akan melahirkan mahasiswa yang memiliki *hard skills* (keterampilan, *complex problem solving, analytical skills*, dsb.), maupun *soft skills* (etika profesi/kerja, komunikasi, dan kerjasama).[3] Di sisi lain program ini juga akan sangat bermanfaat bagi instansi tempat pelaksanaan Praktek Kerja Profesi akan mendapatkan talenta yang bila cocok nantinya bisa langsung direkrut sehingga mengurangi biaya rekrutmen maupun pelatihan awal. Mahasiswa yang sudah mengenal tempat kerja tersebut akan lebih paham dalam memasuki dunia kerja dan kariernya.

1 Lihat Direktorat Jenderal Pendidikan Tinggi Kementerian Pendidikan dan Kebudayaan, *Buku Panduan Merdeka Belajar - Kampus Merdeka, 2020.*

2 Pasal 3 Permendikbud No.3 tahun 2020 Tentang Standar Nasional Perguruan Tinggi.

3 Lihat juga Nike Norma Epriliyana, *Sinergitas Program Kreativitas Mahasiswadalam Menumbuhkan Jiwa Nasionalisme Untuk Menghadapi Masyarakat Ekonomi Asean*, Prosiding Seminar Nasional Revitalisasi Nasionalisme Melalui Konseling Berbasis Kearifan Lokal Sejak Usia Dini, Jember, 24 Maret 2016.

Program Magang/ Praktik Kerja Profesi juga merupakan salah satu bentuk implementasi dari Merdeka Belajar Kampus Merdeka (MBKM) yang membuka kesempatan kepada mahasiswa untuk menerapkan dan memperoleh pengetahuan, keterampilan umum dan khusus/ keahlian kerja, dan menginternalisasi sikap profesional serta budaya kerja yang sesuai dan diperlukan bagi dunia usaha. Program Praktek Kerja Profesi adalah program kegiatan pendidikan, pelatihan, dan pembelajaran yang dilaksanakan pada lembaga mitra yang relevan untuk mencapai kompetensi mahasiswa sesuai level KKNI[4] dan SN-Dikti di bidangnya. Program Praktik Kerja dapat dilaksanakan di lembaga pemerintah maupun swasta, dunia usaha dan dunia industri, yayasan/organisasi nirlaba, organisasi multilateral, maupun perusahaan rintisan (*startup*), yang dalam pelaksanaan programnya wajib dibimbing oleh seorang dosen serta pembimbing dari pihak mitra. Pada Fakultas Hukum Universitas Borneo Tarakan, kegiatan ini telah menjadi kewajiban mahasiswa untuk melaksanakan Praktek Kerja Profesi (PKP) sebagai program penunjang untuk meningkatkan kemampuan dan kemahiran mahasiswa dalam menerapkan Ilmu Hukum.

2 PEMBAHASAN

2.1 Tujuan, Manfaat dan Skema Praktek Kerja Profesi (PKP)

Praktek Kerja Profesi(PKP) yang di laksanakan di Fakultas Hukum merupakan program untuk meningkatkan kemampuan dan kemahiran mahasiswa dalam menerapakan ilmu yang didapat di masyarakat, dan PKP ini pada dasarnya memiliki tujuan pokok dalam pelaksanaan yakni:

1. Meningkatkan pengalaman dan kompetensi mahasiswa sesuai bidang ilmuny dan memperkenalkan budaya kerja nyata pada setiap instansi/organisasi dan dunia usaha
2. Memperoleh masukan serta umpan balik kepada Program Studi dalam penyesuaian dan pemutakhiran kurikulum yang sesuai dengan tuntutan dunia kerja.
3. Salah satu upaya percepatan keterserapan alumni pada pasar kerja sehingga terjalin kerja sama yang saling menguntungkan bagi kedua belah pihak, pihak program studi dan instansi.

Berdasarkan tujuan tersebut di atas maka Praktek Kerja Profesi ini dapat memberikan manfaat kepada Program Studi Hukum Fakultas Hukum Universitas Borneo Tarakan, Mahasiswa dan Instansi tempat Praktek Kerja Profesi. Adapun Manfaat bagi Program Studi meliputi: (1). Menciptakan kemitraan dengan Lembaga pemerintah, Lembaga swasta,

4 Direktorat Jendral Pembelajaran dan Kemahasiswaan Kementerian Riset, Teknologi, dan Pendidikan Tinggi Republik Indonesia, *Kerangka Kualifikasi Nasional Indonesia*, 2015.

Yayasan/organisasi nirlaba, organisasi multilateral maupun perusahaan rintisan *(startup)*; (2). Sebagai sarana untuk menyelaraskan kurikulum Prodi dengan kebutuhan dunia kerja;(3). Memastikan bahwa ilmu yang diajarkan sudah relevan dengan kebutuhan instansi mitra; (4). Merupakan salah satu cara untuk berinteraksi dan tindak lanjut MoU (*Memorandum of Understanding*) dengan instansi mitra; (5). Mengikuti pembaharuan informasi terkini dan teknologi yang digunakan pada instansi mitra; (6). Memberikan kesempatan kepada dosen pendamping untuk melihat realitas perkembangan dalam dunia praktek kerja profesi hukum.

Praktek Kerja Profesi ini juga bermanfaat bagi Mahasiswa yang melaksanakannya yakni: (1) Sebagai sarana untuk mengaplikasikan ilmu yang didapatkan pada kelas-kelas di perkuliahan ke dunia kerja untuk melatih keterampilan mahasiswa sesuai bidang ilmu melalui pengalaman nyata yang diperoleh selama proses program praktek kerja profesi; (2) Sarana mempelajari dan mengembangkan wawasan berpikir keilmuan kreatif[5] dan inovatif; (3) Melatih kemampuan adaptasi mahasiswa dengan budaya kerja dan interaksi dengan semua unsur dan pihak yang terlibat selama program praktek kerja; (4) Sarana memperoleh bahan tugas akhir dan menyelesaikan SKS mata kuliah.

Selain bermanfaat bagi Program studi dan mahasiswa Program Praktek Kerja Profesi juga akan sangat bermanfaat bagi Instansi Mitra berupa: (1) Memperoleh tenaga kerja yang diharapkan dapat berperan serta dalam pelaksanaan pekerjaan dan pemecahan permasalahan yang ada; (2) Menumbuhkan kerja sama yang saling menguntungkan, baik dalam bentuk pengenalan inovasi[6] ilmu pengetahuan dan teknologi yang diperoleh oleh mahasiswa dari perguruan tinggi, maupun kemudahan bagi Lembaga/industry mitra dalam memperoleh input sumber daya manusia sebagai tenaga kerja batu; (3) Memperoleh calon pegawai sejak dini; (4) Mengurangi pembiayaan Pendidikan dan pelatihan bagi pegawai dengan hadirnya mahasiswa magang.

Dalam pelaksanaannya Skema Program Praktek kerja Profesi di Fakultas Hukum ini dilaksanakan dalam tiga jalur, yakni skema program studi, skema instansi mitra dan skema mandiri.

1. *Praktek Kerja Profesi Skema Program Studi*, adalah program yang inisiasi dan proses rekrutmennya dilakukan oleh program studi. Proses pelaksanaan skema ini diuraikan sebagai berikut:
    a. Program studi melakukan perjanjian kerja sama praktek kerja profesi dengan instansi mitra;
    b. Program studi menyampaikan informasi persyaran praktek kerja kepada mahasiswa;
    c. Program studi melakukan seleksi berkas;
    d. Program studi mengumumkan hasil seleksi dan menyampaikan kepada mahasiswa;

5 Lihat juga Brewster Ghiselin, *Proses Kreatif*, Jakarta: Gunung Jati. 1983.
6 Lihat juga SC Utami Munandar, *Kreativitas dan Keberbakatan*. Jakarta: PT Gramedia Pustaka Utama. 2002.

   e. Program studi bersama kepala laboratorium menentukan dosen pembimbing dan menyampaikan kepada mahasiswa;
   f. Program studi melaksanakan pembekalan bagi mahasiswa peserta program praktek kerja
   g. Mahasiswa melaksanakan praktek kerja profesi
2. *Praktek Kerja Skema Instansi Mitra*, adalah program yang inisiasi dan proses rekrutmennya dilakukan oleh mitra. Proses pelaksanaan skema ini diuraikan sebagai berikut:
   a. Mitra melakukan penawaran kegiatan Program praktek kerja profesi kepada Program studi;
   b. Program studi melakukan perjanjian Kerjasama dengan instansi mitra;
   c. Program studi menyampaikan informasi persyaratan kepada mahasiswa;
   d. Mahasiswa melakukan pendaftaran dan melengkapi berkas sesuai ketentuan instansi mitra;
   e. Instansi mitra melakukan seleksi berkas;
   f. Instansi mitra mengumumkan hasil seleksi dan menyampaikan kepada Program studi dan mahasiswa;
   g. Program studi bersama kepala laboratorium hukum menentukan dosen pendamping dan menyampaikan kepada mahasiswa;
   h. Program studi dan instansi mitra melaksanakan pembekalan bagi mahasiswa peserta program praktek kerja profesi.
   i. Mahasiswa melaksanakan program praktek kerja mahasiswa
3. *Praktek Kerja Profesi Skema Mandiri*, adalah program yang diinisiasi oleh mahasiswa untuk memperoleh posisi di instansi mitra. Proses pelaksanaan skema ini diuraikan sebagai berikut:
   a. Mahasiswa melakukan pengajuan permohonan praktek kerja profesi kepada mitra dengan diketahui oleh program studi;
   b. Instansi mitra/tujuan melakukan seleksi praktek kerja;
   c. Instansi mitra/tujuan menyampaikan hasil seleksi kepada mahasiswa;
   d. Mahasiswa mengajukan permohonan kepada program studi untuk difasilitasi perjanjian kerja sama dengan instansi mitra;
   e. Program studi bersama kepala laboratorium menentukan dosen pendamping dan menyampaikan kepada mahasiswa
   f. Program studi melaksanakan pembekalan bagi mahasiswa peserta praktek kerja profesi.
   g. Mahasiswa melaksanakan praktek kerja profesi di instansi mitra/tujuan

2.2 *Komponen Praktek Kerja Profesi*

Komponen Pelaksanaan Praktek Kerja Profesi pada prinsipnya terdiri dari beberapa tahapan yakni: *Pertama*, Pembekalan: Merupakan kegiatan persiapan yang dilakukan oleh program studi dan kepala laboratorium sebelum mahasiswa melaksanakan Praktek Kerja Profesi yang meliputi pengarahan dan pengayaan materi. Pembekalan ini wajib diikuti oleh seluruh mahasiswa yang telah memprogramkan PKP dan dilaksanakan di minggu pertama perkuliahan semester berjalan. *Kedua*, Pelaksanaan: pelaksanaan PKP terhitung sejak dilaksanakannya pembekalan PKP dan berakhir pada saat presentasi laporan. Jangka waktu pelaksanaan PKP adalah satu semester. Dan *Ketiga*, Presentasi Laporan: Mahasiswa wajib mempersiapkan laporan untuk kemudian dipresentasikan kepada dosen pendamping dan dosen penguji serta penyelia.

Mahasiswa yang akan mengikuti Pelaksanaan Praktek Kerja Profesi tersebut harus memenuhi Persyaratan Akademis yang terdiri atas:

1. Mahasiswa harus memprogramkan PKP dalam KRS pada semester berjalan;
2. Telah lulus mata kuliah perancangan kontrak, perancangan perundang-undangan, dan hukum acara (pidana, perdata, dan tata usaha negara);
3. Telah lulus mata kuliah minimal 100 SKS;

Setelah mahasiswa memenuhi persyaratan akademis dalam pelaksanaan Praktek Kerja Profesi maka untuk Penentuan instansi tempat di lakasnakannya Praktek Kerja Profesi sebagai berikut:

1. Penentuan instansi Praktek Kerja Profesi dilakukan oleh Kepala Laboratorium Hukum di fakultas Hukum
2. Dalam melakukan Penentuan instansi tempat dilaksanakannya Praktek Kerja Profesi diprioritaskan berdasarkan pada MoU, kuota dan kualifikasi instansi Praktek Kerja Profesi yang sesuai dengan minat studi mahasiswa.
3. Kepala Laboratorium hukum berhak untuk menolak pengajuan mahasiswa untuk melaksanakan PKP di tempat PKP tertentu, berdasarkan pada pertimbangan: kuota mahasiswa pada setiap tempat PKP, kualifikasi tempat PKP sesuai dengan minat studi mahasiswa.
4. Mahasiswa yang memilih tempat PKP di luar Kota harus dilakukan kordinasi terlebih dahulu dengan Kepala Laboratorium hukum terutama dalam mencari dan menghubungi tempat PKP yang ingin dituju, untuk mendapatkan kesediaan sebagai tempat pelaksanaan PKP.
5. Mahasiswa yang memilih instansi Praktek Kerja Profesi di luar Kota Tarakan wajib mendapatkan surat pengantar permohonan tempat PKP dari Fakultas Hukum.

3 Kesimpulan

Bahwasannya Program Praktik Kerja/Magang yang berlangsung selama satu (1) sampai dengan dua (2) semester akan memberikan pengalaman praktek yang di butuhkan mahasiswa melalui pembelajaran langsung di tempat kerja *(experiential learning)*. Selama magang, mahasiswa akan mendapatkan *hard skills* (keterampilan, *complex problem solving, analytical skills*, dsb.), maupun *soft skills* (etika profesi/kerja, komunikasi, dan kerjasama).

Program Praktik Kerja Profesi ini juga merupakan salah satu bentuk Merdeka Belajar Kampus Merdeka (MBKM) yang membuka kesempatan kepada mahasiswa untuk menerapkan dan memperoleh pengetahuan, keterampilan umum dan khusus/ keahlian kerja, dan menginternalisasi sikap profesional serta budaya kerja yang sesuai dan diperlukan bagi dunia usaha. Program Praktik Kerja Profesi ini pada dasarnya memiliki tujuan pokok dalam pelaksanaan yakni: *Pertama*, Meningkatkan pengalaman dan kompetensi mahasiswa sesuai bidang ilmunya dan memperkenalkan budaya kerja nyata pada setiap instansi/organisasi dan dunia usaha. *Kedua*, Memperoleh masukan serta umpan balik kepada Program Studi dalam penyesuaian dan pemutakhiran kurikulum yang sesuai dengan tuntutan dunia kerja. *Ketiga*, Salah satu upaya percepatan keterserapan alumni pada pasar kerja sehingga terjalin kerja sama yang saling menguntungkan bagi kedua belah pihak, pihak program studi dan instansi.

Skills

VI Skills in Legal Education: Where to Start?

*Fokke Fernhout**

Pendidikan hukum pada tahapan akademis harus mencakup tiga set keterampilan. Set yang pertama bertujuan untuk membantu mahasiswa untuk ikut serta dalam pendidikan hukum itu sendiri (keterampilan pendidikan) dan set yang kedua menyiapkan mahasiswa untuk karir di bidang hukum (keterampilan professional). Set keterampilan yang ketiga meliputi keterampilan yang sifatnya lebih mendasar (dan karena itu harus menjadi bagian dari program studi dari tahun pertama) dan mencakup analisis peraturan hukum, argumentasi yuridis dan kepenulisan hukum. Keterampilan ketiga ini harus disajikan secara integrative dengan keterampilan analisis peraturan sebagai titik awal. Analisis ini sebaiknya bersifat semi-formal dan berdasarkan struktur umum aturan hukum. Hal ini akan membantu untuk memvisualisasikan isi dari peraturan hukum, termasuk hubungan antara elemen-elemen dasar yang terkandung dalam peraturan tersebut. Analisis yang bersifat semi-formal ini adalah suatu keterampilan yang sangat diperlukan dan akan meningkatkan pemahaman terhadap aturan-aturan hukum secara keseluruhan. Dengan menggabungkan metode analisis seperti ini dengan keterampilan kepenulisan hukum, memformulasikan sebuah pendapat hukum menjadi sangat mudah. Pada akhirnya, keterampilan ini akan membantu mahasiswa mengatasi hambatan saat menulis dan meningkatkan percaya diri. Kasus-kasus dan argumentasi hukum juga sangat cocok dengan kerangka ini. Hasil dari pendekatan yang sedemikian rupa adalah mempercepat keterampilan-keterampilan dasar yang dibutuhkan untuk menjadi pengacara yang handal.

Legal education at an academic level should include three sets of skills. The first set helps the students to participate in legal education itself (educational skills). The second set prepares students directly for a legal career (professional skills, e.g., pleading and negotiating). The third set is of a more basic nature (and should therefore be part of the programme starting from the first semester) and pertains to the analysis of legal rules, legal reasoning and legal writing. These last skills should be presented in an integrated way with the analysis of legal rules as the starting point. This analysis must be semi-formal, based on the general structure of legal rules. This allows students to visualize the contents of a rule, including the interrelationship between the basic elements (conditions) of which a rule is composed. For a semi-formal analysis, close reading of a rule is indispensable; it enhances the comprehension of legal rules (which is a benefit for the students) and brings out possible shortcomings in that respect (which enables teachers to help students better). By linking an analysis of this kind to legal writing, drafting a legal opinion becomes a semi-automatic process, thus helping beginning law students to overcome a possible writer's block and to gain self-assurance. Case law and legal arguments will fit into this framework easily. The result of this approach is that the process of acquiring the basic skills necessary to become a good lawyer is speeded up considerably.

* Associate Professor of Law, Maastricht University.

1 Introduction

Legal education has the objective of preparing students for a future career as a lawyer. The core business of lawyers, regardless of their actual profession, will be solving legal problems and reporting their findings, mostly in writing, to others. Obviously, knowledge of the law is indispensable for any legal advice or legal opinion. This explains the temptation of law schools to cram the legal curriculum with subject matters like tort law, criminal law and international law. This is usually accompanied by a minimalistic skills programme that tends to focus on the most salient skills of professional lawyers, like pleading in court, hearing witnesses, client consultation and negotiating. This approach takes for granted that law students are capable of understanding the law in the way it comes to them, i.e., in the written form of legislation and case law. Eventually, those who survive the academic selection process will indeed be able to do so, but probably only after many failures even in legal practice. This contribution takes another approach by defending the hypothesis that legal education cannot do without a skills programme in which the analysis of the law is starting point. It is based on experiences with developing and teaching skills at the Faculty of Law at Maastricht University, in the Netherlands, for almost 40 years.

2 Skills Needed in Legal Education

To be a student in a law programme at an academic level, three types of skills are needed or at least desired. First, the student will have to be able to participate in the programme itself as a student. Especially when the programme uses a special teaching method (like problem-based learning), the student will have to learn - starting day one - how to profit from this method and how to make others profit from this method as well. Coordinators of these law programmes will not overlook the importance of adding these skills to the skills programme, although it is observed that after some time these coordinators yield to the pressure of those teaching substantial law, who continuously claim more time for their courses. This is highly unwise, since either the special teaching method will erode or even not survive, or the students will not avail all the advantages of the method. The effect will be that both the teaching staff and the students are dissatisfied to a high degree and all the efforts invested in this programme will have been a waste. This leads to the first recommendation.

1st Recommendation

Make participating in the legal education programme part of your skills courses. If a special teaching method - like problem-based learning - is used, either ascertain that all the skills needed for that programme are part of the curriculum starting day one, or abolish this method altogether.

The second set of skills a student needs to develop are skills that may be linked to later professional practice. Pleading, witness examination, client consultation and negotiation were already mentioned, and to these may be added skills that are aimed at academic research. In law school, the law has to be learned as it is offered by the course coordinators, whereas in legal practice a lawyer will have to be able to find the sources of law for himself. In the digital era, this involves a broad knowledge of digital sources and the way to get access to these sources and to obtain information from these. These same skills are also needed to write academic papers, which will be required in any law programme at an academic level. All these skills of the second set should be offered alongside the existing curriculum at the time that students can profit from them the most. It would, for instance, be a mistake to start with moot courts in the first semester, since students will have no idea of procedural law, of the function and stature of the courts, of the position, task and powers of lawyers and judges and so on. Moot courts and research skills form a good combination, which implies that the substantial component of this part of the skills programme does not have to be attuned to the actual students' knowledge of substantive law (see infra, 7th recommendation). This can be forged into another recommendation.

2nd Recommendation

Skills that may be specifically associated with legal practice, including research skills, should be integrated into the curriculum alongside courses of substantial law when students have acquired enough basic knowledge of the law relevant for legal practice to be able to profit from these trainings.

The third set of skills is the most basic of all and pertains to the analysis of legal rules, legal reasoning and legal writing. These skills should be part of the programme starting from the first semester, alongside the substantial courses that are being taught. The aim is to help the students to understand legal language, to enable them to be capable of making a sharp analysis of the conditions and legal consequences of a legal rule, of deriving legal rules from case law and of integrating this into the framework of the rest of the law, to be capable of assessing legal argumentation, to know how to develop legal arguments themselves and how to put all this in writing, for instance, in the form of a legal opinion. If this is done properly (as we shall see below), these skills can be integrated in such a way that students will be provided with a step-by-step guide that brings them from the initial legal analysis to proper legal writing.

> **3rd Recommendation**
>
> *Starting the first semester, an integrated package of analysis of legal rules, legal reasoning and legal writing should be part of the programme, alongside substantial courses.*

To give an idea of the way these skills may be integrated, first a method of legal analysis will be explained, and next it will be shown how this can be combined with legal writing and legal reasoning.

3 Rule-Based Legal Analysis

When it comes to skills, the proof is always in the pudding. Imagine you want to build an atomic bomb (in a fit of anger after a confrontation with over-demanding students). We could write out a recipe for this along the lines of 'Get yourself some uranium-235, put it into a shell, just split the core and there you are.' It is all true, but (fortunately) does not contain any information that will lead to the device you want. Many skills courses and methods are like that. They provide empty shells and law students have no clue about the way to fill them. Take for instance the famous IRAC method for writing a legal opinion. Those who adopted this method tell students to start with an I(ssue), select and analyse the legal R(ule), A(nalyse) the case in order to have the rule applied to it and come up with a C(onclusion). This is not much better than the recipe for the atomic bomb. To split the atom requires a lot of knowledge and technical skills, and the same goes for analysing a legal rule. Once students know how to 'split the rule', you do not have to tell them how to make a 'legal bomb'.

To fully understand a legal rule, a lot of semantics are involved. That is the job of the courses in substantial law, that will teach the students that a 'father' in a legal rule will not be the 'father' of everyday language. This is not the concern of a skills course. On the other hand, a legal rule has a fixed and unaltering structure and that structure should be the starting point of any skills course aiming at the third group of basic skills just mentioned.

This brings us to the essence of what a legal rule is. Speaking of legal rules, we mean to speak of regulations and norms. Those regulations and norms are never isolated from the rest of the world. Following or not following a rule always has implications. Whoever is not following the rules of a game will not win or maybe even does not play the game ("That is not playing tennis, that is throwing with rackets!"). Whoever is not following moral norms will not pass for an honest and just man. As far as legal rules are concerned, the consequences of following the rule or not are labelled as 'legal consequences'. Law links legal consequences to facts or behaviour by using legal rules.

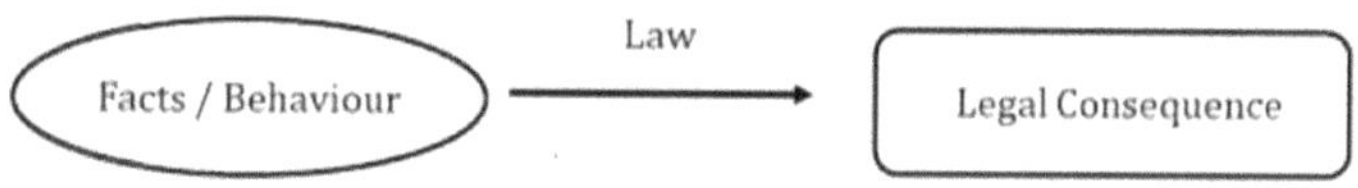

These legal consequences are about rights, obligations and powers, and not to forget, definitions. With the latter, it is meant that many legal rules introduce new legal concepts that by themselves do not qualify as anything deontic, like 'contract', 'tort', and 'parent'.

This insight can be used to reveal the basic structure of legal rules, which links a set of conditions to a legal consequence. These conditions can be alternative or cumulative, and they may be multi-layered. This general structure should be used to make understanding law a skill. Providing a more formal notation will students help to 'see' the structure of the rule, making it less abstract. Take the following combination of rules:

1. A legal act is voidable, where it has been brought about by threat, by deceit or by abuse of circumstances.
2. A threat consists of a person inducing another person to perform a certain legal act by wrongfully threatening this or a third person with any disadvantage to person or property.

When, by convention, we take Lq as abbreviation for legal consequence, C as the abbreviation for condition, numbers for cumulative conditions and letters for alternative conditions, we have a semi-formal way of describing the contents of a specific rule, which gives students a handle to reflect on, analyse and communicate about the meaning of a specific legal rule. Students would, for instance, after some practice be able to analyse the two associated rules just mentioned in the following way:

Lq A legal act is voidable.
Ca There is a threat.
Ca1Cc Somebody induced another person to perform a legal act.

Ca2aCc This is done by threatening that person with any disadvantage to his person.
Ca2bCc This is done by threatening that person with any disadvantage to his property.
Ca2cCc This is done by threatening another person with any disadvantage to his person.
Ca2dCc This is done by threatening another person with any disadvantage to his property.
Ca3Cc The threat was wrongful.
CbCc There is deceit.
Cc There is abuse of circumstances.

The method has divided the rules into clearly distinguishable 'atoms' of which the interrelationship is defined by the type of condition that is involved (cumulative or alternative). The clear advantages of a skills training using a semi-formal analysis of legal rules are:

(i) The structure of a rule is visualized in the layout of the analysis. This enhances understanding greatly.
(ii) Making this analysis of a rule requires close reading and paying attention to every single element of the text of the rule. In a good skills course, this can be made a separate topic of the course, in which students are made aware of the specific meaning of connectors like 'and' , 'or', 'unless', and 'if'. Moreover, the scope of negations can be made the subject of analysis.
(iii) To make the analysis, it is necessary to find and formulate the legal consequence. This helps to avoid a superficial application of the rule.
(iv) Disagreement about the meaning of the rule will be visible in the analysis and is thus easier to discuss.
(v) Mistakes made by students can easily be diagnosed by skills trainers and this will help the trainers to find the right remedy to the student's shortcomings.

Of course, the conventions used in the analysis are arbitrary. In the example, for instance, negations are not part of the visible structure of the rule, but are embedded in the conditions of the rule (for which reason, amongst others, the approach is semi-formal). This avoids the abstractions that are common in propositional logic, which quite often prove to be a bridge too far for legal students. But whichever conventional notation is used, it should always take the general structure of a legal rule as its basis and visualize the correct interpretation of the rule.

> **4th Recommendation**
>
> *The basis of any skills training helping students to analyse legal rules should be the visualization of the correct interpretation of the rule using its general structure of connecting facts and behaviour with legal consequences.*

An advantage that has not been mentioned yet is that the proposed analysis also enables the student to apply the law to a certain case and to transform this into a legal opinion in a semi-automatic way. This is the next step to be discussed.

4 Applying a Legal Rule to a Case and Writing About It

Ask students to write a legal opinion and most of them will have a writer's block. Where to start? What should be the first sentence? How to continue? The semi-formal analysis of legal rules as explained above will help students to overcome this problem without even realizing that it could exist.

Let us suppose we have to apply a given rule to a case. This amounts to assessing whether the conditions of the rule are fulfilled in such a way that the legal consequence of the rule can take effect. Since the student has already analysed the rule in a systematic semi-formal way, he will only have to check if condition after condition are fulfilled or not. Let us assume the case is about a contract, where the seller has sold his car for a very low price under the threat of being killed. By checking all the conditions one by one (but now partly in reverse order) and paying heed to the interrelationships (cumulative or alternative), the student would come up with something like this:

	Ca1	Fulfilled, since the seller was induced to sell his car and a contract is a legal act
	Ca2a	Fulfilled, since the seller was threatened to be killed if he did not sell
	Ca2b	Not fulfilled
	Ca2c	Not fulfilled. This is done by threatening another person with any disadvantage to his person.
	Ca2d	Not fulfilled
	Ca3	Fulfilled, since there is no reason to assume that the threatening to kill was legal
Ca	Fulfilled, since all conditions are fulfilled (C1 and one of the alternatives of C2)	
Cb	Not fulfilled	

Cc Not fulfilled
Lq The contract is voidable, since the first of the three alternative conditions (Ca) is fulfilled.

Again, it does not matter which conventions are used, but once a formal representation of a rule is available, applying it to a given case can be done systematically, thus reducing the possibility of errors and enhancing comprehension of the rule.

Now that we have come this far, we can also see that IRAC can be replaced by a method that, contrary to IRAC, really helps students to write a legal opinion. The introduction of the legal opinion should be about the case and the question (issue) that the case raises (like: Is the contract voidable?). In the next paragraph, the applicable rule is described and analysed. For this analysis, it suffices to write out in full, the semi-formal analysis based on the method chosen. This is a semi-mechanical process and will help these future lawyers to overcome their uncertainty. The next paragraph can be written out in a semi-mechanical process as well. The application of the rule should be written out in full, combining the case with the conditions that appeared from the analysis. The last paragraph, which holds the conclusion, also follows directly from the method described. In the analysis, the interrelationship between the conditions is revealed and this is used to give reasons for the conclusion regarding the legal issue, which in fact is the same as answering the question of whether or not the legal consequence of the rule occurs. Thus, connecting legal writing to the skill of analysing a legal rule in a semi-formal way gives beginner students a real foothold which will enable them to develop their writing skills at a high pace.

5th Recommendation

The development of writing skills should be based on a solid connection of writing legal texts with the skill of analysing legal rules in a semi-formal way.

To this foundation, subsequent layers can be added by using case law and methods of legal reasoning. Analysing a legal rule is only the beginning of coming up with arguable answers to legal questions. When students develop their analytical skills, it is first supposed that the meaning of the conditions of a legal rule is clear. However, soon it will turn out that different meanings can be attached to legal terms in a legal rule, leading to different outcomes. A wheelbarrow, for instance, may be a 'vehicle' within the scope of the traffic code, or not. Discussions regarding the right definition should not be held in the void, but can, using this skills approach, be attached to the appropriate condition that was produced by the analysis of the legal rule. Once this has been established, it will be easy to show students how to combine (studying) case law and legal arguments (legal reasoning) with rule analysis. A precedent of the Supreme Court defining the term 'vehicle' can be analysed as a set of conditions that can be added to the existing analysis. Legal arguments (of which the nature and importance will depend on the specific jurisdiction) can be added to the legal opinion to give reasons for the defended interpretation of a term in the conditions of the rule. However, these new layers should only be added when the students have enough knowledge of substantial law to understand the scope and meaning of the concepts involved in all the elements of case law and legal reasoning.

6th Recommendation

The study of case law and legal reasoning (legal arguments) as part of the skills course should be added to rule analysis and legal writing at an appropriate juncture in the curriculum.

When case law and legal arguments come in, the skills programme tends to become more complex. Students' resilience might be tested to too high a degree if this level of complexity is already present throughout the skills course. Quite often, it has been noticed that first-semester students do not immediately grasp the concepts involved in reasoning by analogy, a contrario or using the method of cognoscitur a sociis (systematic interpretation). This may be remedied by designing the skills course with an eye on what is happening in the substantive law courses that are being taught at the same time. Examples and exercises should, in the beginning, be taken from the materials of those courses, so that students will be already familiar with the legal concepts involved. It will undoubtedly turn out that any semi-formal analysis of legal rules proves to be difficult (even for teachers), so it is better to go easy on the students at the outset.

7th Recommendation

Skills courses based on a semi-formal rule analysis should be designed in such a way that, at the start, students will recognize the contents of examples and exercises from the parallel courses in substantive law.

5 CONCLUDING REMARKS

This contribution defends the thesis that any academic programme in legal education should start in the first semester, alongside the courses in substantial law, with a skills programme that takes the semi-formal analysis of legal rules as its starting point. This analysis should visualize the logical structure of the rule (and therefore be formal) without necessarily using all information that could logically be translated (and therefore be semi-formal). The rest of the programme should build on this legal rule analysis by adding legal problem-solving (the application of the analysis to cases) and legal writing. The advantages of this approach are multiple, especially in terms of speeding up the reasoning and writing skills of students. Legal writing becomes a semi-mechanical process, so that students win time and gain self-assurance, seeing that complicated tasks can be undertaken by following clear and unambiguous instructions.

A programme like this can be designed in many ways, as long as the recommendations given in this text are taken as guidelines. Designing from scratch is possible, but there is nothing wrong in taking inspiration from good examples. These can be found in the book Keterampilan Hukum, Panduan untuk Mahasiswa, Akdemisi dan Praktisi, written by law professors and lecturers of the Universitas Gadjah Mada of Yoygyakarta, Indonesia.

VII Keterampilan Hukum dalam Pendidikan Hukum

Radian Salman[*]

Setiap program studi telah melakukkan setting *mengenai profil lulusan yang akan dihasilkan. Meskipun pada umumnya pendidikan Hukum di Indonesia dapat dikatakan mempunyai tujuan yang sama yakni menghasilkan lulusan yang menguasai pengetahuan dan keterampilan hukum. Terdapat dua aspek dalam keterampilan hukum yang penting bagi mahasiswa, yakni pertama keterampilan hukum yang mendasar yang memampukan mahasiswa mengikuti proses belajar di fakultas hukum dan kedua keterampilan hukum dalam hubunganya dengan profesi hukum. Terdapat tiga hal penting yang menjadi perhatian dalam pendidikan hukum di Indonesia mengenai keterampilan ini, yakni menemukan, membaca dan memahami peraturan perundang-undangan, menemukan, membaca dan memahami kasus dan kemampuan penalaran hukum. Keterampilan hukum tidak hanya didesain dalam kurikulum dan isi pembelajaran tetapi juga ditentukan oleh metode pembelajaran.*

Each study program defines the profile of the graduates it intends to deliver. Nevertheless, on a more general level, legal education in Indonesia can be said to have the same goal across the board, namely to produce graduates who master both legal knowledge and skills. The skills that law students need to have can roughly be divided into two partly overlapping sets sets. These are, first, the fundamental legal skills that enable students to follow the learning process at the law faculty and, second, skills relevant to the legal profession. *The three most important skills aspects that are of concern in Indonesian legal education are (1) finding, reading and understanding legislation and regulations, (2) finding, reading and understanding case law, and (3) legal reasoning and argumentation. However, teaching legal skills effectively is not only a matter of including them in the curriculum (curriculum design) but also depends on the learning methods used.*

1 Latar Belakang

Pendidikan Hukum di Indonesia dapat dikatakan mempunyai tujuan yang sama yakni menghasilkan lulusan yang menguasai pengetahuan dan keterampilan hukum. Hal ini dapat kita lihat dalam visi, misi dan tujuan pendidikan hukum, khususnya bagi dalam jenjang Sarjana di berbagai Fakultas Hukum. Tujuan tersebut diwakili oleh istilah ahli hukum, jurist, kemampuan memecahkan masalah dan sejenisnya. Dengan tujuan yang demikian, maka pendidikan hukum sebagai pendidikan akademik tidak sekedar menitikberatkan pada konten pembelajaran pengetahuan atau teori belaka tetapi juga pada aspek keterampilan. Hal ini tidak lepas dari pertimbangan bahwa lulusan pendidikan hukum adalah pada profesi-profesi bidang hukum yang luas, seperti hakim, advokat, jaksa, mediator, konsultan, arbiter, perancang perundang-undangan dan sebagainya.

* Dosen Bagian Hukum Tata Negara Fakultas Hukum Universitas Airlangga, Direktur Program LEAP-OKP / Lecturer at the Departement of Constitutional Law of the Faculty of Law at Airlangga University; Indonesian project director of LEAP.

Profesi-profesi demikian merupakan profesi yang berhubungan dengan pihak lain, sehingga keterampilan hukum dalam arti luas diperlukan, misalnya saja kemampuan komunikasi dan menulis sekaligus keterampilan dalam arti yang spesifik seperti beracara dalam semua lapangan hukum. Oleh karena itu keterampilan dalam pendidikan akademik, termasuk pendidikan hukum adalah bagian inheren dalam kurikulum dan pembelajaran. Pemaknaan keterampilan hukum ini kadang hanya dimaknai dalam ruang lingkup yang spesifik yang relevan dengan program studi, seperti keterampilan dalam beracara, perancangan kontrak, perancangan perundang-undangan. Hal ini tidak sepenuhnya keliru namun keterampilan hukum dalam makna yang luas termasuk dalam aspek kecakapan yang relevan dengan profesi hukum, misalnya kemampuan komunikasi baik secara tertulis maupun secara lisan dan kecakapan logika dan penalaran hukum (Sigit Riyanto, dkk : 2013). Dengan rentang pemaknaan demikian, keterampilan hukum dalam pendidikan hukum harus direncanakan secara sistematis sebagai bagian dari kurikulum dan metode pembelajaran dan dievaluasi secara berkala. Tulisan singkat dalam seri pendidikan hukum ini dimaksudkan untuk "sharing" gagasan dan pengalaman dalam pembelajaran keterampilan hukum.

2 Dari Profil Lulusan ke Desain Keterampilan Hukum Dalam Pembelajaran

Setiap program studi telah melakukkan *setting* mengenai profil lulusan yang akan dihasilkan. Program studi hukum yang mempunyai berbagai varian, misalnya prodi hukum, prodi Syariah dan hukum dan lain sebagainya, dengan berbagai kekhasan visi dan misi prodi, serta karakteristik keunggulan masing-masing prodi, akan men-setting profil lulusan masing-masing. Penentuan profil lulusan ini yang kemudian akan menentukan apa capaian pembelajaran lulusan, apa mata kuliah yang akan ditawarkan, bagaimana metode pembelajaran yang akan digunakan serta bagaimana capaian pembelajaran mata kuliah akan berkontribusi ke capaian pembelajaran lulusan. Maka dari sini kita harus berpikir dan menentukan keterampilan apa yang harus dimiliki oleh mahasiswa selama menjadi mahasiswa hukum. Sebagai proses pembelajaran yang ternyata juga "highly regulated", kita bisa memakai capaian pembelajaran dalam aspek keterampilan berdasarkan Standard Nasional Pendidikan Tinggi, yakni yang saat ini diatur dalam Permendikbud No.3 Tahun 2020, yakni mendefinisikan keterampilan sebagai kemampuan melakukan unjuk kerja dengan menggunakan konsep, teori, metode, bahan, dan / atau instrumen, yang diperoleh melalui Pembelajaran, pengalaman kerja mahasiswa, Penelitian dan / atau Pengabdian kepada Masyarakat yang terkait Pembelajaran. Definisi menunjukkan bahwa keterampilan merupakan kemampuan "doing something" alias menggunakan. Lebih lanjut dalam Permendikbud tersebut keterampilan dibagi menjadi dua aspek yakni keterampilan umum dan keterampilan khusus. Keterampilan umum merupakan kemampuan kerja umum yang wajib dimiliki oleh setiap lulusan dalam rangka menjamin kesetaraan kemampuan lulusan sesuai tingkat program dan jenisPendidikan Tinggi, sedangkan keterampilan khusus sebagai kemampuan kerja khusus yang wajib dimiliki oleh setiap lulusan sesuai dengan bidang keilmuan Program Studi. Merujuk pada definisi tersebut, keterampilan khusus merupakan lanjutan spesifik yang harus didesain oleh fakultas hukum untuk memampukan kesiapan lulusan dalam profesi yang relevan dengan pendidikan hukum. Dari penjelasan ini, maka secara teknokratis, diperlukan perencanaan pembelajaran yang dapat memberikan dua kemampuan sekaligus, yakni keterampilan umum dan keterampilan khusus, yang dapat diketahui dari Rencana Pembelajaran Semester (RPS) atau course description. RPS ini bukan sekedar mengisi tabel dalam bentuk uraian, tetapi harus dicermati dan disusun secara tepat mengenai pengalaman pembelajaran apa yang dapat diperoleh mahasiswa sehingga mempunyai kemampuan tertentu. Misalnya ketika kita rumuskan kemampuan yang diharapkan adalah "membedakan dan menganalisa perbedaan sistem pemerintahan", maka pengalaman pembelajaran yang diberikan tidak sekedar pengetahuan yang diberikan dalam bentuk pengajaran, tetapi juga pengalaman belajar kemampuan menulis sehingga *critical thinking* dapat tumbuh.

3 Keterampilan Hukum Yang diperlukan

Dalam berbagai informasi atau literatur, yang disebut keterampilan hukum dapat meliputi: kemampuan komunikasi baik lisan maupun tulis, logika dan penalaran, riset, drafting, pemecahan masalah, kolaborasi dan kepemimpinan. Di luar hal tersebut, tentu adalah kemampuan praktikal dalam lapangan hukum, seperti penguasaan dan keterampilan dalam beracara. Dengan berbagai kemampuan yang demikian, maka pertanyaanya adalah dalam bentuk apa hal ini diberikan kepada mahasiswa? Dengan kata lain bagaimana hal ini dapat dimiliki oleh mahasiswa pada saat akhirnya mahasiswa menjadi lulusan dari pendidikan hukum. Dengan menggunakan pendekatan kategoris berupa keterampilan umum dan keterampilan khusus, maka kita perlu melakukan pemetaan bagaimana keterampilan hukum dapat diberikan

3.1 Pertama, memahami karakteristik pendidikan hukum dan implikasinya terhadap kemampuan mahasiswa menempuh pendidikan

Program studi hukum merupakan program studi favorit diberbagai perguruan tinggi. Peminatnya banyak dengan salah satu pertimbangan kenyataan pasar kerja yang membutuhkan kualifikasi ahli hukum (Kompas : 2020) . Mahasiswa semester pertama memasuki pendidikan hukum Indonesia, barangkali- sekali lagi barangkali – masih diliputi persepsi bahwa sekolah hukum adalah menghafal berbagai ketentuan perundang-undangan, atau juga sekolah hukum harus mampu bicara, berdebat, sebagaimana diinspirasi oleh berbagai tontonan mengenai para ahli hukum berdebat. Oleh karena itu untuk mengantarkan kesuksesan mahasiswa dalam menempuh pendidikan hukum, maka kita perlu memberikan pemahaman komprehensif mengenai karakteristik pendidikan hukum, bagaimana proses pendidikan dan pembelajaran akan dilakukan. Pada konteks inilah maka hal pertama yang perlu dilakukan dalam konteks keterampilan secara umum adalah "memampukan mahasiswa mengikuti proses pembelajaran hukum" yang mengarah pada keterampilan khusus. Dalam hal ini misalnya sejak awal mahasiswa dilatih untuk "critical listening", "critical reading", manajemen kolaboratif, mulai pembiasaan mengemukakan pendapat atau gagasan untuk menumbuhkan keterampilan komunikasi, baik secara lisan dan tulisan (Hal-hal demikian tentu bukan perihal mata kuliah tetapi mengenai bagaimana metode pembelajaran kita gunakan. Untuk itu merencanakan metode pembelajaran pada setiap mata kuliah, pengalaman pembelajaran yang akan diberikan pada setiap pertemuan menjadi hal penting untuk dipersiapkan, sehingga tidak bersifa sporadik. Pembelajaran berbasis masalah (problem based learning) sebagai salah metode pembelajaran dapat menjadi salah satu pilihan. Pada metode ini, pembelajaran dapat diberikan dalam bentuk pengajaran atau tutorial yang disusun dalam modul. Sebagai contoh, dalam mata kuliah kita susun topik perkuliahan dan topik tutorial. Pada topik perkuliahan, untuk menumbuhkan critical listening dan critical reading, direkomendasikan sumber belajar yang spesifik untuk dibaca atau ditonton, lalu disusun daftar pertanyaan untuk refleksi belajar mandiri yang diharapkan hal ini menumbuhkan critical thinking. Pada sisi lain pada sesi tutorial diberikan kasus untuk diskusi mahasiswa. Pemberian kasus dilengkapi dengan petunjuk baik mengenai sumber belajar untuk memecahkan kasus maupun petunjuk mengenai bagaimana tutorial dilakukan. Tutorial sebagai salah satu ciri pembelajaran berpusat pada mahasiswa, akan menjadi metode yang dapat memberikan beberapa keterampilan sekaligus : kemampuan membaca kritis karena mahasiswa harus memahami, mencerna dan menelaah kasus, kemampauan membaca karena untuk memecahkan kasus didahului belajar terhadap sumber belajar yang direkomendasikan, kemampuan riset karena untuk memecahkan kasus mahasiswa harus mencari berbagai sumber belajar baik literatur maupun putusan sehingga mahasiswa melakukan aktivitas "mencari, memilih, memilah dan menggunakan sumber belajar". Selain itu tentu saja kemampun komunikasi akan tumbuh karena forum tutorial adalah menyampaikan gagasan / pendapat dan terakhir diperoleh pula kemampuan kerjasama dan kolaborasi karena tutorial dilakukan berbasis kelompok.

Pada akhirnya, poin pertama ini adalah mengenai bagaimana memberikan dan menerapkan metode pembelajaran sebagai keterampilan untuk mengikuti pendidikan hukum sehingga mahasiswa sukses mengikuti pembelajaran hukum. Ihwal metode ini, Katz telah memberikan perhatian dan catatan dalam pendidikan hukum di Indonesia sejak tahun 1974 di Universitas Airlangga, yakni pendidikan hukum di Indonesia bukan sekedar mengenai kurikulum tetapi juga *teaching methodology* (June S. Katz and Ronald S. Katz: 1975). Tujuan akhir dalam aspek pertama ini adalah kecakapan untuk mengikuti pembelajaran dengan baik dan selanjutnya kecakapan tertentu yang akan dicapai setelah lulus, seperti kecakapan komunikasi, kecakapan dalam memahami permasalahan, kecakapan riset, penalaran dan sebagainya.

3.2 *Kedua, keterampilan yang berhubungan dengan profesi di bidang hukum*

Profil lulusan pendidikan adalah sesuatu yang bersifat spesifik yang kerap dihubungkan dengan profesi pada dunia kerja. Maka tidak ada profil lulusan yang mempunyai kompetensi serba bisa alia luas. Karena itu sudah seharusnya profil lulusan memang relevan dengan profesi dalam dunia kerja. Profesi hukum dapat dikatakan luas, seperti hakim, jaksa, advokat, analis hukum, perancang perundang-undangan, konsultan hukum, peneliti hukum dan sebagainya. Semua profesi ini pada dasarnya harus dapat dipenuhi oleh profil lulusan pendidikan hukum, setidaknya pada porsi minimal (standard). Dunia profesi hukum sebagaimana disebutkan diatas bukanlah hal yang bersifat statis dalam pekerjaannya. Sebagai contoh lulusan pendidikan hukum tahun 90 an ke bawah, tidak pernah membayangkan peradilan dilakukan secara elektronik, sehingga hal demikian tidak saja merubah ketentuan beracara tetapi juga kemampuan penggunaan teknologi. Konteks ini saya maksudkan sebagai kita harus selalu mengikuti perkembangan pada dunia profesi hukum sehingga kurikulum dan metode pembelajaran kita adaptif terhadap perubahan.

Kembali pada aspek keterampilan yang berhubungan dengan profesi di bidang hukum, hal ini berpengaruh pada kapan dan bagaimana kita memberikan aspek ini kepada mahasiswa. Kurikulum fakultas hukum di Indonesia sudah cukup baik dalam menentukan *sequence* mengenai hal ini, yakni aspek-aspek keterampilan hukum yang berkaitan dengan profesi diberikan setelah aspek dasar yang bersifat teoretik dan konseptual diberikan. Sehingga tentu saja hukum acara dan praktik hukum diberikan setelah hukum materiilnya. Namun yang perlu mendapat penekanan disini adalah bahwa keterampilan yang dibutuhkan dalam profesi hukum, telah cukup diperoleh mahasiswa, sehingga sebagai lulusan program studi hukum, akan siap dalam dunia kerja.

Membekali keterampilan hukum yang berhubungan dengan kepada mahasiswa, tidak terlepas dari desain kurikulum, konten pembelajaran dan metode pembelajarannya serta dukungan fasilitas pembelajaran. Dalam hal kurikulum, aspek ilmu kependidikan adalah hal penting tetapi juga sangat penting untuk mendesain kurikulum dengan melibatkan secara optimal dari unsur atau masyarakat profesi, seperti advokat, hakim, jaksa, kurator, konsultan pasar modal, peneliti hukum dan lain sebagainya. Desain dan konten kurikulum harus mendapat masukan, review dan evaluasi dari organisais profesi dan pelaku profesi bidang hukum, guna memastikan bahwa prodi akan menghasilkan profil lulusan yang sesuai. Konten pembelajaran harus sesuai dengan capaian pembelajaran mata kuliah, dalam hal ini misalnya dalam mata kuliah praktik, maka konten pembelajaran berisi hal-hal yang bersifat panduan untuk melakukan sesuatu, misalnya dalam praktik pidana atau perdata.

Diantara berbagai keterampilan hukum yang dibutuhkan (Sharon Hanson, Tobias Kliem and Ben Waters: 2021) , baik keterampilan dalam kerangka mengikuti pendidikan pada perguruan tinggi hukum, maupun keterampilan sebagai profil lulusan prodi ilmu hukum, berikut beberapa hal yang menurut penulis menjadi penekanan penting dalam pendidikan hukum Indonesia.

3.2.1 Menemukan, membaca dan memahami peraturan perundang-undangan

Belajar hukum memang tidak selalu identik dengan belajar dan menguasai peraturan perundang-undangan. Tetapi peraturan perundang-undangan merupakan objek dalam studi pada seluruh mata kuliah di prodi ilmu hukum. Mungkin berlebihan menyebut seluruh, tetapi faktanya belajar teori hukum dan filsafat pun dapat ditemukan verifikasi atau pembuktiannya pada peraturan perundang-undangan. Apalagi dalam tradisi civil law, kedudukan peraturan perundang-undangan penting dibandingkan dengan putusan pengadilan. Untuk itu sejak dini, mahasiswa hukum harus diberikan pengetahuan dan pemahaman dasar mengenai peraturan perundang-undangan. Pemahaman dasar itu setidaknya mencakup kedudukan peraturan perundang-undangan dalam sistem hukum, jenis dan hierarkhi dan asas-asas preferensi dalam sistem perundang-undangan. Mungkin terlihat terlalu sederhana untuk menekankan "menemukan, membaca dan memahami peraturan perundang-undangan", tetapi ini adalah aspek fundamental yang harus dikuasai oleh mahasiswa. Dimulai dari menemukan, terdengar sangat mudah, tinggal ketik di mesin pencari, tetapi kita perlu memberikan hal-hal yang bersifat informatif dan menuntun mahasiswa menemukan peraturan perundang-undangan dari sumber-sumber yang otoritatif. Beritahukan kepada mahasiswa laman-laman yang dapat menjamin otentikasi peraturan perundang-undangan dan juga bagaimana menemukannya dengan tepat. Membaca peraturan perundang-undangan membutuhkan konsentrasi dan kecermatan, karena tentu saja hal ini berbeda dengan membaca koran atau novel. Membaca perundang-undangan adalah dalam rangka menemukan "hukum" tentang suatu hal, sehingga membaca peraturan perundang-undangan yang cermat membantu mengaplikasikan perundang-undagan dalam perkara konkrit. Selanjutnya memahami perundang-undangan adalah berkaitan dengan bagaimana dapat menangkap makna, memahami apa yang dimaksud dan juga mampu untuk menghubungkan satu ketentuan pasal dengan pasal lain dalam peraturan tersebut dan juga hubungannya dengan peraturan perundang-undangan lainnya.

Untuk itu kita perlu merefleksikan kembali pembelajaran yang sistematis dalam hal yang mungkin terlihat sederhana. Refleksi ini lantas menjadikan kita tidak sekedar menyampaikan kepada mahasiswa: baca undang-undang, tetapi perlu mengajarkan bagaimana membaca peraturan perundang-undangan. Inovasi konten dan metode bisa kita lakukan misalnya pada mata kuliah wajib umum, Bahasa Indonesia, yang dapat kita masukkan aspek bagaimana membaca peraturan perundang-undangan. Kita juga perlu mendesain kembali isi pokok bahasan dalam mata kuliah pengantar hukum Indonesia, dengan memasukkan dasar-dasar perundang-undangan, tidak menunggunya hingga memperoleh mata kuliah Ilmu Perundang-Undangan atau Hukum Perundang-Undangan. Kemampuan menemukan, membaca dan memahami peraturan perundang-undangan, akan sangat membantu mahasiswa dalam pemecahan masalah dan riset berbasis peraturan perundang-undangan.

3.2.2 Menemukan, membaca dan memahami kasus

Rumus sederhana dari belajar hukum adalam penguasaan teori, perundangan-undangan dan kasus. Hukum dalam kenyataan adalah kasus atau putusan pengadilan, sehingga mahasiswa harus terbiasa untuk membaca putusan pengadilan. Tidak ada mata kuliah khusus mengenai hal ini, tetapi menjadi bagian yang tidak terpisahkan dari setiap materi muatan mata kuliah. Secara sederhana saya ingin menggambarkan ketika saya mengajar mata kuliah Hukum Tata Negara, dalam topik Lembaga-lembaga negara penunjang, saya menjelaskan mengenai konsep Lembaga negara, kedudukan dan wewenangnya. Penjelasan mengenai hal ini tidak cukup hanya merujuk pada peraturan perundang-undangan, tetapi perlu pula menyampaikan kepada mahasiswa mengenai putusan pengadilan misalnya putusan Mahkamah Konstitusi mengenai kedudukan Lembaga negara. Maka disini tantanganya adalah setiap dosen harus mampu menunjukkan putusan pengadilan yang relevan dengan topik perkuliahan. Rencana pembelajaran semester, silabi atau modul harus dipastikan terdapat putusan pengadilan. Pada sisi mahasiswa, hal yang perlu kita berikan adalah bagaimana menemukan, membaca dan memahami putusan pengadilan atau putusan badan-badan lain sejenis badan peradilan. Sama halnya dalam menemukan peraturan perundang-undangan, mungkin menemukan putusan terdengar sangat mudah, tinggal ketik di mesin pencari.. Namun hal demikian tidak sesedarhana itu melainkan tetapi kita perlu memberikan hal-hal yang bersifat informatif dan menuntun mahasiswa menemukan putusan pengadilan dari sumber-sumber yang otoritatif. Selanjutnya membaca putusan pengadilan, merupakan tantangan tersendiri, tidak saja karena umumnya jumlah halaman yang banyak, dengan uraian fakta dan bukti yang tidak sedikit, tetapi juga menemukan dan memahami keterkaitan antar bagian juga hal yang membutuhkan konsentrasi. Untuk itu memahami sistematika putusan, dimana ditemukan reasoning putusan, bagaimana memahami amar putusan, perlu untuk diajarkan kepada mahasiswa.

Kemampuan menemukan, membaca dan memahami putusan , akan sangat membantu mahasiswa dalam pemecahan masalah, menelaah kenyataan hukum dalam putusan dengan teori serta memudahkan riset berbasis putusan.

3.2.3 Kemampuan Penalaran Hukum

Apa yang membedakan pemahaman terhadap hukum antara orang pada umumnya dan ahli hukum? Salah satunya adalah bahwa orang awam mengetahui dan mencoba memahami hukum untuk memastikan bahwa perbuatan yang dilakukan tidak melanggar hukum. Namun ahli hukum atau mahasiswa hukum "engaged" terhadap hukum adalah untuk memahami bagaimana hukum dibuat dan bagaimana hukum bekerja. Oleh karena itu belajar hukum adalah aktivitas penalaran hukum. Kita ambil contoh sederhana dalam situasi saat ini dengan kemajuan teknologi, misalnya Ketika terdapat aturan di Taman, yang berbunyi "dilarang menggunakan kendaraan bermotor di lingkungan taman", maka apakah artinya yang demikian termasuk terhadap kendaraan bertenaga listrik (*electric vehicle*). Tentu saja hal demikian membutuhkan penalaran hukum, yakni penggunaan alasan-alasan hukum (*legal reasons*) dalam menganalisis dan menetapkan pendirian hukum yang dirumuskan dalam argumentasi / dalil hukum dengan metode tertentu. Penalaran hukum telah menjadi mata kuliah pada program studi ilmu hukum pada level sarjana. Namun yang perlu ditingkatkan adalah melatih mahasiswa dalam penggunaan penalaran hukum dalam berbagai bidang / lapangan hukum. Untuk itu hal ini tidak hanya berhenti pada mata kuliah spesifik tentang penalaran hukum, tetapi pada berbagai mata kuliah. Penalaran hukum juga penting dikaitkan dengan putusan-putusan hakim, yang mana mahasiswa dilatih untuk menemukan penalaran hukum yang digunakan oleh hakim dalam pertimbangan putusannya.

Pada akhirnya, pembelajaran hukum yang dilingkupi faktor eksternal, antara lain berupa perkembangan teknologi informasi, menuntut kita lebih adaptif dengan media pembelajaran, sekaligus berarti suatu keharusan bagi mahasiswa untuk penguasaan teknologi informasi yang relevan dengan karakteristik pembelajaran hukum. Demikian pula keluaran atasn pengalaman pembelajaran tidak lagi hanya dalam ragam tulis konvesional, tapi juga dalam ragam literasi digital, misalnya keluaran pembelajaran mata kuliah berupa video literasi dalam topik hukum tertentu yang ini akan bermanfaat lebih luas bagi khalayak publik, bukan hanya mahasiswa Fakultas Hukum.

VIII Moot Courts in European Legal Education

*Thomas Biermeyer, Alezini Loxa & Georges Vallindas**

Bab ini akan membahas peran penggunaan peradilan semu dalam pendidikan hukum di Eropa dengan merujuk pada European Law School pada Fakultas Hukum Maastricht University. Selain itu, bab ini juga akan mengambil contoh European Law Moot Court Competition, yang merupakan kompetisi peradilan semu internasional dengan fokus khusus pada hukum Uni Eropa yang didirikan pada tahun 1988 oleh European Law Moot Court Society. Dalam konteks pandemi Covid-19, bab ini juga akan melihat bagaimana kompetisi peradilan semu sejenisnya harus beradaptasi dengan kondisi sekarang. Akan diajukan bahwa peradilan semu daring masih dimungkinkan dan bahkan menawarkan keuntungan-keuntungan tersendiri. Namun, karena tujuan utama dari sebuah kompetisi peradilan semu tidak hanya mengenai hal praktisnya saja, suasana asli di pengadilan yang ingin direkonstruksi tidak dapat dicapai secara maksimal. Pada akhirnya, dengan merujuk ke kedua contoh diatas, dapat disimpulkan bahwa peradilan semu memiliki peran yang penting dalam pengembangan keterampilan mahasiswa, mulai dari pengalaman praktikal hukum hingga keterampilan lain yang diperlukan untuk menjadi advokat.

This chapter will explore the use of moot courts in European legal education using the example of the European Law School at the faculty of law of Maastricht University and the European Law Moot Court Competition. The latter is an international moot court competition focused on EU law, organized since 1988 by the European Law Moot Court Society. Against the background of the Covid-19 pandemic, it will also be examined how mooting had to adapt to the conditions of online education. It will be shown that online mooting is possible and offers certain advantages, but considering that the purpose of moot courts goes far beyond a simple practical exercise, the meeting part is completely lacking, which is however an important element of moot courts. Finally, on the basis of both examples, it will be concluded that moot courts serve a function that ranges from the acquisition of practical experience and skills to a multitude of other benefits that are needed for the formation of the next generation of lawyers.

* Thomas Biermeyer, Director, Wildgen Luxembourg Law Firm; Assistant Professor at the Faculty of Law, Maastricht University; Member of the European Law Moot Court Society.
Alezini Loxa, Lawyer (Athens Bar Association, Greece); PhD Researcher, Faculty of Law, Lund University, Sweden; Member of the European Law Moot Court Society.
Georges Vallindas, PhD in EU Law & Economics (Aix-Marseille University); Référendaire at the Court of Justice of the European Union since 2008; President of the European Law Moot Court Society since 2013.

1 Introduction

Moot courts have existed for a very long time in legal curricula around the world,[1] yet they have a particularly strong foothold in European legal education. In fact, Pearce indicates that moots were already common practice during the time of the Inns of Court and Chancery in England in the late 14th century.[2]

One definition of a moot court is "... the argument of the legal issues raised by a hypothetical case which takes place in the imaginary setting of a court of law".[3] As noted by others, moot courts can have different forms. In some, students serve as lawyers and judges. In others, faculty members, lawyers or judges are integrated into the simulation, commonly as judges. As also noted, many moot courts feature a question-and-answer part between the lawyers and the judges in the form of an oral argument.[4] Moot courts should also be distinguished from mock trials. Mock trials are different because lawyers and witnesses conduct a simulated trial in which witnesses have to enter evidence with the objective of proving guilt or liability. In moot courts on the other hand, there are (usually) no testimony and evidence topics involved.[5]

This chapter will examine the importance of moot courts in and beyond modern legal education, using the examples of the European Law School at the faculty of law of Maastricht University (the 'UM model') and the European Law Moot Court Competition ('ELMC'; the 'ELMC model'). The latter is an international moot court competition focused on EU law, organized since 1988 by the European Law Moot Court Society. Against the background of the Covid-19 pandemic, it will also be examined how mooting has had to adapt to the conditions of online education and the lessons that can be learned from such challenges.

1 According to Pollock and Maitland, the first recorded reference to a moot is found in *The Law of Ethelred* the Unready published in 997. Pollock, Sir Frederick and Frederic William Maitland, eds. Volume 1 *The History of English Law* 140-142 (1959).

2 R.R. Pearce, *A Guide to the Inns of Court & Chancery*, London: Butterworth's, 1855.

3 J. Snape & G. Watt, *How to Moot: A Student Guide to Mooting*, Oxford: Oxford University Press, 2005; *see also* Y.M. Daly & N. Higgins, The Place and Efficacy of Simulations in Legal Education: A Preliminary Examination, *All Ireland Journal of Teaching and Learning Higher Education* 3(2) (2001), p. 58.

4 L.S. Ringel, Designing a Moot Court: What to Do, What Not to Do, and Suggestions for How to Do It, *Political Science & Politics*, 37(3) (2004), p. 459. See also E.F. Kammerer, Undergraduate Moot Court: Student Expectations and Perspectives, *Political Science & Politics* 51(1) (2018), p. 190.

5 E.F. Kammerer, Undergraduate Moot Court: Student Expectations and *Perspectives, Political Science & Politics* 51(1) (2018), p. 190.

2 Moot Courts in the European Legal Context: The ELMC and UM Models

While Europe is famous for its centuries-old legal academic teaching and research, it is a frequent observation in many EU Member States that, although having cutting-edge knowledge of legislation and case law, the legal practice skills of students are not quite at the same level of excellence once they graduate and join the competitive legal labour market. Young graduates might, for example, have a difficult time when first applying their legal theoretical knowledge in a concrete case, while, at the same time and under professional senior pressure, choosing the best legal strategy for the client, be it in written form or in an oral pleading.

Against this background, this section will examine the examples of the UM model and the ELMC model, which fit into the definition of moot courts provided earlier. It should of course be acknowledged that moot courts are only one instrument in addressing the challenge to provide students with legal practice skills and that Maastricht University, as one example, tackles this challenge in many ways, amongst others through its general problem-based learning approach, adapted to specific legal fields.

Indeed, moot courts as practiced at Maastricht University in the context of the European Law School Programme, and specifically the ELMC, in which the UM faculty of law participates regularly, are based on arguments concerning legal issues raised by a hypothetical case and in an imaginary setting, yet these legal issues are based on current and important topics of EU law and the court proceedings are simulated to take place in front of the Court of Justice of the European Union ('CJEU'). The ELMC thus does not simulate national proceedings that may involve EU law questions. As a consequence, not only the substantive law but also the procedural law that is used in ELMC Moot Court proceedings is solely based on EU law. Furthermore, the parties included in these proceedings are those that can commonly be found in proceedings in front of the CJEU, such as the lawyers representing the claimant(s) and defendant(s) and the judges, but also institutional representatives, such as agents of Member State organs, European Commission agents or the Advocates General. The latter are a type of legal advisor to the Court and are responsible for presenting a legal opinion on the cases assigned to them. The objective is to have an independent and impartial opinion on the Court's cases.

Both the UM and the ELMC models have opted for a moot court structure in which students represent parties that plead in front of the court. In this way, the students can already prepare for their future jobs, be it as lawyers in private practice, as agents of a Member State or of the European Commission, but also in the jurisdictional role of an EU Advocate General. In the UM and ELMC models, students do not represent judges, a role which is fulfilled by academic faculty members or EU law expert practitioners and, at the ELMC European Final, by the actual members of the CJEU in Luxembourg.

The moot court course that forms an integral part of the curriculum of the faculty of law of Maastricht University is part of the European Law School programme, which is a bachelor's programme focused on EU and comparative law and deals with the legal systems of some of the major EU Member States.[6]

The UM moot court course involves overall issues of international human rights (ECHR) and European Union law. The teams have to first prepare written submissions based on a fictitious case and thereafter plead their position orally in front of the judges, who will be members of the faculty of law of Maastricht University. The course duration is approximately one month and takes place at the end of the second year of the programme. By that time, students have a solid basis in EU and international law. The course, therefore, intends to transpose the knowledge obtained by the students in the two previous years into a setting that requires practical skills in addition to knowledge. It therefore fits very well to the problem-based learning approach of Maastricht University. This course is also designed to develop students' ability to perform teamwork.

It should be noted that Maastricht University has a strong tradition in mooting, overall. Next to the intracurricular moot court and the ELMC, students from the UM faculty of law participate in many national and international moot courts, such as the European Law Moot Court Competition presented below.

Following, if we move on to the ELMC, this is similar to the UM model, only on a much larger scale. The competition has been organized since 1988 and sees participation from around 80 to 100 teams from all over Europe and also from the US. Each team consists of three to four students, plus a coach. The latter is generally a member of the faculty of law of the university at which the students study. ,

Each year, the competition revolves around a case drafted by senior academics and practitioners on recent developments of EU law. The competition consists of a written phase, which lasts from September to December. Around mid-January the results of the written phase are published. Thereafter follows an oral phase consisting of four regional finals and an overall final in Luxembourg at the CJEU. Forty-eight student teams participate in the regional finals, that is, 12 teams per regional final. The regional finals are hosted by four different universities in Europe, and regularly also in the US, and take place during the four weekends in February. The judges at the regional finals are senior practitioners or academics, including previous judges or advocate generals from the CJEU. The overall final takes place at the end of March or the beginning of April at the CJEU in Luxembourg. There, the finalists plead in front of judges of the CJEU.

Another important feature of the competition is that it is a bilingual competition in both English and French, a feature which pushes students to develop their mastery of another important diplomatic language.

---

6 www.maastrichtuniversity.nl/education/bachelor/bachelor-european-law-school.

Students do not only learn about law, but they also learn a lot about soft skills, such as teamwork, working under pressure, etc. Furthermore, due to the intensive nature of the competition, students will also have a first glimpse of working as a lawyer in such a context and find out whether they like (or dislike) it. They will also be able to acquire in-depth knowledge about specific topics that may also help them for their master's/bachelor's thesis, or a future PhD topic (and can therefore help them kick-start their academic career). It may be noted that some universities have incorporated the ELMC into their curriculum, meaning that teams participate and compete in the ELMC as part of their bachelor's or master's programme.

3 Moot Courts as an Instrument to Improve Legal Practice Skills: A Point of View from the CJEU

The need to continue developing legal practice skills of law students in European universities is even more blatant in the field of European Union law, an area of law that has been expanding into all classical matters usually taught as part of national law. As the competences of the European Union have expanded in the last 70 years, extremely specialized sub-matters of EU law have been created, such as EU environmental law, EU digital law but also EU contract law – a field long considered as being in the untouchable heart of civil law national legislation – thus underlining the need for skilled lawyers who are quickly able to combine knowledge of the law and the practical application of it in these new technical fields.

The Court of Justice of the EU has, since its establishment in 1952 in Luxembourg, ensured that 'the law is observed' 'in the interpretation and application' of the EU Treaties.[7] The Court thus constitutes the judicial authority of the European Union and, in cooperation with the courts and tribunals of the Member States, ensures the uniform application and interpretation of EU law. As each Member State has its own language and specific legal system, the CJEU is a multilingual institution. Its language arrangements have no equivalent in any other court in the world, since each of the official languages of the European Union can be the language of a case thus ensuring that its case law is disseminated throughout the Member States.

Shortly after the foundation of the ELMC in 1988, the President of the Court of Justice of the European Communities (the name of the Court before the term 'Union' was adopted in 1992) invited the Society that is in charge of its management to hold the European Final of the student competition in front of the actual judges and advocates general of the Court.

7 *See* Art. 19(1) of the Treaty on European Union, https://eur-lex.europa.eu/legal-content/EN/TXT/?uri=CELEX:12012M/TXT.

Such an invitation was an immediate recognition of the need for an EU Law Moot Court in order to increase the involvement of law students with contemporary matters of EU law, but also a recognition of the quality of the competition per se, be it from its organizational side in inviting expert professors and EU lawyers to draft a long and complex EU law case or in organizing four regional finals in different universities every year.

In fact, from the point of view of the Court of Justice, dissemination of knowledge of its case law in the Member States is crucial in order to ensure the effectiveness of EU law at the lowest jurisdictional level possible. Having fresh lawyers and law graduates who have knowledge of its case law, but who also have practiced applying it to concrete cases, is key to ensuring the Court's mission of unity of interpretation and application of EU law in the whole territory of the EU, a mission that is common to all federal supreme jurisdictions over the world. The ELMC, as noted earlier, is bilingual, in English and French. The latter is the language mostly used during the Court's internal procedure, which is largely inspired by French procedural law. The competition involves many universities from every corner of Europe and a small number from the USA every year. Each university participates with a student team of four members, usually supervised by a PhD candidate teaching assistant, a setting that is similar to the composition of a CJEU judge's or an AG's Cabinet. During this phase, each student team has to prepare a 15-page written brief both in favour of the applicant and the defendant of the ELMC case. The strict page limit pushes the students to the edge of their synthesis and analytical skills to answer the questions raised in the case, a quality that is extremely appreciated by the Court itself. On the basis of this written round, 48 teams qualify for the oral phase, which means that 12 universities are sent to each of the four regional finals, which are organized in different countries, and plead in front of the local EU law professors and experienced ELMC EU law practitioners. Exposing one's arguments to experts of different legal cultures is a key part of the specific difficulty of pleading in front of an EU Court, so this travelling part of the competition is fundamental for understanding how a 27-Member State legal system functions and reaches common interpretations of concepts via compromises. During this phase of the competition, the written briefs are used as a basis to create a real oral pleading while preparing to answer the questions of the judges. The latter will systematically interrupt the pleader, who is strictly limited to 15 minutes speaking time, as is the case in actual CJEU proceedings. The winners of the regional rounds finally qualify to plead in front of the real members of the CJEU in Luxembourg, a filtering that ensures the highest quality of representation of the ELMC Competition in front of such an honourable jurisdiction.

The structure of the ELMC Competition thus allows for an extremely large physical dissemination of EU law and case law knowledge applied strategically onto a complex cutting-edge case, involving hundreds of excellent students and a great number of centuries-old but also younger universities, underlining the importance of EU law teaching and research and reinforcing its local rooting. It includes a written exercise that imposes strict procedural constraints and develops into an oral hearing preparation, following the path of a real case and the everyday practice of a law firm. The level of knowledge that the finalist students reach in the area of the ELMC Case is regularly applauded by the members of the CJEU that judge the European Final and is compared to the most expert agents and private practitioners pleading before the Court in real life. Today, there are many members of the Court who have been ELMC participants in their student days; ELMC pleaders are often selected for internships in members' cabinets, and the ELMC achievements line in CVs is often pinpointed as a positive point in junior candidatures to work in the EU institutions. In parallel, the physical structure of the competition allows students to meet and create effective EU law networks, which obviously is one of the objectives of all EU institutions but also of people, like the ELMC Society members, that are committed to the ideal of a united Europe.

The real life of the CJEU has become even more connected to the European Law Moot Court Society from March 2020 onwards, since both had to adapt to ensure their respective roles in the EU law 'ecosystem' during the pandemic. Indeed, EU justice had to continue to be served and EU law practical skills training of the best students in Europe also had to find a way to continue. While the successful efforts of the ELMC Society have already been described above, it is worth mentioning that the technical efforts of the CJEU to deal with this exceptional crisis have been awarded the EU Ombudsman's Prize of Good Administration in the category 'Excellence in innovation'.[8] The CJEU Covid emergency project 'Distance Hearings', set up under the authority of the Hearings Task Force combining members of the Judge's Cabinets, the Registrar, IT services of the Court, as well as the Multilingualism directorate, managed to hold hundreds of live hearings by web video conference, gathering agents and lawyers from all over the EU while ensuring live online interpretation. Thanks to their adaptability, the CJEU but also the ELMC Competition managed to ensure the continuity of EU law practice and learning despite the Covid challenge. Both organizations are looking forward to an ease of the lockdown measures, which will – hopefully – allow the April 2022 ELMC European Final to take place, once again, in the Court's palace of EU Justice in Luxembourg and the ELMC students to enjoy the full experience of the great skills-enhancing event that the ELMC has been since 1988.

8 *See* www.ombudsman.europa.eu/en/press-release/en/143409 and www.youtube.com/watch?v=WsK7fg-bPKY&feature=youtu.be.

4 Lessons From Digitalization of the European Law Moot Court

The Covid-19 pandemic brought about the digitization of academic life. The ELMC Moot Court could not be an exception. That is especially due to the large number of participants from different national and social clusters, who gather every year to compete and argue a moot case in different universities around Europe. In this section, we will provide an overview of how the ELMC adjusted to the pandemic, what challenges had to be addressed in the process and what were the advantages and disadvantages of turning a physical event into a fully Zoom one.

In Spring 2020, lockdowns were imposed nationally around the time of conclusion of the four ELMC regional finals for the 2019-2020 edition of the competition. Despite the original plan of hosting the All-European final in the premises of the Court of Justice of the EU, we soon came to realize that this would not be possible. The 2020 All-European final could only take place digitally.

The small scale of the event (four participating teams) and the high quality of the teams participating (the teams had already competed and won the regional rounds) made the digital transition a smooth experience. The fears of technological malaise or connection problems went away with digital training for the judges and trials with the participants before the pleading sessions. What is more, as the event could be concluded in half a day, we avoided screen fatigue and the judges and participants enthusiastically competed in rounds full of elaborate questions and arguments. There was nothing missing compared to a real-life final. That is, of course, if we leave aside the experience of pleading in the Grande Salle d'Audience of the CJEU, before real Judges of the Court, and partying the night away afterwards in line with the ELMC tradition. We were hoping that this would be the last digital experience.

Soon we came to the realization that the entire 2020-2021 edition of the ELMC would have to take place online as well. This came with significant challenges and required a lot of preparation for a smooth transition. It is important to note that the four regional rounds of the competition are hosted by different universities, and hence different local organizing teams, and involve two full days of pleadings (six parallel sessions during the first day and three sessions during the second day).

Understandably, this setting could not be replicated in the digital environment. First of all, there were practical challenges to be addressed. Without local universities hosting the rounds, the organizing manpower of the ELMC became limited in number. As such, it would be impossible to plan four digital rounds, committing a significant number of people in front of their computers, throughout a month. Moreover, screen time – as we have all experienced throughout the past year – works very differently from real life. While it is always possible to commit practitioners, lawyers and academics to escape their professional life and join us, as judges, for a three-day event in different places of Europe, it would be impossible to commit anyone to sit before their laptops for two days in a row while they would also have to digitally cater for their regular working lives.

Then, there were also challenges related to ensuring the high quality of the competition. ELMC is known to be based on lively engagement of the participants by the bench. This would not be the case, if we were to maintain the two full-day pleading structure. Even moot judges get Zoom fatigue. What is more, a bench of five people, which is usually the structure we follow in the regional rounds, would not be practical in the digital setting. The quick reactions of real life would risk turning into hesitantly raised hands on Zoom, taking away from the spontaneity of the process. Finally, we had to consider the best way to guarantee fair play. In a physical moot, one can always see what takes place in the courtroom; the participants are not allowed any digital device and the coaches are always seated far enough so as to not affect the competition. In a digital scenario however, we can only see a participant pleading before their screen, not really knowing, or controlling, who is in the room with them, what material is shared and whether their laptop is used in order to unfairly search for material online.

In order to address these challenges, we used our powers under the rules of the competition to adjust the set-up of the regional rounds and we decided to proceed with only two regional rounds of 16 teams.[9] Hence a total of 32 teams participated this year in the oral rounds, compared to the usual 48. What is more, we spread out the pleading sessions in three days with three, five and two sessions respectively. A final choice, which proved crucial in ensuring the lively online debate, was that we limited the benches to three judges, while we also had a pool of rotating judges. This meant that, while all our judges participated in at least one round, the benches were fixed in a way, so as to ensure that no judge would continuously sit through more than two or three pleading rounds. This allowed the judges to be at the top of their game and not exhaust themselves, while truly pushing the participants to the limit and ensuring an enjoyable competition. Finally, in order to ensure the integrity of the teams, we set up digital control rooms where the teams had to connect via a second device, which monitored their rooms at all times. In this way, we ensured that no foul play took place.

The 2020-2021 edition – despite our best hopes – finished with a second digital All-European final. After a full year of digital ELMC Competition, there were many lessons learned in the process. The pandemic offered us an opportunity of reimagining large-scale events, with the use of means that we would not have thought viable in the past. The ELMC Competition had a smooth transition to the online environment. Overall, there were no problems or connection issues that jeopardized any pleading session. Any minor connection problems were resolved through a standstill of the round until all parties were up and

9 Art. 20.7 of the ELMC Rules, *see* www.europeanlawmootcourt.eu/sites/europeanlawmootcourt.eu/files/Download/ELMC%20Rules%202016.pdf.

running. Furthermore, the participants gave high-quality performances and enjoyed the full attention of our inquisitive judges. Finally, the digital nature of the event made for even better punctuality. No session was delayed, and no coffee or lunch break ran wild.

Does this smooth technical transition online mean that moot courts can function equally well online? The reply should be: only if there is no alternative. A central part of the ELMC logo is to 'meet' next to mooting and competing. Meeting people in the context of real-life large-scale events is not only important in social respects, but also in professional ones. Competitions like the ELMC unite students and professionals with a true, genuine passion in EU law. Hence, a big part of the process is being able to engage with all these people, with whom one shares common interests in real life. Moreover, the experience of back-to-back pleading sessions in real life is never as exhausting as sitting in front of a screen; and that is also because the shared passion for EU law can be felt in the air. In a sense, this human aspect of engagement in and outside the courtroom is also a reward – both for the students, who spend a full semester working on their participation, and the judges, who escape their realities and spend a weekend trip testing the knowledge of young, enthusiastic soon-to-be lawyers. Let us hope that large-scale physical events will soon be our reality.

5 Conclusion

As mentioned above, a main objective of the UM model and the ELMC model of moot courts, and this applies to moot courts in general, is to provide students with practical experience and skills in the application of law.

However, as reflected above, the functions of moot courts are much broader than the dissemination of practical experience and skills.

Practical experience and skills function: Students learn, for example, how to develop legal arguments in the interest of a client, to provide such arguments in a very concise way, how to plead in front of judges and so on.

Knowledge dissemination function: Moot courts allow students to deep-dive into a specific area of law which is the subject matter of the moot court case. This allows students to specialize in a specific area; for example, at least for one of the writers the topic of the ELMC case will determine his PhD topic.

Personal (and career) function: Moot courts also have a very personal function for the students. For example, preparing written observations or pleadings or pleading in front of a judge, working late hours and so on can also be a very stressful experience for students. It is therefore a good experience for them, whether they like or dislike such an environment. For this reason, it also helps them in defining their own career goals after studying.

Also, in general, moot courts can be defining for later career choices, due to the specialization obtained through the moot courts or through the networks built through the mooting.

Social function: It should not be forgotten that moot courts are mainly about social interaction. This can be within the teams that compete with each other or in bigger competitions such as the ELMC, where students from all over Europe and beyond meet, moot and compete with each other each year. Bonds of friendships are formed and students from different countries meet that would have otherwise never met.

Political function: Finally, even if not directly intended, moot courts also have a political function. The sensibilization of students with EU politics and EU law has been, and remains, vital for the European Union and its integration processes. Therefore, allowing students to deep-dive into a specific case-scenario on EU law supports their understanding of EU law and politics. Of course, certain faculties of law, such as the one from Maastricht University provide bachelor's and master's programmes specializing in EU law. However, this is by far not the case for every law faculty throughout Europe.

IX Optimalisasi Moot Court sebagai Sarana Pembelajaran Praktik Hukum

Iqbal Felisiano[*]

Peradilan semu (moot court) merupakan perkuliahan yang umum dilaksanakan dalam pendidikan tinggi hukum. Berbagai skill hukum diperlukan dalam melaksanakan moot court yang ideal, sehingga mampu mencerminkan kemampuan / potensi mahasiswa hukum yang adaptif, dan memiliki kemampuan dalam menyampaikan argumentasi hukum berdasarkan pemahaman atas teori dan asas hukum. Dalam konteks menciptakan kondisi moot court yang similar dengan atmosfer praktik persidangan, perlu dilakukan reformulasi mata kuliah moot court, sehingga pelaksanaan moot court dapat berfungsi dalam memberikan gambaran suasana persidangan asli, tanpa mengurangi pelaksaan persidangan yang berdasarkan hukum yang berlaku. Hal tersebut dimaksudkan agar moot court dapat menjadi contoh yang mampu menjadi acuan bagi lulusan pendidikan tinggi hukum dalam melaksanakan tugas dalam profesi hukum secara profesional.

Moot courts are a practical learning device that forms an integral part of higher legal education. Various legal skills are required in acting in an ideal moot court. Those skill reflect the ability of students to cope with or adapt to certain legal situations. Furthermore, moot courts enable students to convey legal arguments based on an understanding of legal theory and principles. In order to create moot courts whose conditions are similar to the atmosphere of trial practice, it is necessary to reformulate and design the moot court courses in such a way that the moot court simulation can provide an overview of the original trial atmosphere, without compromising the implementation of trials based on applicable law. Moot courts are intended to be a reference for graduates of higher legal education in carrying out their duties in their later career in the legal profession.

1 Pengantar

Pendidikan tinggi hukum di Indonesia sampai saat ini masih memerlukan pengembangan keilmuan yang berbasis praktik, sehingga lulusan sekolah tinggi hukum memiliki skill yang dibutuhkan dalam rangka menjalankan tugas dan profesi hukum secara profesional. Sistem pembelajaran yang lebih menitik beratkan pada pemahaman teori hukum kepada mahasiswa tidak lagi mampu menjawab tantangan dunia professional dimana lulusan sekolah tinggi hukum diharapkan mampu menjalankan tugas-tugas dalam pekerjaan yang tidak bisa hanya didasarkan pada teori, akan tetapi lebih pada kemampuan lulusan fakultas hukum dalam menyelesaikan permasalahan hukum berbasis pada skill.

Penyiapan lulusan yang mampu menjalankan tugas dan profesi hukum tersebut yang merupakan kewajiban bagi penyelenggara pendidikan tinggi hukum, sehingga kedepannya

* Dosen Bagian Hukum Pidana, Kepala Laboratorium Pendidikan Hukum Klinik Fakultas Hukum Universitas Airlangga / Lecturer at the Department of Criminal Law and Head of the Legal Clinic, Faculty of Law, Airlangga University.

pendidikan tinggi hukum sudah harus mengarah pada bentuk professional schooling, yang membekali lulusan tidak hanya teori-teori hukum yang dibutuhkan, akan tetapi juga skill-skill hukum yang diperlukan bagi professional hukum yang mampu beradaptasi dengan lingkungan kerja tanpa melupakan dasar keilmuan pada saat ia terjun ke masyarakat dengan menghadapi kasus-kasus hukum riil yang harus ia selesaikan.

Salah satu bentuk upaya serius yang seharusnya dikembangkan tiap penyelenggara pendidikan tinggi hukum, adalah dengan mengembangkan potensi dan skill mahasiswa berdasarkan pendidikan hukum klinik, yang salah satunya dengan mengoptimalkan peradilan semu (moot court) yang dilaksanakan pada tiap laboratorium hukum. Peradilan semu (moot court) meruoakan miniature peradilan yang biasanya merupakan persidangan hipotetis dalam arti aplikasi, proses persidangan yang nyata ke dalam bentuk permainan peran(role-playing).[1]

Meskipun peradilan semu telah dilaksanakan lebih dari beberapa dekade dalam pendidikan hukum di Indonesia, akan tetapi banyak hal yang perlu mendapat perhatian untuk diperbaiki, sehingga moot court tidak hanya sekedar dilaksanakan sebagai pemenuhan kewajiban dalam melaksanakan perkuliahan dan mendapatkan penilaian, akan tetapi lebih dari itu, mahasiswa diharapkan dapat mendemonstrasikan kemahiran-kemahiran hukum yang diperankan selama menjalankan perkuliahan yang menggunakan moot court sebagai saran pembelajarannya. Di sisi lain, dengan mengaplikasikan teori-teori hukum yang telah didapatkan dalam mata kuliah pengantar yang wajib dilampaui mahasiswa sebelum melaksanakan *moot court*, penggalian potensi mahasiswa dalam menampilkan kemampuan-kemampuan yang kurang dapat ditampilkan dalam perkuliahan klasikal, merupakan dampak positif bagi mahasiswa yang melaksanakan moot court.

2 PEMBAHASAN

Mahasiswa yang hanya mendapatkan pengalaman belajar dalam kelas tanpa mendapatkan pengalaman dalam mengaplikasikan teri-teori hukum yang telah dipelajarinya dalam praktikum kerap mendapatkan hambatan dalam melaksanakan tugas dalam profesi hukum, dimana lulusan pendidikan tinggi hukum harus menghadapi fakta bahwa tidak selamanya materi yang tlah dipelajari dalam perkuliahan klasikal dapat di implementasikan langsung. Hal tersebut ditambah lagi dengan kondisi dimana sering terdapat perbedaan yang cukup signifikan dalam teori hukum dengan praktik hukum yang harus dihadapi oleh professional hukum dalam menjalani tugas dan profesinya pada saat menangani sebuah permasalahan

1 Irianto, S.(2005). Panduan Moot Court dan Kompetsi Moot Court Berperspektif Keadilan Gender (1 sted.). Jakarta: Kurnia Sejati, h. 4.

hukum di masyarakat. Ketidak mampuan lulusan pendidikan tinggi hukum dalam menangani permasalahan hukum dalam konteks menjalankan tugas dan profesi hukum tersebut tidak hanya berimbas pada terbatasnya akses lapangan pekerjaan yang tersedia dalam profesi hukum, akan tetapi juga menimbulkan ketidakpercayaan organisasi-organisasi profesi dalam bidang hukum terhadap sistem pembelajaran pada instansi penyedia pendidikan tinggi hukum.

Moot court sebagai salah satu bentuk metode pembelajaran yang memberikan kesempatan bagi mahasiswa dalam mengimplementasikan pengetahuan teoritiknya dalam bentuk *role play* dalam kelas yang di desain khusus sehingga mahasiswa dapat merasakan atmosfir praktik hukum dalam proses litigasi, memungkinkan mehasiswa untuk mengasah tidak hanya teori, melainkan juga skill hukum yang dibutuhkan dalam melaksanakan peran-peran profesi hukum yang dilaksanakan selama menjalankan moot court. Sehingga tidak berlebihan, apabila peradilan semu merupakan jembatan penghubunga antara *law in book* dan *law in action* dalam inovasi pembalajaran hukum.[2] Tentunya, hasil optimal yang diharapkan sebagai output dari perkuliahan peradilan semu harus juga disertai dengan metode dan skill yang diharapkan akan didapatkan mahasiswa setelah perkuliahan berakhir. Adapun yang dapat dilakukan instasi penyedia pendidikan tinggi hukum untuk mengoptomalkan output tersebut antara lain:

2.1 *Sinergitas Moot Court Dengan Klinik Hukum*

Salah satu upaya dalam meningkatkan sensitivitas mahasiswa dan *legal problem solving skill* sebagai salah satu komponen skill hukum yang wajib dimiliki oleh lulusan pendidikan tinggi hukum, adalah dengan menghadapkan mahasiswa pada kasus-kasus riil baik yang telah mendapatkan putusan hukum yang berditas tetap ataupun kasus-kasus hukum yang sedang berjalan. Di sisi lain, klinik hukum merupakan salah satu model sekaligus metode pendidikan hukum yang menitikberatkan kemampuan pedagogi dan ekspos mashasiswa terhadap implementasi hukum di masyarakat berdasarkan pada kasus-kasus hukum riil yang terjadi di masyarakat untuk dapat dilakukan advokasi, sehingga secara tidak langsung selain mengasah ketrampilan hukum mahasiswa, klinik hukum juga mampu meningkatkan kepekaan mahasiswa akan keadilan bagi masyarakat ataupun pihak yang membutuhkan advokasi hukum atas permalahan hukum yang dihadapi.

Ketersediaan klinik hukum dalam institusi pendidikan hukum yang ada, dapat lebih optimal apabila klinik hukum yang telah tersedia bersinergi dengan mata kuliah yang menggunakan *moot court* sebagai metode pembelajaran, sehingga peran yang akan

---

2 Rustamaji, M.(2012). Aplikasi Metode Persidangan Semu Pada Pembelajaran Hukum Pers Bagi Penegak Hukum. Yustisia, 1(3), h. 67-79.

dilaksanakan mahasiswa dalam moot court berdasarkan pada problematika hukum riil yang baik secara langsung maupun tidak langsung memberikan bantuan berupa gambaran kemungkinan-kemungkinan penyelesaian dan argumentasi hukum yang dapat digunakan dalam advokasi hukum yang dilakukan oleh klinik hukum yang sedang melakukan advokasi berdasarkan kasus hukum yang diperankan dalam *moot court*.

Di sisi lain, dengan kolaborasi antara mata kuliah peradilan semu dengan klinik hukum, mahasiswa yang melaksanakan peradilan semu akan mendapatkan akses terhadap problematika hukum riil yang terjadi di masyarakat. Hal tersebut penting, mengingat akses mahasiswa dalam mendapatkan informasi yang signifikan yang berguna untuk memahami problematika hukum guna membuat solusi hukum yang tepat atas kasus yang terjadi tidak mudah didapatkan. Kondisi demikian akan jauh lebih ideal bagi mahasiswa, dimana dengan menghadapkan mahasiswa pada kasus-kasus riil, setidaknya mahasiswa akan mampu melaksanakan riset mendalam berdasarkan fakta-fakta hukum yang telah sebelumnya diperoleh oleh mahasiswa anggota klinik hukum (clinicians) sehingga dapadt ditelaah berdasarkan teori yang telah dipelajari.

Dengan dilakukannya simulasi proses litigasi oleh mahasiswa yang melaksanakan mata kuliah moot court, teori hukum sebagai dasar argumentasi dalam proses persidangan, baik dalam pembuktian dan pembelaan dapat digunakan sebagai alternatif argumentasi maupun kontra argumentasi sehingga bermanfaat untuk menciptakan gambaran akan kemungkinan argumentasi yang dapat digunakan oleh klinik hukum dalam melaksanakan advokasi, khususnya dalam proses litigasi. Manfaat-manfaat tersebut tidak berarti tanpa resiko, mengingat perbedaan strutur oengajaran dalam mata kuliah *moot court* dan klinik. Klinik hukum yang di desain hanya dapat dilaksanakan dengan jumlah mahasiswa yang tidak banyak, lebih memungkinkan terjaganya kerahasiaan klien, dibandingkan dengan mata kuliah *moot court*, yang merupakan mata kuliah wajib yang ditempuh oleh seluruh mahasiswa hukum yang juga beriringan dengan resiko terhadap kerahasisan klien yang wajib dijaga. Mengingat kerahasiaan klien dalam advokasi, merupakan hal yang esensial untuk di lindungi oleh penyedia advokasi hukum,, untuk menghindari penyalahgunaan identitas dan kerahasian klien yang sedang dilakukan edvokasinya oleh klinik hukum, identitas klien dan detil penting berkaitan dengan lokasi dan pihak lain yang terlibat dalam kasus yang digunakan oleh mahasiswa *moot court* dapat dirahasiakan atau disamarkan.

2.2 Pelibatan Professional Hukum Dalam Pembimbingan Dan Perkuliahan

Dalam kondisi, dimana sebagian besar pendidik dalam instansi publik penyedia pendidikan hukum (PTN) yang pengajarnya merupakan Aparatur Sipi Negara (ASN), akses terhadap pengetahuan praktik terbatas. Dengan adanya Undang-undang No. 18 Tahun 2003 tentang Advokat, yang memberikan penegasan bahwa ASN tidak dapat bertindak dalam profesi advokat, kecuali dalam melaksanakan advokasi yang memenuhi syarat berdasarkan Undang-undang No. 11 Tahun 2011 tentang Bantuan Hukum, secara tidak langsung mengaburkan pemahaman pengajar dalam instansi publik penyedia pendidikan hukum (PTN) yang berbasis ASN untuk memahami dinamika-dinamika yang terjadi dalam praktik penegakan hukum di masyarakat.

Pengetahuan praktik hukum sangat dibutuhkan dalam pengajaran mata kuliah *moot court*, mengingat untuk memberikan gambaran dalam peridangan pada kasus posisi yang dikembangjan sebagai bahan *moot court* diperlukan pengajar yang faham dan secara riil melaksanakan penanganan-penanganan kasus hukum. Keterbatasan akses pengajar dalam pendidikan tinggi hukum terhadap penanganan kasus riil yang terjadi di masyarakat menimbulkan tingginya perbedaan yang terjadi antara praktik dengan teori hukum.

Dalam rangka menjembatani kondisi tersebut, diperlukan pelibatan profesioanal hukum (lawyer), perlu peningkatan pelibatan profesional hukum dalam proses pembelajaran di instansi pemdidikan tinggi hukum, sehingga diharapkan mahasiswa yang melaksanakan perkuliahan mampu memahami dan mengaplikasikan baik teori dan praktik hukum yang sesuai berdasarkan permasalahan hukum yang terjadi di masyarakat. Pelibatan professional hukum dalam perkuliahan berbasis moot court tersebut, juga dapat berimplikasi positif dalam menciptakan atmosfir persidangan yang sesuai dengan praktik.

Di sisi lain, sinergitas Pengajar (Dosen) ASN dengan professional hukum dalam pengajaran *moot court* juga dapat memberikan perspektif lain dalam memahami dan memecahkan problematika hukum dengan sudut pandang praktik dan teori hukum. Terciptanya sinergitas yang baik dalam bentuk *team teaching* dalam mata kuliah *moot court* ini diharapkan mampu memberikan gambaran riil kepada mahasiswa berdasarkan praktik hukum, sekaligus juga memberi batasan dalam memilih solusi hukum yang diterapkan dalam menangani perkara hukum yang tidak lepas dari teori hukum dan perundang-undangan.

2.3 Digitalisasi Pemberkasan Dan Persidangan Secara Daring

Dalam perkuliahan *moot court* konvensional, pengerjaan dokumen-dokumen hukum menggunakan printed documents. Selain kurang efektif dalam proses evaluasi pembelajaran dalam kelas *moot court*, penggunaan dokumen hukum cetak juga dirasa kurang adaptif dengan perkembangan sistem *e-court* dan kondisi pandemic COVID-19 yang membatasi adanya interaksi interpersonal antar pihak dalam persidangan.

Digitalisasi pemberkasan dalam perkuliahan *moot court* dapat membantu penyebaran informasi yang seimbang antar mahasiswa yang menempuh perkuliahan *moot court*, maupun pertukaran informasi dan evaluasi antara mahasiswa, dosen pembimbing maupun dengan dosen yang melakukan evaluasi terhadap berkas persidangan. Terlebih lagi, digitalisasi berkas juga membantu dalam proses persidangan, yang dalam perkembangannya mengarah pada *e-court*, sehingga secara tidak langsung digitalisasi berkas persidangan juga turut membiasakan mahasiswa dengan praktik *e-court* yang berkembang dalam peradilan di Indonesia.

Dalam pelaksanaan sidang secara daring (persidangan secara elektronik), praktik persidangan konvensional yang mewajibkan hampir seluruh pihak untuk hadir dalam ruang persidangan dalam perkembangannya telah berubah. Persidangan secara daring (persidangan secara elektronik), dianggap menjadi solusi dalam masa pandemic Covid-19, sekaligus juga dianggap mampu mengatasi problem berkaitan dengan ketidak mampuan pihak untuk hadir secara langsung dalam ruang sidang. Fleksibilitas yang diberikan dalam sidang secara daring (persidangan secara elektronik), mempermudah pelaksanaan persidangan, akan tetapi di sisi lain masih terdapat kendala-kendala yang lebih kepada perspektif yang berubah antara persidangan langsung yang dianggap mampu mengungkap fakta-fakta hukum riil yang dibutuhkan dalam menyusun putusan, dengan persidangan secara daring (persidangan secara elektronik) yang dianggap kurang mampu menciptakan atmosfir persidangan yang mampu mengungkap kebenaran fakta-fakta hukum.

Dalam konteks membiasakan mahasiswa dalam proses persidangan secara daring (persidangan secara elektronik), praktik *moot court* juga perlu mempersiapkan / membekali maahasiswa dengan kemampuan sidang secara daring (persidangan secara elektronik), yang tentu memiliki pendekatan dan situasi berbeda dari persidangan secara konvensional yang menitikberatkan interaksi langsung para pihak. *Interviewing skill* dalam persidangan secara daring (persidangan secara elektronik) menjadi hal yang substansial, khususnya dalam persidangan yang berfungsi untuk menungkap kebenaran materiil, mengingat salah satu fungsi persidangan dalam perkara pidana, adalah untuk mengungkap kebenaran materiil. Skill interview dan penyampaian argumentasi hukum dalam persidangan secara daring (persidangan secara elektronik) yang berbeda dari persidangan konvensional, akan sangat membantu lulusan pendidikan tinggi hukum dalam menghadapi perkembangan sistem persidangan di masa depan, sehingga diharapkan mempu melaksanakan tugas profesinya secara baik.

Dengan adanya digitalisasi berkas persidangan dan *role play* persidangan secara daring, maka instansi penyedia pendidikan tinggi hukum memerlukan pengembangan sistem yang terintegrasi, yang memungkinkan mahasiswa untuk melaksanakan penyusunan berkas sekaligus persidangan secara daring beserta evaluasi persidangan yang dapat diakses oleh mahasiswa dan dosen yang mendekati kondisi riil persidangan secara daring. Oleh karenanya, tata letak dan penambahan alat persidangan diperlukan dalam menciptakan atmosfer persidangan yang mendekati kondisi riil dan berdasarkan peraturan Mahkamah Agung.

2.4 Moot Court Sebagai Mata Kuliah Pra-Skripsi

Dalam pelaksanaan perkuliahan moot court, seringkali didapati mahasiswa yang belum menguasai secara baik materi-materi perkuliahan, baik dalam konteks hukum formil maupun materiil, dikarenakan mahasiswa dianggap mampu menempug mata kuliah moot court hanya berdasarkan mata kuliah prasyarat yang merupakan mata kuliah hukum dasar (baik formil maupun materiil), hal ini berdampak pada pengembangan perkara yang kurang fariatif, dikarenakan tingkat pemahaman mahasiswa yang kurang baik berkaitan dengan bidang hukum lain yang diperlukan dalam mengembangkan kasus posisi.

Mata kuliah *moot court* yang dilaksakan mayoritas pada tengah masa studi kurang mampu menggambarkan potensi mahasiswa dalam memerankan profesi-profesi hukum dalam persidangan. Hal tersebut diakibatkan kurangnya pisau analisa berbasis teori hukum yang telah ditempuh sebagai prasyarat dalam menempuh mata kuliah *moot court* yang berakibat kurangnya kompleksitas penanganan perkara dalam *moot court.* Kompleksitas dalam menghadapi perkara, membutuhkan analisa yang lengkap, dengan berbagai sudut pandang hukum, sehingga mampu menciptakan kondisi yang ideal untuk pengembangan analisa hukum dan pemecahan masalah hukum. Kondisi tersebut sulit terjadi apabila dasar teori hukum yang digunakan oleh mahasiswa dalam melakukan analisa hukum, argumentasi hukum, pembuatan dokumen hukum, serta pembuatan solusi hukum belum cukup.

Fakta bahwa mahasiswa yang baru menempuh setengah masa studi melaksanakan *role play* dalam *moot court,* terjadi pada sebagian besar pendidikan tinggi hukum dapat / berpotensi mengurangi kualitas substansi moot court, baik dalam praktik persidangan maupun berkas persidangan yang seharusnya mencerminkan pemahaman mahasiswa terhadap teori-teori dan asas-asas hukum. Berdasarkan kondisi tersebut, perlu dipertimbangkan melakukan reformulasi mata kuliah *moot curt* yang dilaksanakan di instansi pendidikan tinggi hukum, guna menempatkan *moot court* sebagai refleksi pemahaman mahasiswa terhadap teori dan asas hukum, dengan menempatkan *moot court* sebagai mata kuliah pra-skripsi.

Kebutuhan mahasiswa dalam menguasai skill hukum yang kurang maksimal didapatkan dalam perkuliahan klasikal, dapat dipenuhi dengan *moot court* yang ideal, disesuaikan dengan kebutuhan profesi dalam bidang hukum, sehingga dapat menciptakan juris yang professional di bidangnya. *Moot court* sebagai salah satu inovasi dalam pembelajaran hukum, tidak kurang nilainya dari pelatihan profesi hukum. Oleh karenanya, moot court harus dapat menampilkan perpaduan antara potensi, skill, dasar keilmuan, dan profeisonalitas yang dimiliki oleh profesi dalam bidang hukum sebagai profesi yang mulia (officium nobile). Reformulasi moot court dibutuhkan dalam konteks memenuhi kebutuhan mahasiswa dan dunia professional hukum, sehingga instansi pendidikan tinggi hukum mempunyai kewajiban dalam memenuhi kebutuhan mahasiswa sekaligus *stake holder* yang kedepannya diharapkan akan menjadi profesi lulusan pendidikan tinggi hukum.

3 Kesimpulan

Kemampuan hukum dapat diklasifikasikan menjadi 2 (dua), yaitu *soft skill* dan *hard skill*. *Soft skill* dalam bidang hukum merupakan kemampuan yang didapati antara lain dengan metode pembelajaran *moot court*, dimana mahasiswa diharapkan dapat melakukan sinkronisasi antara praktik dengan teori hukum. Dalam konteks meningkatkan efektifitas *moot court* sebagai salah satu metode dalam penguasaan *soft skill* dalam bidang hukum, diperlukan pembaharuan dan reformulasi *moot court* konvensional dengan menyesuaikan kebutuhan dan perkembangan teknologi sehingga mahasiswa pendidikan tinggi hukum mendapatkan pengalaman yang berguna untuk menjalankan tugas dalam profesi hukum. Dalam optimalisasi moot court, diperlukan kerjasama yang baik dengan berbagai pihak, termasuk didalamnya meningkatkan sinergitas perkulaihan *moot court* dengan klinik hukum yang tersedia, juga peran professional dalam bidang profesi hukum untuk memberikan gambaran pengalaman praktik dalam persidangan sehingga mampu menciptakan atmosfer persidangan riil sebagai bekal mahasiswa dalam menjalankan profesi dalam bidang hukum kedepannya.

Pelaksanaan *moot court* juga perlu mempertimbangkan kebutuhan akan pelaksanaan persidangan secara daring dan pemberkasan persidangan yang telah mengalami beradaptasi dengan kemajuan teknologi, sehingga dengan mendapatkan pengalaman yang similar perkembangan model persidangan, diharapkan mahasiswa dapat dengan mudah beradaptasi dengan tantangan masa depan yang mengarah pada budaya digital, termasuk dalam konteks persidangan. Selain itu, optimalisasi *moot court* juga dapat dilaksanakan dengan meletakkan *moot court* sebagai mata kuliah pra-skripsi, dengan asumsi bahwa mahasiswa pada akhir masa studi telah menguasai sebagian besar materi perkuliahan dalam pendidikan tinggi hukum. Hal ini diharapkan mampu menampilkani potensi mahasiswa dalam melaksanakan *role play* dalam *moot court*, dibandingkan dengan mahasiswa pertengahan masa studi yang belum mendapatkan materi hukum secara utuh.

X The Use of Case Law in the Legal Curriculum: Why and How?

Jan M. Smits[*]

Artikel ini membahas dua permasalahan mengenai peran yurisprudensi dalam kurikulum pendidikan hukum, terutama di system civil law seperti Indonesia dan Belanda. Permasalahan pertama adalah mengapa yurisprudensi harus menjadi bagian dari pendidikan hukum. Mengenai hal ini, dapat dikatakan bahwa yurisprudensi yang ditetapkan oleh pengadilan tertinggi tidak hanya diakui sebagai sumber hukum yang sah, tetapi juga menjadi sulit untuk mengerti aturan hukum tanpa mengerti kasus-kasus tersebut. Yurisprudensi dapat menunjukkan bagaimana aturan hukum dapat diimbangi oleh satu sama lainnya. Mempelajari hal ini membutuhkan analisis yang hati-hati dan kritis terhadap kasus penting di bidang hukum apapun.

Permasalahan kedua adalah bagaimana memasukkan kasus-kasus hukum tersebut dalam kurikulum pendidikan hukum. Filosofi pengajaran 'pembelajaran aktif' memungkinkan berbagai metode. Di samping 'metode kasus' dan 'metode studi kasus', perhatian khusus harus diberikan pada bagaimana kasus hukum dapat digunakan dalam pengaturan 'Pembelajaran Berbasis Masalah'. Dalam artikel ini ditunjukkan bagaimana metode pengajaran ini memungkinkan untuk menggunakan kasus dalam mengarahkan siswa untuk menganalisis kasus, memecahkan masalah hukum dan untuk menilai secara kritis hasil yang dicapai oleh pengadilan.

This contribution examines two questions concerning the role of case law in the legal curriculum, in particular in civil law jurisdictions such as Indonesia and the Netherlands. The first question is why case law should be part of legal education. It is argued this is not only because cases decided upon by the highest courts are recognized as an 'official' source of law, but also because it is impossible to properly understand a legal rule – designed to be applied to real-life situations – without studying those situations. Case law shows how rules can be balanced against each other; learning how to do this requires the careful and critical analysis of key cases in any field of the law.

The second question is how to incorporate cases within the curriculum. The teaching philosophy of 'active learning' allows for various methods. Next to the 'case method' and 'case study method,' special attention is paid to how case law can be used in a setting of 'Problem-Based Learning' (PBL). It is shown how PBL allows us to use cases in instructing students to analyse judicial cases, to solve legal problems and to critically assess the outcome a court reaches.

1 Introduction

It seems evident that case law must be part of the legal curriculum. Most types of legal education pay ample attention to cases decided upon by the courts. This does not mean that the role of cases in teaching the law does not differ depending on the jurisdiction in

* Professor of Private Law at Maastricht University and Dean of the Faculty of Law. This contribution is based upon a lecture at the LEAP online webinar on *Case Law and Case Method in Legal Education*, Universitas Airlangga, Surabaya, 21 January 2021.

question – with a special role for the distinction between civil law and common law systems – but this is rather a gradual than a principled difference. In short, no proper legal education seems possible without elaborate attention paid to case law.

In this contribution, two questions are discussed concerning the role of case law in the legal curriculum. The first question is why cases are in fact such an important element of learning the law. I will show this is not only the case because of cases being (to a greater or a lesser extent) an 'official' source of law, but also for reasons unrelated to any recognition of sources as proper law within the State (Sections 2 and 3). Once it has been established why case law is an essential element of the legal curriculum, a second question emerges: how to teach these cases? Experience shows that various approaches can be applied, depending on the jurisdiction involved and the 'teaching philosophy' being adopted (Section 4).

The 'lessons', if any, this contribution seeks to convey are not limited to one specific field of the law. In the Western legal tradition, case law has come to play an important role in all fields of law, including private law, constitutional law and criminal law.[1] Within the Western legal tradition, cases are therefore part and parcel of teaching any course in the standard legal curriculum. In the European context, the creation of the Court of Justice of the European Union in 1952 and of the European Court of Human Rights (in the context of the Council of Europe) in 1959 also contributed to case law becoming part of the multilayered legal structure in which national and European courts interact. This latter aspect is not discussed here in view of the audience for which this contribution was primarily written – jurists at law faculties in Indonesia. This also explains the occasional reference to case law (yurisprudensi) in Indonesia, and the emphasis placed on civil law jurisdictions (and in particular on Dutch law, the remains of which are still visible in present-day Indonesia[2]) in discussing the two questions mentioned above.

2 The Importance of Cases in Learning the Law: They Are a Source of Law

Why involve case law as part of the legal curriculum? Multiple answers to this question are possible. The intuitive answer any lawyer would give is that case law is simply one of the official sources of law, next to legislation, international treaties, generally accepted

1 *Cf.* H.P. Glenn, *Legal Traditions of the World*, 5th ed., Oxford, OUP, 2014.

2 On which *e.g.*, P. Burns, *The Leiden Legacy: Concepts of Law in Indonesia*, Leiden, KITLV, 2004. The Dutch Civil Code of 1838, for example, is no longer formally binding but is used as a 'guideline.'

principles of law and custom.[3] In common law jurisdictions, case law then is seen as the main source of law, explaining why legal reasoning is, to a large extent, based upon cases. The common law premise is that the ultimate authority in law making lies with the courts, much more than with the legislature.[4] In civil law jurisdictions, it is the democratic legislature that has the ultimate power to make law, be it that the courts play a vital role in not only interpreting statutes but also in reviewing their consistency with generally accepted principles of law, international conventions and, in many jurisdictions, the national constitution. This explains why in particular highest courts, such as in the Netherlands, the Supreme Court (Hoge Raad) and Council of State (Raad van State), in Germany, the Supreme Court (Bundesgerichtshof) and Constitutional Court (Bundesverfassungsgericht) and in France, the Court of Cassation (Cour de Cassation) and Constitutional Council (Conseil Constitutionnel), shaping the law alongside the national legislature is in practice increasingly.[5]– This happens in an intricate process in which elements of cooperation and competition between the two main national lawmakers go hand in hand and in which legal academia also has a role to play.[6] For the sake of this contribution, it suffices to conclude that this makes it impossible to know the law without looking at decisions of the highest courts.

The role of the courts in the Netherlands provides an example. Dutch courts contribute to lawmaking in various ways. First, they interpret statutes. In Indonesian legal education, reference is sometimes still made to well-known cases decided before Indonesian independence in 1945. Thus, the Netherlands Supreme Court interpreted the term 'property' in Article 310 of the 1886 Dutch Criminal Code (in essence still applicable in Indonesia today as Article 362 Kitab Undang-Undang Hukum Pidana) to mean not only physical objects, but also electricity.[7] As electricity represents financial value to the 'owner', taking away such value by putting a pin into the metre and preventing it from running qualifies as theft. This is undoubtedly lawmaking; this decision tells the lower courts, and everyone else involved in the fabric of the law, what the meaning of this provision is. The decision may not be formally binding on the basis of the doctrine of stare decisis, as in the common law where precedents must be followed, but lower courts will in practice follow it as persuasive authority and in order to maintain legal certainty.

3 All recognized as law in any jurisdiction I know of, including Indonesia. See *e.g.*, S. Kouwagam, *How Lawyers win Land Conflicts for Corporations*, PhD Thesis, Leiden University 2020, p. 37, with reference to the main Indonesian textbooks.

4 *Cf.* G.H. Samuel, *A Short Introduction to the Common Law*, Cheltenham, Edward Elgar, 2013.

5 A development from 'heteronomous' to 'autonomous' lawmaking that started a long time ago but is still continuing today. *Cf.* G.J. Wiarda, *Drie Typen van Rechtsvinding*, 4th ed., Zwolle, Tjeenk Willink, 1999.

6 R.C. Van Caenegem, *Judges, Legislators and Professors*, Cambridge, CUP, 1993.

7 HR 23 May 1921, NJ 1921, 564, ECLI:NL:HR:1921:186.

A second type of lawmaking by courts is when they fill gaps. Modern codifications or statutes often deliberately give the courts the power to fill gaps by providing open-ended norms. A famous example in private law is Article 6:162 Dutch Civil Code (Burgerlijk Wetboek 1992) on tort (onrechtmatige daad). The article is an updated version of the old Dutch Article 1401 Civil Code (1838), which was similar to the current Article 1365 of the Indonesian Kitab Undang-Undang Hukum Perdata. Even though the 1838 version may not have had the aim to give much discretion to the courts, the revised 1992 version is different, having codified the famous case of Lindenbaum/Cohen that is still taught in Indonesian legal education today.[8] In the last 100 years, Dutch law was largely formed by courts specifying the norm that damages must be paid in case of "an act or omission in violation of a rule of unwritten law pertaining to proper social conduct" (as Art. 6:162 BW formulates it). The reach of this open-ended norm was recently shown again in widely publicized decisions ordering the State[9] and a multinational company[10] to reduce greenhouse gas emissions.

The third type of lawmaking distinguished here is when courts supplement, or even go against, statutes in order to do justice to the circumstances of the case. The civil law court is allowed to do so, given its role in the constitutional order to safeguard the interests of citizens and further develop the law. So even when the legislator does not aim to give judicial discretion, courts can have good reasons to make law outside of the legislative framework, thus recognizing that all legislation is patchwork. One example is where courts derive principles from existing statutes and then start to apply those principles to wholly new situations. This happened in the Netherlands with the judicial development in the 1970s and 1980s of the so-called general principles of proper administration (Algemene Beginselen van Behoorlijk Bestuur), subsequently codified in the General Administrative Law Act (Algemene Wet Bestuursrecht) of 1994.

These three types of lawmaking show that courts do make law. This is also their 'constitutional' task. Judges not only 'find' the law, they also create it. One point merits further attention. It is sometimes asserted that it would be contrary to the nature of a civil law jurisdiction to accept judicial decisions as a source of law. This unveils a misunderstanding about qualifying a jurisdiction as belonging to the civil law tradition. Essential to the civil law is that the legislature is at all times allowed to 'take back' the territory it lost to the courts. This was perhaps best formulated by the father of the current Dutch civil code, Prof. E.M. Meijers. Meijers saw as one of the main reasons to recodify

8 HR 31 January 1919, NJ 1919, 161, ECLI:NL:HR:1919:AG1776.

9 HR 20 December 2019, ECLI:NL:HR:2019:2007 (*Urgenda*), English translation available at www.urgenda.nl/wp-content/uploads/ENG-Dutch-Supreme-Court-Urgenda-v-Netherlands-20-12-2019.pdf.

10 District Court The Hague 26 May 2021, ECLI:NL:RBDHA:2021:5339 (*Milieudefensie et al/Royal Dutch Shell*), English translation available at http://climatecasechart.com/climate-change-litigation/wp-content/uploads/sites/16/non-us-case-documents/2021/20210526_8918_judgment-2.pdf.

private law, the need to reorganize what otherwise would become a 'chaotic mass' of case law.[11] However, it is something entirely different to say that the qualification of a certain jurisdiction as belonging to the civil law has the normative consequence that case law is not a source of law. Qualification as a civil or common law jurisdiction is only a way to distinguish types of jurisdictions from each other. Case law being a source of law also within civil law jurisdictions follows from the fact that it is regarded as such by the legal community.[12] This does not require an official decision by the legislature.

It is important to realize the consequences of the important role cases have in civil law jurisdictions. If cases are a source of law, they must also be intelligible, both as to the reasoning provided by the court and as to the publicly available publication of the key cases.[13] These two elements of course go hand in hand with the recognition of cases as a source of law; if the court's reasoning is unclear, or does not sufficiently explain the reasons for the decision, its decisions will not be accepted as authority by the legal community in the first place.

3 CASES ARE ALSO RELEVANT FOR ANOTHER REASON: THEY ARE THE FLESH AND BLOOD OF THE LAW

It was shown in Section 2 that also in a civil law system it is impossible to know the law without reference to cases decided by the highest courts. Learning the law is as much about statutes and treaties as it is about case law (or general principles and legal doctrine for that matter). Yet, there is a second reason why legal education cannot do without case law. Cases are not only an official source of law, but they also provide the flesh and blood to statutes and other rules.[14] It is impossible to properly understand a legal rule – designed to be applied to real-life situations – without in fact studying those situations. These could be fictitious cases, but the wealth of actually decided cases available within any jurisdiction provides a much more fertile source of experience. Case law shows that decisions in concrete situations never follow from rules automatically. The essence of legal reasoning lies in balancing conflicting rules, thus putting practical wisdom at the heart of the legal discipline.

11 E.M. Meijers, 'La réforme du Code Civil Néerlandais', *in Verzamelde Privaatrechtelijke Opstellen 1*, Leiden 1954, p. 161.

12 On this theme: N. Jansen, *The Making of Legal Authority*, Oxford, OUP, 2010.

13 C.J.H. Jansen and W.J. Zwalve, *Publiciteit van jurisprudentie*, Deventer, Kluwer, 1913. S. Butt, 'Judicial Reasoning and Review in the Indonesian Supreme Court', 6 *Asian Journal of Law and Society* (2019), p. 67 refers to a belief among Indonesian judges that the civil law tradition does not require judicial decisions to be elaborately motivated.

14 *Cf.* C.K. Allen, *Law in the Making*, 7th ed., Oxford, OUP, 1964, p. 243: 'the life-blood of legal systems.'

The law is not primarily about universal truths or theory, but about valuing the uniqueness of each case and the ability to make a reasoned decision.[15]

It does not need much explanation that learning this ability to decide cases must be part of any legal education. This is why, also in civil law jurisdictions, training lawyers is always a combination of acquiring knowledge about the law and learning the skills to apply the law itself. This training of future professionals has been an essential element of legal education since the founding of universities in the eleventh century and one that cannot do without ample attention to how to decide cases. In modern terminology, lawyers are creative conflict solvers, which in my view means they must also develop other skills than just legal ones and be able to help solve cases in a multidisciplinary setting.[16] This helps students to better solve real-world problems that are usually not restricted to the legal aspect only.

4 How to Teach Case Law? Examples

Having established that case law is an essential element of the legal curriculum (Sections 2 and 3), the question must be asked how to incorporate this in the actual teaching of courses. I do not believe there is one 'best' way of doing this. This will not only be dependent on the type of jurisdiction and the teaching philosophy one wants to adopt, but also on the audience one seeks to address. At most law faculties, the students are a diverse group of individuals who all learn in different ways. This makes it unlikely there is a one-size-fits-all type of legal education. What is possible, though, is to provide examples of how to integrate cases in the curriculum. If we leave aside the traditional model in which the professor unilaterally explains the essence of a case – the 'sage on the stage', not conducive to active learning – I have three examples to offer.

The best-known example of cases playing a central role in legal education is the so-called 'case method' as practiced at American law schools. This method, invented in the 1870s by Christopher Columbus Langdell at Harvard Law School, focuses on cases as a means of exemplifying the existing principles of law. Students are asked to read (appellate) court cases and engage in Socratic question-and-answer sessions about these cases in contrast to one-sided listening during the professor's lecture. The method is directed towards the 'scientific' uncovering of rules and principles from decided cases.[17] It presumably has the great advantage that it requires active learning by the student, in much the same way as

15 See J.M. Smits, *The Mind and Method of the Legal Academic*, Cheltenham, Edward Elgar, 2012, p. 91 with reference to Alasdair MacIntyre and Martha Nussbaum.

16 T.D. Rakoff & M.L. Minow, 'A Case for Another Case Method', 60 *Vanderbilt Law Review* (2007), p. 597.

17 On the genesis of this, initially highly criticized, method *e.g.*, R.L. Weaver, 'Langdell's Legacy: Living with the Case Method', 36 *Villanova LR* 517 (1991), p. 517.

one has to navigate through the law after graduation. In addition to this advantage, the method instils a critical mind in the students practicing it. In recent years, the case method has been increasingly criticized for being too dominant, not allowing for alternative teaching methods.[18] It is also not the ideal model for teaching the civil law, with the important role it attaches to statutes next to case law.[19]

The case method must be distinguished from the 'case study method'. This method, developed for business schools and later expanded to other fields including the law, asks students to analyse actual cases or problems and come up with solutions. In clinical legal education the case study method is enhanced by encountering real people.[20] The method fits in with a view of lawyers as creative conflict solvers, dealing with real-world problems as set out in Section 3 above. Judicial cases are part of the case study method but are not necessarily the key element in finding solutions to the problem at hand.

The third example concerns the use of case law in a setting of PBL.[21] PBL was first applied at a law faculty in a civil law country in 1982, when Maastricht University in the Netherlands started a programme on Dutch law based on this teaching philosophy. The premise of PBL is that active learning allows students to construct their own understanding of the materials, thus facilitating them in better grasping what the law is about and how to apply it.[22] The 'problem' referred to in the term PBL can be manifold and range from a multifaceted case study requiring a multidisciplinary analysis to the question of how the law reads, or should read, in a specific case. It is important to note that PBL is an umbrella term that still allows for different types of learning methods and is a concept that evolves over time. The current core principles of PBL at Maastricht University are that learning is constructive (student-centred, with learners constructing their own knowledge, recognizing that multiple answers are possible), collaborative (stimulating students to share ideas and knowledge), contextual (uses real everyday problems) and self-directed (students take initiative in formulating learning goals and in planning, reflecting and evaluating).[23]

PBL provides a fertile setting for discussing case law. If the aim of legal education is to learn the law, to solve legal problems and to think critically about the specific solution

18 A. Colby, W. Sullivan, J.W. Wegner, L. Bond & L.S. Shulman, *Educating Lawyers: Preparation for the Practice of Law*, Stanford, Carnegie Foundation for the Advancement of Teaching, 2007.

19 Disputed by F.M. Toller, 'Foundations for a Revival of the Case Method in Civil Law Education', 3 *Journal of Civil Law Studies* (2010), Art. 5.

20 A. Alemanno & L. Khadar (Eds.), *Reinventing Legal Education: How Clinical Education Is Reforming the Teaching and Practice of Law in Europe*, Cambridge, CUP, 2018.

21 Out of the large literature on PBL: E. de Graaff & A. Kolmos, 'Characteristics of Problem-Based Learning', 19 *International Journal of Engineering Education* (2003), p. 657.

22 On the Maastricht teaching model, see *e.g.*, A.W. Heringa & B. Akkermans (Eds.), *Educating European Lawyers*, Antwerp, Intersentia, 2011.

23 See https://edlab.nl/pbl-learning-principles.

chosen by (in this case) the court (and thus to develop the skills necessary to work as a legal professional), paying attention to case law can greatly contribute to these goals. I will subsequently discuss these three aims.

In line with the recognition of cases decided by the (highest) courts as an important source of law (Section 2), the first goal of incorporating case law in a course is to simply learn the law. In most courses, lists of standard cases are provided (often per topic) that students must read. The main aim for students is to understand the decision of the court and what it is the case adds to the previously existing law. In a PBL setting all students can be asked to read the case, followed by a discussion in class on exactly these two questions. One student could be asked to present the facts of the case, while another student is to present the decision, a third one to indicate which new 'rule' it brings, and a fourth one to critically assess the case. In most courses in the Maastricht curriculum, students will have to find decided cases themselves, thus mimicking in an early stage what they will have to do later in practice anyway.[24] Experience shows it can be quite a challenge for students to read the case, distinguishing between what the various parts a decision typically consist of and finding its main elements. To facilitate this process, various methods exist that help students to take the necessary steps in understanding the decision.[25]

A second way in which case law can help students is by using cases to solve legal problems. Decisions, in particular by lower courts, provide a wealth of material. Fact patterns and legal questions one could not imagine oneself can be used as course material. One way to do this is by providing students with the facts of such a case in class, asking them how they would decide the case. Here too, students can be assigned different roles including that of acting as counsel for the parties and as a judge. This also provides students with the important lesson that judicial practice is often not about the 'rules', but much more about establishing the facts of the case.

There is still a third element that can be added to critically assess the case at hand. This element has become a standard method in the Maastricht curriculum. It consists of comparing the case decided upon in one jurisdiction with a similar case in another jurisdiction. This comparative approach has the great advantage that different solutions to similar problems can be compared to each other, thus providing the student with a much richer view of the law than in the case of a focus on only one legal system. In fields such as tort law, contract law and constitutional law, comparative casebooks are available for inspiration.[26] These volumes show a whole range of cases on which different jurisdictions ask similar questions but reach diverging outcomes, as in the field of damages for wrongful

24 This does of course require the wide availability of judicial decisions, such as through www.rechtspraak.nl.

25 See for an Indonesian audience *e.g.*, S. Riyanto (ed.), *Keterampilan Hukum*, Yogyakarta, Gadjah Mada University Press, 2018.

26 For example, in the *Ius Commune Casebooks for the Common Law of Europe* series published by Hart Publishing.

birth, termination of a contract or constitutional review. Again, students can be asked to take up a role in class, for example, by finding and discussing an alternative outcome in a similar case abroad. I emphasize that this is not primarily about learning another jurisdiction; it is much more about learning and understanding one's own laws by putting it into perspective. This method can also provide good services in case the style of reasoning of a court in one's own jurisdiction does not give sufficient information about the reasons behind the decision.[27] The foreign decision in a similar case can then be used to find the arguments pro and against the outcome the 'own' court has reached.

5 Conclusions

There is not one best way to study law. However, little doubt exists about the essential role that case law must play in all types of legal education. As a matter of substantive law, this follows from the recognition of cases decided upon by the highest courts as a source of law. Not paying attention to these cases in training new lawyers would make legal education irrelevant. But cases are also an essential element in developing skills. The careful and critical analysis of case law is a necessary means to learn how to make reasoned decisions. Judicial cases lend themselves very well for active learning because of the various elements they consist of. The facts of these cases show the great variety of real-life situations that can happen and that lawyers need to deal with. The court decisions based upon these facts, in particular when a comparative perspective is adopted, show different ways of reasoning and the divergent outcomes that follow from these.

27 The template Indonesian first instance courts use may not incite elaborate reasoning: the template is reproduced by Kouwagam 2020, p. 46.

XI Kajian Putusan Pengadilan Dalam Pengajaran di Fakultas Hukum di Era Digital

Manfaat dan Tantangan

Maradona & Oheo K. Haris[*]

Kajian putusan pengadilan dalam pengajaran di fakultas hukum memberikan kontribusi penting dalam mencapai kedalaman pemahaman peserta didik terhadap aturan dan prinsip-prinsip hukum yang diajarkan. Putusan pengadilan sebagai salah satu sumber hukum, memberikan gambaran nyata mengenai penerapan suatu prinsip hukum dalam kasus konkret. Tulisan ini mendiskusikan dua hal penting dalam penggunaan putusan pengadilan dalam pengajaran mahasiswa hukum. Pertama, apa manfaat penggunaan putusan pengadilan bagi pembelajaran mahasiswa hukum, terutama di jenjang sarjana yang mensyaratkan Capaian Pembelajaran Lulusan (CPL) minimal menguasai konsep teoritis bidang pengetahuan dan ketrampilan hukum. Tulisan ini menemukan bahwa kajian putusan pengadilan dalam pembelajaran sangat bermanfaat bagi mahasiswa dalam memberikan pemahaman mengenai substansi, perkembangan dan implementasi prinsip dan teori hukum dalam kasus nyata di masyarakat yang tergambar dalam putusan. Kedua, apa tantangan penggunaan putusan pengadilan dalam proses pembelajaran mahasiswa hukum. Tulisan ini menemukan bahwa penggunaan putusan pengadilan dalam pembelajaran sudah dimulai sejak awal republic ini berdiri. Saat ini, program digitalisasi putusan oleh Mahkamah Agung melalui program Direktori Putusan di satu sisi memberikan kemudahan akses terhadap putusan pengadilan sebagai bahan diskusi pengajaran. Di sisi lain, disparitas putusan hakim, kesatuan penerapan hukum serta

Studying court decisions in law school provides an important contribution to achieving a deeper understanding of how legal rules and principles are applied. Court decisions as a source of law provide a realistic picture of the application of a legal principle in concrete cases. This chapter discusses two issues in using court decisions for teaching law. First, it addresses the benefits of using case law to teach law students, in particular at bachelor level, where Graduate Learning Outcomes (CPL) require mastering theoretical concepts of legal knowledge and skills. The chapter at hand finds that studying court decisions is very useful for students, as it provides an understanding of the substance, development, and implementation of legal principles and theories in actual cases as they play out in society. Second, the chapter examines the challenges in using case law in the learning process of law students. Court decisions have been used in legal education since the beginning of the Indonesian republic. Currently, the digitalization of Supreme Court rulings on the one hand provides easy access to court decisions as sources for teaching and learning. On the other hand, the disparity of judicial decisions, the need for unity of the application of the law, and the (lack of) consistency of judges' decisions are challenges in discussing cases in class.

* Maradona, Dosen Hukum Pidana Fakultas Hukum Universitas Airlangga Surabaya / Lecturer at the Department of Criminal Law, Faculty of Law, Airlangga University.
Oheo K. Haris, Dosen Hukum Pidana Fakultas Hukum Universitas Halu Oleo / Lecturer at the Department of Criminal Law, Faculty of Law, Halu Oleo University.

konsistensi putusan hakim menjadi tantangan tersendiri dalam mendiskusikan kasus di kelas.

1 Pendahuluan

Mengintegrasikan putusan pengadilan dalam proses pembelajaran ilmu hukum menjadi metode yang lazim digunakan dalam pengajaran di Fakultas Hukum. Literatur-literatur hukum lama yang menjadi literatur dasar di pendidikan tinggi hukum Indonesia, baik yang ditulis akademisi hukum Indonesia di awal kemerdekaan maupun literatur hukum terjemahan penulis Belanda banyak mencantumkan putusan-putusan pengadilan ketika mendiskusikan teori atau prinsip hukum tertentu.[1] Putusan-putusan pengadilan digunakan sebagai sarana menjelaskan bagaimana teori yang diajarkan tersebut diimplementasikan dalam kasus konkrit beserta dengan dialektika yang menyertainya. Dalam perkembangannya, putusan pengadilan yang digunakan sebagai bahan pengajaran, berkembang mengikuti perkembangan penegakan hukum di masyarakat. Dua isu utama muncul dalam penggunaan putusan pengadilan terutama putusan pengadilan Indonesia, yakni kemudahan akses terhadap putusan yang dikeluarkan dan konsistensi antar putusan pengadilan.

Sebelum proses digitalisasi putusan oleh Mahkamah Agung, tidak mudah untuk mendapatkan akses terhadap putusan-putusan pengadilan, terutama terhadap putusan yang bernilai yurisprudensi (*landmark decision*). Hal tersebut dikarenakan di masa lampau, putusan pengadilan masih berupa dokumen fisik yang dikeluarkan oleh pengadilan pemutus. Untuk mendapatkan akses terhadap putusan tersebut, peneliti harus secara langsung meminta salinan kepada pengadilan yang pemutus. Dalam perkembangannya, Mahkamah Agung meluncurkan program digitalisasi putusan di semua tingkatan yang dimasukkan dalam suatu Direktori Putusan Pengadilan.[2] Digitalisasi putusan tersebut memberikan dampak positif dalam metode pembelajaran di Fakultas Hukum. Proses pembelajaran semakin mudah dalam menemukan putusan pengadilan sebagai bahan ajar untuk dikaji dan dianalisa sebagai upaya memperkaya pembahasan prinsip dan teori hukum. Beragamnya putusan baik dari sisi jumlah maupun substansi putusan yang dapat

1 Lihat misalnya di buku Hukum Pidana 1 yang diterjemahkan oleh Bina Cipta tahun 1979 merupakan terjemahan dari buku *"Ons Straftrecht 1"* karya van Bemellen. Banyak mendiskusikan kasus-kasus yang berasal dari putusan *Hoge Raad*. Buku ini termasuk bacaan wajib di mata kuliah hukum pidana di Universitas Airlangga.

2 Direktori Putusan diluncurkan oleh Mahkamah Agung pada acara Rapat Kerja Nasional Mahkamah Agung dengan Jajaran Pengadilan di Seluruh Indonesia di Makassar pada 3 September 2007 sebagai bagian dari implementasi cetak biru pembaharuan peradilan. Lihat di https://www.mahkamahagung.go.id/id/berita/4272/ketua-mahkamah-agung-sampaikan-keynote-speech-dialog-interaktif-dalam-rangka-launching-direktori-putusan-mahkamah-agung-versi-30-secara-virtual.

diakses dan digunakan dalam perkuliahan, memberikan perkembangan positif dalam pendidikan tinggi hukum di Indonesia. Tulisan ini akan mengkaji, apa manfaat penggunaan putusan pengadilan bagi pembelajaran mahasiswa hukum dan apa tantangan yang dihadapi dalam menggunakan putusan pengadilan dalam proses pembelajaran mahasiswa hukum.

Seringkali dalam perkuliahan hukum dijelaskan perbedaan mendasar dalam sistem hukum eropa continental (*civil law system*) dan *common law system* dapat dibedakan salah satunya dari daya ikat putusan pengadilan (yurisprudensi). Walaupun daya mengikat putusan pengadilan dalam sistem hukum Indonesia yang menganut *civil law sy*stem tidak sekuat negara common law system, dalam prakteknya putusan penting (*landmark decision*) pengadilan yang bernilai yurisprudensi juga memiliki pengaruh dalam putusan hakim selanjutnya. Yurisprudensi beserta perkembangannya penting untuk diajarkan kepada mahasiswa sebagai bagian dari pencapaian kompetensi mahasiswa yang tidak hanya menguasai teori tetapi juga bagaimana mengimplementasikan teori tersebut. Kemampuan membaca putusan dan menganalisa putusan harus menjadi kemampuan yang dimiliki mahasiswa yang hanya bisa dicapai dengan menjadikan putusan pengadilan sebagai bagian integral dari proses pembelajaran.

2 Manfaat Kajian Putusan Hakim Dalam Mencapai Tujuan Pembelajaran

Putusan Mahkamah Agung Belanda tahun 1921 merupakan putusan pengadilan yang selalu akan dibahas dalam mata kuliah hukum pidana Indonesia ketika membahas asas fundamental hukum pidana, yakni asas legalitas.[3] Pembahasan putusan tersebut digunakan untuk menunjukkan bahwa penggunaan penafsiran ekstensif tidak melanggar asas legalitas dan dapat digunakan sebagai dasar memperluas makna kata "*goed*" (barang, benda) untuk juga meliputi daya listrik yang sebenarnya saat KUHP dibuat, kata "*goed*" hanya diartikan benda berwujud.[4] Walaupun putusan tersebut sudah berusia 100 tahun dan berbahasa Belanda, putusan tersebut menjadi bahan diskusi mengenai bagaimana prinsip dasar hukum pidana diimplementasikan dan berkembang dalam suatu kasus konkret. Melalui analisa putusan tersebut mahasiswa dapat mengetahui perbedaan antara intepretasi ekstensif yang diperbolehkan dengan penafsiran analogi yang dilarang dalam hukum pidana. Disamping putusan pengadilan umum, Putusan Mahkamah Konstitusi juga menjadi obyek kajian penting dalam proses pembelajaran. Mengingat putusan Mahkamah Konstitusi juga memiliki konsekuensi yuridis dalam keberlakuan suatu ketentuan

3 Putusan Mahkamah Agung Belanda tahun 1921 ini dikenal sebagai *Elektriciteitsarrest* (HR 23 mei 1921, *NJ* 1921/564).

4 Moeljatno, *Asas-Asas Hukum Pidana*, Rineka Cipta (2002) h26-27.

perundang-undangan. Putusan MK No 25/PUU-XIV/2016 menyatakan bahwa frasa "dapat" dalam Pasal 2 ayat (1) dan Pasal 3 Undang-Undang Korupsi inkonstitusional dan tidak memiliki kekuatan hukum mengikat, sehingga berimplikasi yuridis pada karakteristik delik pasal tersebut, yang semula sebagai delik formil berubah menjadi delik materil.[5]

Dua putusan pengadilan tersebut di atas penting untuk didiskusikan dalam perkuliahan hukum pidana untuk menunjukkan perkembangan prinsip hukum hukum pidana melalui putusan pengadilan. Manfaat penting lain dalam kajian putusan pengadilan adalah lain; Pertama, dengan mendiskusikan putusan pengadilan, mahasiswa dilatih untuk meningkatkan kemampuannya dalam membaca putusan pengadilan sekaligus dilatih memahami logika hukum yang digunakan dalam suatu kasus. Kemampuan membaca dan memahami putusan pengadilan merupakan keterampilan penting yang harus dimiliki oleh mahasiswa hukum jika ingin sukses dalam studinya disamping ketrampilan dalam membaca ketentuan perundang-undangan.[6] Diskusi kasus dan putusan pengadilan dapat meningkatkan kemampuan analisa kritis mahasiswa dalam memahami topik yang diajarkan. Mahasiswa diajarkan untuk memahami kasus posisi, aturan hukum yang digunakan serta analisis mengenai bagaimana pertimbangan hakim (*ratio decidendi*) berjalan dari awal surat dakwaan sampai pada amar putusan. Kemampuan membaca putusan juga memberikan bekal kepada mahasiswa untuk dapat mengikuti perkembangan teori dan asas hukum yang tergambar dalam putusan pengadilan yang selalu bergerak dinamis mengikuti perkembangan zaman. Kemampuan ini harus sedari awal diajarkan kepada mahasiswa fakultas hukum melalui metode pembelajaran yang sebanyak mungkin memasukkan putusan pengadilan dalam bahan ajar yang digunakan.[7]

Kedua, kajian putusan pengadilan mendorong mahasiswa untuk terbiasa langsung membaca putusan pengadilan bukan hanya sekedar membaca potongan substansi putusan yang tersedia dan tersebar dalam literatur seperti buku atau jurnal. Mahasiswa harus dilatih untuk secara utuh memahami substansi putusan. Ketiga, membaca putusan bagi mahasiswa juga berarti mahasiswa harus memiliki kemampuan untuk melakukan pencarian putusan yang relevan terkait dengan topik yang dibahas. Digitalisasi putusan pengadilan melalui direktori putusan yang dimiliki Mahkamah Agung memerlukan pengetahuan khusus bagi mahasiswa untuk tahu bagaimana teknik pencarian putusan yang efektif dengan cara memanfaatkan platform digital yang tersedia.[8]

---

5 Putusan Mahkamah Konstitusi dapat diakses di https://www.mkri.id/public/content/persidangan/putusan/25_PUU-XIV_2016.pdf.

6 Adlina Arifin, *The Reading of legal cases by Law undergraduates: Some problems and suggestions*, Procedia - Social and Behavioral Sciences 134 (2014) 109 – 118.

7 Jerome Hall, *Teaching Law by Case Method and Lecture*, (1955). Articles by Maurer Faculty. 1469. https://www.repository.law.indiana.edu/facpub/1469.

8 Saat ini Direktori Putusan Mahkamah Agung (https://putusan3.mahkamahagung.go.id/) menjadi platform utama pencarian putusan pengadilan disamping pencarian melalui platform mesin pencari seperti Google atau Yahoo.

Keempat, pembahasan kasus dan putusan pengadilan paling efektif menggunakan metode diskusi atau tutorial. Dengan metode tersebut semua mahasiswa dalam kelas akan secara aktif terlibat. Studi putusan merupakan mengarahkan mahasiswa untuk menggunakan putusan pengadilan (masalah) yang nyata sebagai masukan utama, lalu melakukan proses pemecahan masalah dalam bentuk pengambilan keputusan melalui pencarian secara aktif informasi, interaksi serta diskusi dengan mahasiswa lainnya yang berpuncak pada diskusi kelompok, dan pengarahan fasilitator.

3 Tantangan Pembahasan Putusan Hakim: antara Disparitas, Konsistensi, dan Kesatuan Penerapan Hukum

Pemanfaatan putusan pengadilan sebagai bahan ajar dalam pembelajaran di fakultas hukum semakin berkembang seiring mudahnya akses terhadap putusan pengadilan. Digitalisasi putusan pengadilan yang dilakukan oleh Mahkamah Agung merupakan bagian dari cetak biru pembaharuan Mahkamah Agung tahun 2010-2035.[9] Dalam cetak biru pembaharuan peradilan tersebut, Mahkamah Agung menyatakan bahwa lembaga peradilan harus membangun manajemen informasi akuntable, transparan serta menjadi organisasi modern berbasis teknologi informasi terpadu sebagai upaya mendorong terwujudnya Badan Peradilan Indonesia yang agung. Pembangunan kearah tersebut dilakukan dengan bertahap melalui penataan sistem dan digitalisasi sistem lembaga peradilan salah satunya adalah sistem Direktori Putusan. Sistem direktori putusan ini memberikan kontribusi luar biasa bagi pengembangan metode pembelajaran di fakultas hukum. Kemudahan mendapatkan putusan yang beragam baik putusan tingkat pertama sampai dengan kasasi dapat memperkaya substansi materi perkuliahan. Kesulitan mendapatkan putusan yang menjadi alasan klasik di masa lampau kini berubah semenjak kemudahan akses putusan. Ditengah kemudahan akses putusan tersebut, muncul beberapa tantangan dalam implementasi metode analisa kasus dalam pembelajaran di fakultas hukum.

Pertama, dengan alasan keterikatan sejarah, pendidikan tinggi hukum di Indonesia masih menggunakan literatur yang merupakan terjemahan dari literatur hukum Belanda,[10] putusan pengadilan Belanda, terutama putusan di masa sebelum kemerdekaan Indonesia, juga masih memiliki posisi penting dalam pembelajaran hukum. Ketika menerangkan prinsip-prinsip dasar hukum, misalnya hukum pidana maupun perdata, masih banyak

9 Cetak biru pembaharuan Mahkamah Agung ini dapat diakses di https://www.mahkamahagung.go.id/media/198.

10 Beberapa literatur dasar dalam asas-asas hukum pidana merupakan karya penulis Belanda, misalnya van Bemellen, Jonker, Remmelink. Walaupun saat ini banyak buku-buku baru asas-asas hukum pidana yang ditulis penulis Indonesia. Buku-Buku penulis Belanda tersebut masih banyak digunakan sebagai bacaan dasar mata kuliah hukum pidana.

putusan-putusan pengadilan Belanda di masa lalu yang digunakan untuk pendalaman materi.[11] Diskusi putusan-putusan pengadilan Belanda yang dilakukan dalam perkuliahan didasarkan pada bahan hukum sekunder, bukan melalui putusannya langsung. Substansi putusan yang didiskusikan berasal dari buku-buku terjemahan maupun karya akademisi di masa lalu di awal-awal kemerdekaan.[12] Kendala bahasa menjadi alasan utama atas permasalah tersebut disamping akses terhadap putusan pengadilan Belanda yang mayoritas ada sebelum masa kemerdekaan Indonesia.

Kedua, diskusi di kelas saat ini dapat dengan mudah menggunakan banyak putusan pengadilan sebagai bahan diskusi, dikarenakan kemudahan akses terhadap putusan. Permasalahan muncul dengan kemudahan mendapatkan putusan pengadilan, yakni terlihatnya disparitas antara satu putusan dengan putusan yang lain. Sebagai contoh banyak ditemui ketidak konsistenan antara satu putusan dengan putusan yang lain dalam penerapan prinsip-prinsip hukum. Catatan peneliti Lembaga Kajian dan Advokasi untuk Independensi Peradilan (LeIP) misalnya menemukan banyak contoh putusan yang bertentangan satu dengan yang lainnya atas pertanyaan hukum yang sama, walaupun untuk kasus yang berbeda. Sebagai contoh dalam kasus terkait saksi mahkota. Dalam putusan No. 1986 K/Pid/1989, MA menerima adanya saksi mahkota dengan beberapa syarat. Namun di sisi lain, MA menyatakan penggunaan saksi mahkota bertentangan dengan hukum acara pidana yang menjunjung tinggi hak asasi manusia sebagaimana terdapat dalam putusan No. 1174 K/Pid/1994.[13] Disparitas dan ketidak konsistenan di tataran implementasi prinsip hukum melalui putusan pengadilan tersebut akan menjadi tantangan tersendiri dalam proses pembelajaran di fakultas hukum. Dosen tentu akan menerangkan dalam perspektif teori dan prinsip hukumnya terkait saksi mahkota akan tetapi jelas akan menemui kesulitan dalam menjelaskan perbedaan di implementasi terkait dua posisi Mahkamah yang berbeda terkait pertanyaan hukum yang sama. Di titik inilah diperlukan konsistensi pengadilan sebagai otoritas penjaga kesatuan hukum untuk memberikan kepastian hukum dalam pembangunan sistem hukum di Indonesia. Digitalisasi putusan membawa konsekuensi akan transparansi, akuntabilitas dan tuntutan akan putusan yang berkualitas. Putusan yang berkualitas tersebut akan sangat berharga bagi proses pembelajaran di fakultas hukum disamping secara luas akan menciptakan kepercayaan public terhadap institusi pengadilan.

---

11 Beberapa putusan pengadilan Belanda seperti *Melk en water-arrest* (arrest susu) (HR 14-02-1916, NJ 1916, 681) and *Huizense veearts* (arrest dokter hewan) (HR 20-02-1933, NJ 1933, 918) masih digunakan dalam menjelaskan prinsip dasar hukum pidana.

12 Misal di buku Asas-Asas Hukum Pidana karangan Prof Moeljatno, dapat kita jumpai beberapa penjelasan mengenai beberapa putusan-putusan pengadilan Belanda terkait dengan prinsip-prinsip hukum pidana.

13 Ade Rizki Fahreza, *Meluruskan Pemahaman "Konsistensi Putusan" untuk Mencapai Kesatuan Hukum*, https://leip.or.id/meluruskan-pemahaman-konsistensi-putusan-untuk-mencapai-kesatuan-hukum/. Diakses 25 November 2021.

Di tengah beragamnya kualitas putusan, tantangan ketiga yang muncul adalah menemukan putusan pengadilan yang tepat sebagai bahan ajar dalam perkuliahan. Seringkali putusan-putusan yang dikeluarkan pengadilan tidak semua dapat diakses melalui direktori putusan. Dosen atau mahasiswa harus mencari dan menganalisa putusan yang dapat digunakan sebagai bahan diskusi secara mandiri. Mahkamah Agung setiap tahunnya menerbitkan buku kumpulan yurisprudensi Mahkamah Agung. Buku tersebut menampilkan putusan-putusan Mahkamah Agung yang memiliki kualitas sebagai yurisprudensi.[14] Terbitan tersebut dapat menjadi referensi berharga dalam proses pembelajaran di fakultas hukum, sehingga penting untuk selalu mengikuti perkembangan yurisprudensi melalui terbitan yang dikeluarkan Mahkamah Agung tersebut.

Tantangan keempat adalah belum terdapatnya standart sistem anotasi putusan pengadilan di Indonesia. Saat ini anotasi putusan dilakukan oleh beberapa pihak dengan standart yang berbeda-beda.[15] Dengan memiliki standart sistem anotasi putusan pengadilan, terutama di tengah kemudahan akses terhadap putusan pengadilan, akan berdampak positif tidak hanya bagi pendidikan di fakultas hukum tetapi bagi setiap pihak yang berkepentingan yang membutuhkan informasi terkait perkembangan hukum dalam putusan pengadilan tanpa terlebih dahulu membaca lengkap semua lembar putusan pengadilan.

4 Kesimpulan

Metode pembelajaran hukum bersifat beragam dan saling melengkapi untuk mencapai tujuan capaian pembelajaran mahasiswa. Metode studi kasus adalah salah satu cara yang baik dalam peningkatan pembelajaran berbasis masalah. Dengan metode ini mahasiswa dilatih untuk meningkatkan kemampuan dalam mencari putusan, membaca putusan pengadilan sekaligus dilatih memahami logika hukum yang digunakan hakim dalam putusan. Analisis hukum putusan yang cermat dan kritis adalah sarana yang diperlukan untuk mempelajari bagaimana membuat keputusan yang sesuai kaidah-kaidah hukum. Studi putusan peradilan ini sesuai untuk pembelajaran aktif yang melibatkan seluruh mahasiswa untuk berdiskusi aktif dalam pembahasan kasus. Digitalisasi putusan oleh Mahkamah Agung membuka babak baru dalam pendidikan di fakultas hukum, meskipun memiliki beberapa tantangan yang harus diselesaikan, metode studi kasus secara sistem sudah memiliki dukungan yang baik. Permasalahan yang timbul tidak bisa diselesaikan

14 Kumpulan yurisprudensi ini diterbitkan oleh Mahkamah Agung dalam berbagai bentuk edisi buku, lihat misalnya beberpa buku yurisprudensi Mahkamah Agung di https://perpustakaan.mahkamahagung.go.id/slims/pusat/index.php?subject=%22yurisprudensi%22&search=Search.

15 Misalnya anotasi yang dilakukan oleh MAPPI FH UI yang dapat dilihat di https://bldk.mahkamahagung.go.id/id/puslitbang-id/publikasi-litbang-id/anotasi-putusan-id.html.

oleh institusi pendidikan tinggi hukum saja tetapi sebagai sebuah kesatuan, seluruh stake holder yang terkait memiliki kewajiban yang sama. Rekomendasi utama tulisan ini meminjam dari apa yang dilakukan di Belanda yakni adanya harmonisasi antara putusan pengadilan dengan peran perguruan tinggi terutama fakultas hukum dalam mengkaji putusan tersebut secara akademis (anotasi dan eksaminasi putusan). Harus ada jalur melalui suatu platform khusus bagi perguruan tinggi untuk mengakses semua putusan pengadilan yang sifatnya terbuka untuk umum. Hasil kajian perguruan tinggi yang didalamnya melibatkan dosen dan mahasiswa juga bisa dengan mudah terakses oleh public dan pengadilan sebagai bahan kajian akademik yang bisa digunakan sebagai salah satu sumber literatur hukum.

XII Legal Education: The Role of Comparative and Global Law

*Aalt Willem Heringa**

Di dunia modern, keperluan untuk memasukkan hukum komparatif dan global sudah jelas. Selain itu, hukum komparatif mengajarkan mahasiswa untuk merefleksikan sistem hukum mereka sendiri, dan menggunakan dunia dan sistem hukum lainnya sebagai ruang percobaan di mana sistem-sistem tersebut menguji solusi hukum tertentu untuk menyelesaikan masalah sosial yang serupa. Dimasukkannya hukum komparatif ke kurikulum pendidikan hukum sangat disarankan karena beberapa alasan. Namun, dalam melakukan hal tersebut, diperlukan presisi, pertanyaan penelitian yang disesuaikan, seleksi sisem hukum, serta pertanyaan empiris untuk menguji kualitas konsep dan solusi hukum. Artikel ini bertujuan untuk menyediakan cara untuk memasukkan hukum perbandingan dalam kurikulum pendidikan hukum dan menunjukkan bagaimana mengandalkannya untuk meningkatkan kualitas krisis dan analitis siswa.

In the modern-day world, the necessity of including comparative and global law in a national law curriculum is obvious. Furthermore, comparative law teaches students to reflect on their own legal systems and to use the world and other legal systems as their laboratories in which different legal systems test, so to speak, (different) legal solutions for similar societal problems. The inclusion of comparative law in a law curriculum is highly recommended for a variety of reasons. Doing so requires precision, tailored research questions and selection of legal systems, as well as empirical questions to test the quality of legal concepts and solutions, as opposed to mere descriptions. This article provides tools to aid in the inclusion of comparative law in a legal curriculum and indicates how to capitalize on it to enhance the critical and analytical abilities of the students.

1 Introduction

The use of comparative law is an excellent tool in higher legal education to promote a variety of goals: (1) First of all, it can be used for students to reflect on their own legal systems. Being confronted with other legal settings and legal cultures provokes the need to evaluate one's own system and critically reflect on it. (2) Secondly, one may use the legal systems of other countries as a lawyer's own experimental laboratory: how did other legal systems cope with specific issues, and how did the solutions work out and can I learn from it for my own legal system? (3) Comparative law may help in harmonizing legal rules and constructs in order to create legal certainty and to reduce costs for legal persons and individuals when they cross borders and engage in cross-border activity. (4) A fourth reason may be to prepare for legal practice and working with clients who want to deal with

* Professor of Comparative Constitutional and Administrative Law, Maastricht University; former dean of Maastricht Law and of the China EU School of Law. Author of *Legal Education* (Intersentia, 2013). Dutch project director of LEAP.

partners in another legal system, where it might be handy to have a basic grasp of the foreign legal system. (5) And finally, it is a challenging and curiosity-driven exercise in itself, for the sake of comprehending other legal systems and also for better understanding one's own legal system.

And evidently, in many circumstances, comparative law fulfils a combination of these functions. From an educational perspective, the foregoing reasons are interesting for students, practitioners, courts and lawmakers and civil servants and academics alike.

This short contribution aims to facilitate the introduction of comparative law in any legal curriculum by introducing a set of practical guidelines and things to consider.

And furthermore, since national laws and legal systems do internationalize and get impacted by internationalization and international collaboration and benchmarks, law schools must also internationalize and reflect these trends in their curricula, and they may also set up curricula devoted to (aspects of) global law.[1]

The following guidelines are meant to facilitate the introduction of comparative law as a part of the regular curriculum. These include some do's and don'ts and tips and ideas to consider, with the main message being to include comparative law and open up one's curriculum to the world.

2 How to Do It

Comparative law can be taught as a separate course wherein one touches upon general features of major legal systems, legal systems of the world and methodology in general. For purposes of gradually involving students in comparative law exercise, the suggestion here is to:

- Give students a short introduction into some basics of comparative law.
- Subsequently, practice comparative law integrated into various substantive courses.

1 Christophe Jamin and William van Caenegem (eds.), The Internationalisation of Legal Education, Springer 2016. In this volume, many country reports have been included that showcase the impact of internationalization on legal education in various countries. Mary Hiscock and William van Caenegem (eds.), The Internationalisation of Law, Legislating, Decision-making, Practice and Education, Edward Elgar 2010. In this book Vai Io Lo describes, on the basis of various examples, the different models and modes of how internationalization and comparative law have impacted legal education. The Internationalisation of Legal Education: A Road Increasingly Travelled, pp. 117-131. Further: William van Caenegem and Mary Hiscock (eds.), The Internationalisation of Legal Education, The future practice of law, Edward Elgar 2014. See also: A.W. Heringa, Legal Education, Intersentia 2013, Chapter 11, Globalization and Comparative Law (pp. 103-118).

- And finally, at a more advanced stage, offer such courses as comparative contracts, comparative private law, comparative criminal law or criminal procedure and comparative constitutional law.

If it is not possible to have a general introductory course on comparative law, make sure to build some introductory issues in the (substantive) courses in which one wants to practice comparative law.

3 NECESSARY INTRODUCTORY ISSUES

Some introductory issues, such as the following, are certainly recommended:
- A brief exposé of main legal systems, and the distinction between common law and civil law
- A brief exposé about the necessity to define how and why to choose countries for comparison
- A brief exposé about the need to ask a relevant research question for the comparative research. At first, this could simply be a question about doing research into a rule or case law pertaining to an issue. At a more advanced stage, an addition could be to ask about not only a description but, for instance, also about which system might offer a better or the best solution to a specific problem. This will require students to formulate criteria for assessing what is better or best. A next issue could be the question of whether the foreign rule, legal solution or legal framework/concept might be introduced in one's own legal system; if so, how, and if not, why not.

A brief exposé about legal systems:

This can vary from a specialized course to an introduction in a general introductory course in the first year (for instance, a course on introduction to the national legal system), in which a brief introduction is included about global legal systems and the place of the national legal system – the main features and characteristics.

This approach would require a curriculum-wide approach of making comparative law an integrated aspect in many, if not all, courses.

If this is not possible, then it is preferable to introduce students to some main concepts of comparative law in the relevant field and course.

A brief exposé about the choice of countries:

Which countries to choose for purposes of a comparative exercise depends on a few variables:

1. The first is a very practical one: does one have access to sufficient and sufficiently reliable sources to facilitate a thorough comparative exercise? Since increasingly an abundance of materials such as statutes, case law and literature are available through digital sources, and since increasingly states also make these materials available in English, this poses less of a problem in the case of quite a few countries. Also, in light of the foregoing, it is important to find out whether access can also be had to the law in practice: how does the concept under research operate in practice, and is it possible to find sufficient materials to also draw conclusions? For example, when researching a court or court procedure, is it possible to also have access to research and findings about the execution and implementation of cases and the confidence among the public in this court?
2. The second question is which 'country comparison' might best serve the research question and which countries serve as the best sample(s) to be able to draw relevant and pertinent conclusions. Here the choice therefore depends on the areas of comparison, the research questions and the topic. For this issue, it is recommended to conduct a quick scan to determine the best country choices in order to obtain the best information for a good answer.
3. With regard to the choice of country, one has to take into account the common law/civil law distinction and aspects of legal culture, but also whether it serves the research question better to select like-minded or similar countries or countries that are totally dissimilar. And this depends indeed on the research question.
4. If the research is aimed at finding out whether a legal concept might or might not be suitable for a legal transfer to one's own country, it certainly is recommended to (also) pick a country which is similar. Legal transplants may be more feasible when the receiving country can easily integrate such a transplant in its own system.
5. If the purpose of the research is to get a picture of concepts and legal phenomena in a certain legal field in order to study the field in question, it might be helpful to study a mix of some countries that have picked extreme solutions and some countries that have picked solutions with characteristics of both. For instance, in election systems we usually distinguish between two opposite models – proportionality and majoritarian systems. Studying these provides a good picture of advantages and disadvantages; likewise, studying two countries with these opposite models will help in getting a clear picture. And subsequently, one may move towards including a country which sits in the middle and tries to incorporate the best of both worlds, so to speak.

A brief exposé about the relevant questions:

A lot has already been said about the relevance of the research question – what it is one wants to do and why – because these questions (co)determine the choice of countries, what to research and how to draw relevant and well-founded conclusions. Zweigert and

Kötz[2] refer in this context to the basic methodological principle of functionality, from which follows what laws to compare, the scope of the undertaking and others. And this principle of functionality does not mean asking if foreign system y also has a rule about issue x, but instead, assuming that all legal systems seek to address similar problems, asking how foreign system y solves or addresses issue x, in order to then compare the methods and modes of how the two systems (for instance one's own and the foreign system) resolved the similar problem. Subsequently, as a second step, one needs to ask which of the two resolutions might be more effective and/or just and/or efficient.

Extremely helpful in this respect may be the use of 'basic questions' and the formulation of extremes. Allow me to illustrate this approach with an example, which I have used in my book *Constitutions Compared*.[3] In it I raised and formulated basic questions of constitutional law such as those about branches of government and their (separated) powers, the protection and scope of human rights, the definition and scope of rule of law and the authority of courts to check the legality of actions of the legislature, as well as the impact of international and European law within the domestic legal order. Subsequently, possible answers can be formulated on a sliding scale. For judicial review, for instance, the two hypothetical extremes that can be formulated are: no, no judicial review exists, and yes, judicial review does exist to the full, and between these extremes many variations may exist in practice. Another basic question that can be formulated is about the balances that exist in any given constitutional order between the different interests a state has to serve: effectiveness of the state as an organization, its obedience to the rule of law and human rights and finally the democratic nature of the state. Effectiveness may trump the two other interests (leading to a dictatorial regime); democracy may trump the two other basic interests (leading to an inefficient state or to failures in respecting human rights) or human rights may trump the other two principles, leading to infringements of democracy and possibly efficiency of the state. Formulating comparative approaches as answers to basic or functional questions and setting them on a scale between two extremes can be helpful for a thorough comprehension and evaluation, and for analysis of one's own legal system and reflection on possible improvements, with relevant arguments.

Let us distinguish between two different types of research questions (these are opposites) and many variations and combinations that exist:

1. The first question seeks to find out how a concept or an institution is being set up and to map the extremes and variables, in order to get a full picture of possibilities and pros and cons. This is usually an approach which is appreciated by those who want to have an overview of variations and models. This approach may also include the aspect of

2 An Introduction to Comparative Law, Oxford 1998, Chapter 3, The method of comparative law.

3 Constitutions Compared, Eleven International Publishing, The Hague 2021 (6th edition).

law in action: once we have noted and grasped all legal variations, how do these different variations work out in practice and how and why are they appreciated in and by the legal culture?

2. The second question would be more focused and may assist in resolving specific questions. For instance, how should we deal with the quest of children to find out the identity of their parents (after adoption or artificial insemination, for instance)? This issue can be approached by asking the questions: which rules and regulations and case law exist in other countries in this respect; which variations can be detected here; what the perceived pros and cons in those countries are; if it was the constitution, a court or the legislature who settled the issue and how and why; and how the situation in these countries is perceived by all actors. This research may then lead to a final conclusion about which solution might be preferred; this however also needs a brief exposé, as indicated before, about what is 'best', which depends on parameters that one also has to set.

Law in the books and/or law in action:

Conducting comparative law is more than reading statutes or even case law and trying to get a grip on what they mean and imply; what is also/more essential is to understand how the law in the books is being applied. We all know about rules that sound excellent, but where insiders tell us that the practice is different. A rule might stipulate that a chamber of parliament has the right to veto – this is great. But when we discover that this right to veto is never applied in practice, the picture might be different and the right to veto less impressive as a bulwark. So comparative law might therefore be more than only reading and studying and comparing rules – insight is necessary into the way they are really being applied in practice. The existence of a constitutional court is wonderful, but if this court only decides a few cases or never decides against the constitutionality of a statute, it might be a good reason to probe further.

Another feature in this respect is that legal systems, if not coherent, are at least somehow a system. Their different features are linked and usually find a balance, which might be a disbalance, but ignoring the fact that concepts are part of a system could lead to wrong results. The absence, for instance, of constitutional review might be considered a negative thing; however, a system without constitutional review could produce a more effective protection of human rights, for instance, because of the existence of other features that assist in producing an effective protection. Lesson to be learnt – knowledge of detailed aspects might lead to derailed results when no regard is given to the overall system and countervailing checks and concepts.

4 Doing Research and Sources

How is one to conduct the research? In principle, there is not much difference between doing research in comparative law and in one's own legal system. Usually the sources are identical: statutes, case law, (administrative) practice, white papers and other documents, scholarly work. But attention must be paid in doing comparative research to the reliability of sources. Make sure to check the quality of your findings from internet sources: who is the author? Articles in journals usually carry prestige, since the editors of respected journals take good care that the articles they publish are of good quality. But blogs and internet papers may also be of good quality, but these sources require a good check for the credentials of the author or the blog site (for Indonesia: www.cons.id for constitutional legal issues).

The internet is a blessing, in the sense that we increasingly have more and more information available a mere click away, which, apart from the issue of reliability, leads to the question of whether despite the information overload, we do not miss anything that might not be available through the web. And it increasingly leads to the question of the selection of materials from what is available. But these are, in a sense, luxury concerns and part of the art of doing research.

As with many other issues, personal contact may be of assistance here – building up your network and contacts in various relevant jurisdictions for collaboration and advice and mutual assistance and checks. For major comparative research projects, it is, for instance, useful to set up an advisory committee with specialists from the various jurisdictions who can offer comments, give suggestions and point you in the right direction.

5 Linguistic Issues

Unless the foreign legal system uses the same language as one's own – and even then one has to be aware that concepts carrying the same name may still be different in content and meaning – one must be aware of translational issues. This is more so when one has to rely on a third language (English, for instance) to study the foreign system.

It is important to make students aware of linguistic distortions. Let us address a few examples:

- One is that when we resort to English, we have to be aware that English is the language of common law systems with their specific content and concepts and doctrines. An example may be the concept of judicial review – what is meant by it? Judicial review of administrative action? Constitutional judicial review? Judicial review of the compatibility of treaties?

- Secondly, we must be aware that with the study of a non-English language legal system, we in fact undertake two translations: one from the foreign language into English and subsequently into our own (legal) language.

6 Comparability

The issue of comparability has been addressed before, and evidently it is a highly essential issue, and so is the use of parameters to assess the findings of comparative research. For comparability of countries' legal systems is to be noted that the best choice of a country may indeed vary a lot. Maybe not so much when one wants to study the major legal families. The choice becomes more relevant when one wants to give an overview of contract law in a variety of countries: which countries to consider and why? Regional countries? Major countries that represent an overall picture of variations in contract law systems? Countries which are close trade partners so that the research project may benefit these businesses? Or a PhD project or master study which focuses on specific concepts in national law and the research question is to seek solutions to some specific problems.

And in the latter context: if comparative research is about resolving specific issues and choices have to be made between different comparative regulations, it is obvious to formulate a parameter, or a ruler to measure what is better or best. And also to research if and how and why the proposed solution or legal transplant may also prosper in your home jurisdiction.

7 Comparative Law in Courses

A lot has been said about doing comparative research. The question now is what options are available to include comparative work in the legal curriculum. Three main variations are possible:

1. The curriculum is a largely comparative one with most courses built around comparative law. In that situation, one builds a curriculum starting with introductory courses and followed by all main legal areas which are set up in a comparative manner. In such a curriculum one will want to start with courses such as introduction to law and comparative law and training students in the relevant skills.
2. One wants to include in the curriculum one compulsory or elective course on comparative law, training students in the necessary skills and introducing the students to the main features of legal systems.
3. One substantive course or some selected substantive courses are set up so as to be fully comparative in a specific area of law; the distinction from the first option is that there

the whole curriculum consists of these courses, and in this third option there are only a few courses, or maybe even only one.

4. There are substantive courses on national law, which include (a certain percentage, such as 10 or 20%) comparative elements.

Hereafter, three examples will be given that can be used in the three models outlined above:

1. A general introductory course
2. A national law course with comparative elements
3. A fully comparative course in a specific domain

A general introductory course:

Evidently, such a course ought to contain elements of major legal systems, country selections, formulation of research question and skills about doing the research. It is strongly suggested that a practical component be included, through which students use small research assignments to practice how to conduct a project, formulate the question, execute and report it.

A national law course with comparative elements:

The idea in such a course would be to include elements through which a concept which is dealt with under national law is accompanied by literature or a small assignment about a similar concept in one or more foreign legal systems. Each student, for instance, could be asked to research and report about a contractual aspect (conclusion of contracts) in another legal system that subsequently provides the whole group with insight into the variety of aspects and solutions in selected legal systems.

Another possibility is to start a national law course with an abstract question such as how we can imagine that constitutional judicial review is to be organized, and thereafter instruct students to elaborate on and research the different models that exist and their pros and cons and effectiveness. Whereafter the national legal system and its choices for a specific form of judicial review can be dealt with for students to see how the national solution relates to other legal solutions in the world.

A fully comparative course in a specific field of law/domain:

A fully comparative course would resemble a national course on contract or tort or constitutional law, but instead of focusing on one legal system it focuses on all the concepts and elements of an integrated and fully comparative approach. Dealing with government systems in a constitutional law course would then imply a treatise of the various systems that may exist and subsequently dealing with all the variations – parliamentary systems, presidential systems and the various forms that sit in the middle and can be called semi-presidential, for instance, with reference to the relevant countries.

8 Conclusion

In this contribution, I have laid out some practical elements pertinent to including comparative law in a legal education curriculum, after having explained reasons for doing so. In a nationally oriented legal education curriculum, comparative law stimulates us to open the windows to other legal systems and legal cultures. I have argued that comparative law and a focus on international legal aspects are essential in and for a legal curriculum. Comparative law assists in enhancing creativity and evaluating one's home legal system. It elevates the study of the national legal system to another level by comparing it to other legal solutions and critically reflecting on them and considering options and best practices and solutions to similar societal issues. It may further, but not necessarily, lead to harmonization of legal rules and practices which can contribute to transnational businesses and the search for best practices. And in general, it increases knowledge of law and legal systems and their workings.

My recommendation therefore urges that comparative law be given a prominent place in a legal curriculum, as a value in itself and as a tool to enhance the quality of academically trained legal graduates.

XIII Penguasaan Perbandingan Hukum sebagai Keterampilan Khusus Bidang Hukum di Indonesia

*Mahendra Putra Kurnia, Emilda Kusprangingrum & Rika Erawaty**

Perbandingan hukum belum mendapatkan tempat yang proporsional dalam penyelenggaraan pendidikan tinggi hukum di Indonesia. Kebanyakan perbandingan hukum hanya diletakkan secara minor pada struktur kurikulum setiap jenjang program studi ilmu hukum. Di satu sisi, penguasaan perbandingan hukum sebagai keterampilan khusus hukum bagi mahasiswa justru memberikan dampak yang besar terhadap masa depan hukum di Indonesia. Oleh karena itu, diperlukan pemahaman yang komprehensif mengenai urgensi, kedudukan, dan manfaat perbandingan hukum untuk kemudian dirumuskan dan dilaksanakan strategi implementasi agar perbandingan hukum mendapatkan tempat yang proporsional dalam penyelenggaraan pendidikan tinggi hukum di Indonesia.

Comparative law has not yet received an appropriate place in the curriculum of higher legal education in Indonesia. Most comparative law is given only a minor place in the curriculum structure of each level of the legal study program. This should change: On the one hand, mastery of comparative law as a specific field knowledge as well as the skill of legal comparison skill are important for students, since comparative law arguably has a significant impact on the future of law in Indonesia. Therefore, a comprehensive understanding of the urgency, position, and benefits of comparative law is needed to formulate and implement a strategy to give comparative law a place in the curriculum of Indonesian higher legal education that is commensurate to its importance.

1 Pendahuluan

Berbicara mengenai hukum tidak dapat dilepaskan dari keberadaan pendidikan tinggi hukum, pembelajaran substansi hukum pada dasarnya diberikan sejak pendidikan formal dasar, namun demikian keberadaan pendidikan tinggi hukum (yang terdiri dari jenjang sarjana dan pasca sarjana ilmu hukum serta profesi hukum) tetap penting sebagai "kawah candradimuka" bagi orang-orang yang mempelajari hukum untuk kemudian mempraktekkannya dalam kehidupan sehari-hari atau sebagai profesi hukum.

Sejarah pendidikan tinggi hukum di Indonesia dimulai sejak tahun 1908 di masa Hindia Belanda dengan model pendidikan hukum setingkat sekolah menengah atas (*Rechtsschool*). Pada tahun 1924 model pendidikan hukum ini diubah menjadi pendidikan tinggi hukum (*Rechtshogeschool*). Pada masa tersebut pola pendidikan hukum diutamakan pada pemberian pengetahuan tentang tata hukum yang berlaku di Hindia Belanda ditambah

* Dosen Fakultas Hukum Universitas Mulawarman / Lecturers at the Faculty of Law, Mulawarman University.

dengan mata kuliah non hukum sebagai penunjang serta hukum adat dan hukum Islam sebagai tambahan pengetahuan. Pola kurikulum *Rechtshogeschool* terus berlangsung waluapun Indonesia telah merdeka, namun diiringi dengan semakin banyaknya pendirian fakultas hukum yang membuat pada tahun 1972 terbit Surat Keputusan Menteri Pendidikan dan Kebudayaan Nomor 0198/V/1972 tentang Kurikulum Minimum Pendidikan Tinggi Hukum. Pasca terbitnya Surat Keputusan tersebut, pendidikan tinggi hukum berjalan dengan berbagai kelebihan, kekurangan, dan tantangan sebagai konsekuensi dinamika keilmuan dan kondisi sosial politik sampai kemudian terbit beberapa Surat Keputusan Menteri Pendidikan dan Kebudayaan pada tahun 1979 dan 1982 yang diikuti beberapa keputusan setingkat Dirjen dengan menitikberatkan pada penggolongan jenis mata kuliah, penerapan sistem Satuan Kredit Semester (SKS), adanya kurikulum inti dan kurikulum fakultas serta pengaturan teknis lainnya.[1]

Sampai dengan saat ini diskusi pola pendidikan tinggi hukum dengan kurikulum sebagai kekuatan utama terus bergulir dengan segala dinamika dan kontroversinya untuk terus mencari pola pendidikan tinggi hukum yang ideal, sesuai dengan hakikat hukum, dan mampu menjawab tantangan perkembangan zaman serta menghasilkan insan-insan hukum yang profesional.

2 KETERAMPILAN HUKUM

Secara praktis, pendidikan tinggi ilmu hukum diarahkan pada pendidikan keprofesian, yang nantinya akan menghasilkan para Sarjana Hukum (dan juga Magister dan Doktor Ilmu Hukum) yang mampu menganalisa dan memecahkan permasalahan hukum yang diarahkan kepadanya. Oleh karena itu, aspek pengetahuan dan keterampilan hukum menjadi hal yang sangat penting dikuasai oleh para lulusan pendidikan tinggi Ilmu Hukum. Tanpa penguasaan pengetahuan dan keterampilan hukum yang baik mustahil untuk dapat menyusun dan memberikan solusi yang baik terhadap permasalahan hukum yang dihadapi.

Penetapan aspek pengetahuan dan keterampilan hukum yang harus dikuasai oleh lulusan pendidikan tinggi hukum pada dasarnya ditetapkan oleh masing-masing penyelenggara pendidikan tinggi hukum (program studi) berbasis pada kebutuhan dan karakteristik atau ciri khas tertentu yang terdapat pada masing-masing program studi. Penetapan aspek pengetahuan dan keterampilan hukum tersebut ditetapkan dalam Standar Kompetensi Lulusan (SKL) yang dirumuskan dalam Capaian Pembelajaran Lulusan (CPL) masing-masing program studi.

---

1 Lihat Titon Slamet Kurnia, Sri Harini Dwiyatmi, dan Dyah Hapsari P, 2013, *Pendidikan Hukum, Ilmu Hukum & Penelitian Hukum Di Indonesia*, Pustaka Pelajar, Yogyakarta, hlm. 52-65.

Di Indonesia penetapan SKL/CPL berpedoman pada Undang-Undang RI Nomor 12 Tahun 2012 tentang Pendidikan Tinggi, Peraturan Presiden Nomor 8 Tahun 2012 tentang Kerangka Kualifikasi Nasional Indonesia (KKNI), dan Peraturan Menteri Pendidikan dan Kebudayaan Nomor 3 Tahun 2020 tentang Standar Nasional Pendidikan Tinggi (Permendikbud 3/2020). SKL/CPL tersebut dijadikan digunakan sebagai acuan utama pengembangan standar isi pembelajaran, standar proses pembelajaran, standar penilaian pembelajaran, standar dosen dan tenaga kependidikan, standar sarana dan prasarana pembelajaran, standar pengelolaan pembelajaran, dan standar pembiayaan pembelajaran.

Berbasis Pasal 5 ayat (1) Permendikbud 3/2020, SKL/CPL pendidikan tinggi hukum pada berbagai jenjang/level KKNI terdiri dari:

1. Aspek Sikap;
2. Aspek Pengetahuan; dan
3. Aspek Keterampilan.

Secara spesifik, sebagaimana dijelaskan dalam Pasal 6 Permendikbud 3/2020:

1. Aspek sikap merupakan perilaku benar dan berbudaya sebagai hasil dari internalisasi dan aktualisasi nilai dan norma yang tercermin dalam kehidupan spiritual dan sosial melalui proses Pembelajaran, pengalaman kerja mahasiswa, Penelitian dan/atau Pengabdian kepada Masyarakat yang terkait Pembelajaran.
2. Aspek pengetahuan merupakan penguasaan konsep, teori, metode, dan/atau falsafah bidang ilmu tertentu secara sistematis yang diperoleh melalui penalaran dalam proses Pembelajaran, pengalaman kerja mahasiswa, Penelitian dan/atau Pengabdian kepada Masyarakat yang terkait Pembelajaran.
3. Aspek keterampilan merupakan kemampuan melakukan unjuk kerja dengan menggunakan konsep, teori, metode, bahan, dan/atau instrumen, yang diperoleh melalui pembelajaran, pengalaman kerja mahasiswa, penelitian dan/atau pengabdian kepada masyarakat yang terkait pembelajaran, mencakup:
4. keterampilan umum sebagai kemampuan kerja umum yang wajib dimiliki oleh setiap lulusan dalam rangka menjamin kesetaraan kemampuan lulusan sesuai tingkat program dan jenis pendidikan tinggi; dan
5. keterampilan khusus sebagai kemampuan kerja khusus yang wajib dimiliki oleh setiap lulusan sesuai dengan bidang keilmuan program studi.

Setiap program studi hukum berbagai jenjang di Indonesia pasti menetapkan keterampilan umum dan keterampilan khusus dalam SKL/CPL. Untuk jenjang sarjana, keterampilan umum dan keterampilan khusus yang sering ditetapkan adalah sebagai berikut:

1. Menguasai konsep teoritis sistem hukum Indonesia dan sistem hukum internasional.

2. Menguasai konsep teoritis ilmu perancangan kontrak, ilmu perancangan perundang-undangan, dan keputusan tata usaha negara serta metode penyelesaian sengketa.
3. Menguasai penalaran hukum dan metode penelitian hukum.
4. Mampu menerapkan pemikiran logis, kritis, sistematis, dan inovatif dalam konteks pengembangan implementasi ilmu pengetahuan dan teknologi yang memperhatikan dan menerapkan nilai humaniora yang sesuai dengan bidang keahliannya (keterampilan umum);
5. Mampu menyusun argumentasi hukum yang berdasarkan teori, norma, logika, dan fakta hukum (keterampilan khusus).
6. Mampu merancang kontrak (keterampilan khusus).
7. Mampu menyusun peraturan perundang-undangan dan keputusan tata usaha negara (keterampilan khusus).
8. Mampu mengidentifikasi dan menyelesaikan masalah-masalah hukum (keterampilan khusus).

Sedangkan untuk jenjang magister keterampilan umum dan keterampilan khusus yang sering ditetapkan adalah sebagai berikut:

1. Menguasai berbagai diskursus keilmuan hukum (teori hukum, politik hukum, dan filasafat hukum) dengan mempertimbangkan isu-isu hukum kontemporer baik tingkat lokal, nasional, dan internasional
2. Mampu menyusun interpretasi dan argumentasi hukum berdasarkan teori, norma, logika, dan fakta hukum.
3. Mampu melakukan penalaran terhadap berbagai peristiwa hukum yang dihadapi oleh masyarakat dan negara.
4. Mampu melakukan riset di bidang hukum dengan pendekatan interdisipliner atau multidisipliner.
5. Mampu mengelola riset dan pengembangan yang bermanfaat bagi keilmuan dan menyelesaikan masalah-masalah hukum lokal, nasional, maupun internasional.
6. Mampu mengevaluasi dan merekonstruksi berbagai dokumen hukum.

Adapun untuk jenjang doctor keterampilan umum dan keterampilan khusus yang sering ditetapkan kurang lebih sama dengan jenjang magister, hanya saja lebih fokus pada penguasaan keterampilan yang bermuatan filosofis dan dengan menggunakan pendekatan multidisipliner atau transdisipliner.

Dari sekian banyak SKL/CPL berbagai jenjang program studi ilmu hukum di Indonesia, pada dasarnya terdapat satu hal yang mungkin belum secara tegas ditetapkan, yaitu keterampilan khusus penguasaan perbandingan hukum sebagai salah satu studi yang dapat digunakan untuk memecahkan masalah-masalah hukum di masyarakat. Pun demikian dengan struktur kurikulum pada masing-masing jenjang program studi, sulit menemukan mata kuliah dengan nama Perbandingan Hukum.

Perbandingan hukum seringkali hanya digunakan sebagai salah satu pendekatan dalam metode penelitian hukum atau sekilas dibahas pada satu chapter mata kuliah Pengantar Ilmu Hukum.

Akibatnya adalah mahasiswa sering kali tidak mampu memberikan alternatif-alternatif solusi terhadap permasalahan hukum yang mungkin saja tidak ada pengaturannya dalam system hukum Indonesia.

Perbandingan hukum belum dianggap sebagai hal yang penting untuk menambah kompetensi mahasiswa ketika lulus nanti. Perbandingan hukum belum dianggap sebagai salah satu metode yang bisa berkontribusi langsung terhadap pemecahan masalah di masyarakat, padahal fakultas-fakultas hukum di luar negeri justru memberikan perhatian pada mata kuliah perbandingan hukum, terutama pada jenjang magister dan doctor, sebagai bagian untuk mencari praktik terbaik dalam rangka meningkat kualitas system hukum yang diberlakukan.

3 Perbandingan Hukum

Mengapa keterampilan khusus berupa penguasaan perbandingan hukum wajib menjadi hal yang harus dikuasai oleh mahasiswa yang belajar hukum pada setiap jenjang?, mari kita lihat definisi dari perbandingan hukum yang dalam tulisan ini menggunakan frase "*comparative law*".

Dalam literatur ilmu hukum, istilah perbandingan hukum menunjukkan dua pengertian yang berbeda. Pertama, perbandingan hukum sebagai metode studi hukum; dan kedua, perbandingan hukum sebagai ilmu pengetahuan (yang juga menggunakan metode perbandingan), yang membanding-bandingkan sistem hukum negara yang satu dengan negara yang lain. Perbandingan hukum juga dapat diadakan dalam satu negara saja, yang mempunyai sistem hukum yang pluralistik atau majemuk. Seperti misalnya Indonesia, dapat diadakan perbandingan hukum antara sistem hukum barat dengan sistem hukum adat.[2]

Bernard Arief Sidharta mengatakan "perbandingan hukum sebagai disiplin ilmiah adalah ilmu yang mempelajari dua atau lebih sistem hukum positif pada negara-negara atau lingkungan-lingkungan hukum yang di dalamnya sistem-sistem hukum yang ditelaah berlaku".[3]

---

2 Titik Triwulan Tutik, 2006, *Pengantar Ilmu Hukum*, Prestasi Pustaka, Jakarta, hlm. 178. Lihat juga H.Riduan Syahrani, 2004, *Rangkuman Intisari Ilmu Hukum*, Citra Aditya Bakti, Bandung, hlm. 220-221.

3 Ibid.

Rudolfo Sacco menerangkan bahwa

> comparative law, understood as a science, necessarily aims at the better understanding of legal data. Ulterior tasks such as the improvement of the law or interpretation are worthy of the greatest consideration but nevertheless are only secondary ends of comparative research.[4]

Secara umum dapat dikatakan bahwa perbandingan hukum ialah suatu metoda dan juga sebagai sebuah ilmu. Suatu ilmu pengetahuan yang bermaksud untuk memperbandingkan, yaitu mengungkapkan unsur persamaan dan perbedaan dari obyek yang diperbandingkan yang dapat berupa system hukum atau lembaga hukum tertentu yang diperbandingkan dengan system hukum atau lembaga hukum tertentu yang lain pada saat yang bersamaan.[5]

4 PENGUASAAN PERBANDINGAN HUKUM SEBAGAI KETERAMPILAN KHUSUS BIDANG HUKUM

Terlepas dari perdebatan apakah perbandingan hukum sebagai sebuah ilmu atau metode saja, maka diskusi dilanjutkan dengan mengapa pengusaan perbandingan hukum (baik sebagai ilmu atau dan/atau metode) diperlukan oleh mahasiswa yang mempelajari hukum?.

Studi perbandingan hukum dilakukan dengan maksud-maksud sebagai berikut:[6]

1. Untuk menunjukkan perbedaan dan persamaan yang ada di antara sistem hukum atau bidang-bidang hukum yang dipelajari.
2. Untuk menjelaskan mengapa terjadi persamaan atau perbedaan yang demikian itu, faktor-faktor apa yang menyebabkan.
3. Untuk memberikan penilaian terhadap masing-masing sistem yang digunakan.
4. Untuk memikirkan kemungkinan-kemungkinan apa yang bisa ditarik sebagai kelanjutan dari hasil-hasil studi perbandingan yang telah dilakukan.
5. Untuk merumuskan kecenderungan-kecenderungan yang umum pada perkembangan hukum, termasuk di dalamnya irama dan ketentuan yang dapat dilihat pada perkembangan hukum tersebut.
6. Untuk menemukan asas-asas umum yang didapat sebagai hasil dari penyelidikan yang dilakukan dengan cara membandingkan hukum tersebut.

---

4 Ratno Lukito, 2016, *Perbandingan Hukum: Perdebatan Teori dan* Metode, Gadjah Mada University Press, Yogyakarta, hlm. 8.

5 Wahyono Darmabrata, "Perbandingan dan Pendidikan Hukum", Jurnal Hukum dan Pembangunan, Vol 30, No 4 (2000), hlm. 322.

6 Titik Triwulan Tutik, *Op.cit.*, hlm. 178-179. Lihat juga H.Riduan Syahrani, *Op.Cit.*, hlm. 221.

Perbandingan hukum sejatinya memiliki hubungan yang sangat sinergis dengan perkembangan hukum, artinya perbandingan hukum dilakukan bukan sekedar untuk rihlah ilmiah atau karena sensualitas akademik, melainkan haruslah berhubungan dengan kepentingan praksis, yaitu penyempurnaan institusi hukum itu dalam masyarakat sehingga hukum dapat berfungsi maksimal seperti yang diharapkan.[7]

Beberapa pendapat yang diberikan oleh pakar-pakar hukum menyebutkan bahwa pada dasarnya manfaat perbandingan hukum adalah untuk mewujudkan hukum yang lebih baik bagi kemaslahatan umat manusia melalui berbagai macam tindakan seperti harmonisasi, unifikasi, pembaharuan hukum, penafsiran hukum, dan autokritik.[8]

Dari pemahaman mengenai kedudukan dan tujuan dari perbandingan hukum, tidak berlebihan jika kiranya perbandingan hukum mendapatkan porsi yang lebih layak dalam kurikulum setiap jenjang program studi hukum di Indonesia, sejajar dengan mata kuliah-mata kuliah popular lainnya.

Penguasaan yang baik terhadap metode dan substansi keilmuan perbandingan hukum akan membuat mahasiswa memiliki pengetahuan yang lebih luas akan hakikat dan substansi hukum untuk kemudian digunakan sebagai salah satu bahan dalam melakukan analisa persoalan-persoalan hukum yang dihadapi dengan harapan akan menghasilkan tesis hukum yang berkualitas.

5 STRATEGI IMPLEMENTASI

Setelah memahami urgensi dari perlunya penguasaan perbandingan hukum bagi mahasiswa pada semua jenjang program studi hukum, maka diperlukan strategi implementasi agar perbandingan hukum ini dapat secara maksimal mendapatkan tempat yang proporsional dalam penyelenggaraan pendidikan hukum di level perguruan tinggi.

Adapun strategi implementasi yang dapat ditempuh adalah sebagai berikut:

1. Perlunya persamaan persepsi mayoritas fakultas hukum di Indonesia mengenai kedudukan, urgensi, dan manfaat penguasaan perbandingan hukum bagi mahasiswa pada semua jenjang program studi. Penyamaan persepsi ini bisa dilakukan melalui forum atau Lembaga-lembaga kerja sama antar fakultas hukum di Indonesia untuk kemudian ditindaklanjuti dengan persamaan persepsi secara internal di masing-masing fakultas hukum.
2. Setelah tercipta persepsi yang sama, maka selanjutnya adalah menyatakan dengan tegas keterampilan khusus penguasaan perbandingan hukum dalam dokumen SKL/CPL.

---

7 Ratno Lukito, *Op.cit.*, hlm. 40.

8 Lihat Djoni Sumardi Gozali, 2020, *Pengantar Perbandingan Sistem Hukum (Civil Law, Common Law, dan Hukum Adat)*, Nusa Media, Bandung, hlm. 19-21.

Pernyataan ini yang kemudian menjadi dasar bagi setiap program studi untuk mencantumkan mata kuliah perbandingan hukum pada kurikulumnya.

3. Pencantuman keterampilan khusus penguasaan perbandingan hukum pada SKL/CPL berimplikasi pada kewajiban untuk memasukkan dalam kurikulum sebagai mata kuliah wajib yang ditempuh oleh setiap mahasiswa pada setiap jenjang program studi. Tentu saja substansi pembelajarannya disesuaikan dengan level program studi.
4. Setelah selesai dengan aspek dokumen, maka selanjutnya adalah aspek substansi, yang dalam hal ini berlaku pemahaman bahwa untuk memberikan pemahaman yang baik kepada mahasiswa, maka diperlukan contoh yang baik pula. Hal ini mengandung makna bahwa penelitian dan artikel ilmiah yang dihasilkan oleh dosen-dosen pengajar seyogyanya menggunakan metode perbandingan hukum, sehingga ketika memberikan materi perbandingan hukum akan jauh lebih mudah untuk dimengerti dan dipahami oleh mahasiswa. Pada situasi ini juga berlaku bahwa sebelum memberikan pemahaman kepada mahasiswa, dosen harus pernah melakukan perbandingan hukum terlebih dahulu. Ini juga berkaitan dengan persoalan *trust*, mahasiswa akan jauh lebih respek apabila dosen yang mengajar sudah melakukan terlebih dahulu materi yang diajarkan.
5. Terkait dengan pemberian materi mengajar melalui contoh yang sudah dilakukan sebelumnya oleh dosen, maka dosen pun harus memiliki metode mengajar yang merangsang mahasiswa untuk melakukan perbandingan hukum. Tidak hanya pada mata kuliah perbandingan hukum, tetapi soal-soal ujian atau tugas-tugas terstruktur pada mata kuliah lain yang relevan dapat diminta untuk melakukan perbandingan hukum sebagai metode analisa. Sebagai contoh, dalam model pembelajaran berbasis masalah (problem based learning), dapat dilakukan perbandingan hukum untuk mencari solusi atau jawaban atas persoalan hukum yang sedang dihadapi.
6. Penguasaan Bahasa Inggris (dan mungkin juga bahasa asing lainnya) yang baik oleh dosen dan mahasiswa menjadi mutlak diperlukan jika ingin mendapatkan hasil maksimal dari perbandingan hukum. Sulit melakukan perbandingan hukum jika tidak menguasai dengan baik Bahasa Inggris. Literatur ataupun peraturan perundang-undangan di luar Indonesia minimal menggunakan Bahasa Inggris sebagai Bahasa resminya, sebagai contoh perjanjian internasional selalu terdapat versi Bahasa Inggrisnya. Sederhananya, penguasaan bahasa berkorelasi dengan dalam atau tidaknya pemahaman objek yang diperbandingkan. Fakultas hukum di Indonesia perlu memikirkan upaya-upaya konkrit melalui kerja sama dengan Lembaga Bahasa di masing-masing perguruan tinggi atau lembaga nonformal untuk meningkatkan kemampuan berbahasa Inggris (dan/atau Bahasa asing lainnya) para dosen dan mahasiswa.
7. Selain penguasaan Bahasa Inggris, penguasaan teknologi informasi juga menjadi hal yang sangat penting bagi dosen dan mahasiswa. Kemajuan teknologi di era Revolusi Industri 4.0 saat ini membuat kita lebih mudah untuk mengakses bahan-bahan untuk

dijadikan sebagai objek perbandingan hukum. Oleh karena itu, penguasaan teknologi informasi juga merupakan kunci penting untuk menghasilkan perbandingan hukum yang maksimal. Pelatihan-pelatihan nonformal mengenai peningkatan kapasitas dosen dan mahasiswa dalam penguasaan informasi teknologi bisa menjadi alternatif tindakan.

6 Penutup

Pada akhirnya setelah menimbang dan memahami kedudukan, urgensi dan manfaat dari penguasaan perbandingan hukum bagi mahasiswa serta melihat strategi implementasi yang akan dijalankan, maka yang paling utama saat ini adalah memupuk keyakinan untuk memperjuangkan perbandingan hukum sebagai salah satu kompetensi atau keterampilan khusus yang harus dikuasai oleh mahasiswa dalam rangka berkontribusi terhadap hukum yang bermartabat.

XIV The Integration of Research in Legal Teaching

*Sascha Hardt**

Pendidikan hukum modern sebagian besar berlangsung di lembaga-lembaga akademik yang menggabungkan penelitian hukum dan pendidikan. Di lembaga-lembaga ini, peneliti ilmiah diharapkan untuk mengajar siswa dan juga menggunakan keahlian mereka dalam ranah kependidikan. Namun, seringkali institusi pendidikan tinggi hukum beserta stafnya menghadapi masalah tiga dimensi dalam mencapai tujuan ini. Pertama, dalam praktik profesional sarjana hukum, penelitian dan pengajaran dianggap sebagai dikotomi, yang mana keberhasilan dalam penelitian memiliki nilai yang secara eksponensial lebih tinggi daripada keberhasilan dalam pendidikan oleh pemberi kerja dan rekan kerja. Kedua, sarjana yang ditugaskan untuk mengajar seringkali tidak secara otomatis memenuhi syarat untuk melakukannya dengan baik, karena meskipun ahli di bidangnya, mereka tidak belajar menjadi pendidik. Dimensi ketiga dari masalah lebih bersifat praktis: bagaimana memanfaatkan keahlian ilmiah dengan baik di kelas terutama mengenai metodologi pengajaran? Bab ini merupakan upaya untuk menguraikan ke tiga dimensi dari masalah penggabungan penelitian ke dalam pendidikan hukum dan menawarkan beberapa solusi tentatif secara umum.

Modern legal education predominantly takes place at academic institutions which combine legal research and education. At these institutions, scholarly researchers are expected to teach students and to use their expertise in education. However, higher legal education institutions and their staff face a three-dimensional problem in living up to this expectation. First, in the professional practice of legal scholars, research and teaching are perceived as a dichotomy, whereas success in research is valued exponentially higher than success in education by employers and peers. Second, where scholars are made to teach, they are not automatically qualified to do so well, since despite being experts in their field, they have not learned to be educators. The third dimension of the problem is practical: how to make good use of scholarly expertise in the classroom in terms of teaching methodology? This chapter is an attempt to spell out the three dimensions of the problem of integrating research into legal education and to offer some tentative solutions in a general manner.

1 Introduction: Three Sides of the Problem

Modern legal education predominantly takes place at academic institutions – law schools or faculties that form part of universities and, as such, engage in both teaching and scholarship. This holds true for Indonesia as much as it does for any European or North American system of legal education. It is one of the fixtures of university life that researchers also teach and teachers contribute to the advancement of their field through research. As

* Assistant Professor of Comparative Constitutional Law, Maastricht University; Dutch project coordinator of LEAP.

a result of this structure, the combination and integration of research and teaching is one of the great recurring tropes in debates about modern legal education.

It does not surprise that, within this trope, the questions that receive most attention implicitly have to do with the workload and career paths of law school personnel: should (all) legal researchers at universities be made to teach, and if so, what share of their time should be devoted to teaching? Conversely, should anyone who teaches at a law school also do research or have research experience (beyond that which comes with having completed a law degree)? Is it acceptable for an academic institution to also retain dedicated teaching staff without a research assignment, and if so, what share of the teaching work can or should be shouldered by such staff?

These and similar questions frequently arise from the realization that in the daily life of higher education institutions, research is the main driver of an academic career and the most outstanding subject of recognition and reward, while excellence in teaching by high-achieving researchers is an important quality marker for the respective institutions, but not necessarily for these academics themselves. This can lead to structures in which many researchers are faced with an incentive to teach less if they can. Success in research (e.g., grant acquisition, high quality and/or frequency of publications) is sometimes rewarded by a reduction of teaching duties, while excellence in teaching is seldom incentivized in a similar manner. As a result, the endeavour of achieving excellence in legal teaching is at a structural disadvantage whenever the nexus between research and teaching is framed as a balance, or choice.

Clearly, this basic problem must be addressed when contemplating the role of research and professional researchers in legal education. Beyond this overarching, structural level, however, other questions of a more technical nature require equal attention: exactly *how* can education benefit from research (and, in some cases, even the other way around, see below)?

This question can be roughly subdivided into two dimensions. On the one hand, there is the question of human resources. Quite evidently, an excellent researcher does not automatically make a good teacher. However, since scholarly personnel at universities are predominantly – and sometimes exclusively – selected for their merit in the domain of research, any attempt to achieve excellence in education must necessarily address the domain of staff selection and capacity building: how can we ensure that the scientific staff at law schools are not only excellent scholars (which will often be the factor that gets them hired) but also good teachers? Which training programmes, incentives and measures of capacity building must be developed to ensure that legal scholars with a teaching assignment succeed in incorporating their scholarly expertise and research results in their educational work?

The second dimension of the *how* question relates to teaching methodology. How exactly can the research and scholarship of teaching personnel enrich education; how can teachers translate their own research activities into an added value for the education of their students?

On the following pages, I will offer some reflections on the three problems sketched above, before concluding this chapter with some recommendations in a more condensed form.

Before entering deeper into this chapter, a cautionary remark is due: this chapter takes a holistic, bird's-eye view. I believe that this is justified, because both the problems and the (partial) solutions described here are universal in higher education and not tied to a specific country. Nevertheless, their specific emanations certainly do differ between the Netherlands and Indonesia, and between one university and the next. Therefore, what is needed to better integrate research and teaching at law schools is both a general vision (as I try to sketch here) and a detailed, diligent and specific analysis of local needs and circumstances as there are no one-size-fits-all solutions.

2 Institutional Commitment to Education

One of the greatest obstacles to the successful combination and integration of research and teaching is that they are perceived as – and in the daily work of university scholars often amount to – a dichotomy. Legal research is a competitive business and successful scholarship requires considerable personal investments of time and energy. Good teaching – including the acquisition of necessary skills, preparation of materials, processing of state-of-the-art research results into educational content and last but not least, the intensive engagement with students – requires similar investments, but routinely does not yield the same rewards in terms of career advancement, job opportunities, external funding, etc. Researchers are generally incentivized to seek opportunities to reduce their teaching assignments, and law schools to offer such reductions to excellent researchers. The development of teaching capacity is low on the agenda of legal academics; teaching skills do not feature prominently in hiring criteria.

Of course, this is a blatant generalization. This dynamic is not without exceptions. Many researchers care deeply about providing excellent education, and most law schools recognize and seek to promote it. Nevertheless, any real departure from the mechanisms created by the highly competitive labour market in academia and the self-conception of many scholars as being primarily researchers, not teachers, can only be realized by very proactive (since they run counter to natural mechanisms ensuing from the labour market) policy measures on the part of the institution. This means, on the one hand, that time and effort spent on teaching should be recognized and rewarded, i.e., taken into positive considerations in decisions on promotions, remuneration, contract extensions and hiring. This will not only compel researchers to teach (which in itself is not automatically an advancement), but it will incentivize those legal researchers with an intrinsic interest and enthusiasm for education to pursue it, which will ultimately lead to improvements in the quality of education. On the other hand, accompanied by options for training and capacity building (see Section 3), the quality of teaching should be made a more prominent assessment criteria for legal academics. It is clear that these measures, at least if taken by a single institution on the labour market, could be seen to place this institution at a disadvantage in the competition for top research talent. Nevertheless, certainly in the long run, the disappearance of research and teaching as a *dichotomy* in the daily work of dedicated scholars is likely to add to the attractiveness of a law school also being a workplace.

3 Hiring, Training, Capacity Building: Researchers in Education

A problem that is closely connected with the previous one is that of teaching skills and capacities among scholars. In law, like in other academic disciplines, the skills that are necessary to succeed in scholarly research are not fully congruent with those required in teaching: while both the researcher and the teacher need to possess a comprehensive knowledge and understanding of their field and keep up to date about recent developments and publications, the scholar relies predominantly on her research skills – finding or generating information, analytical capacity to understand complex situations, the capacity to solve complex problems in creative ways – in addition to auxiliary abilities such as management skills, written communication and good networking skills to operate in an environment of peers. After all, the target group of legal researchers are primarily other scholars, legal practitioners or policy makers. Teaching staff, on the other hand, require similar degrees of substantive knowledge and understanding, but they need to function primarily as communicators and skills trainers. In order to function effectively, teachers need to be able to convey complex problems and legal substance in ways that take into account students' stage of education and ways of learning. At the same time, the primary task of teachers in modern legal education is not to 'transfer knowledge' in frontal ways (lecturer presents factual information, student memorizes lecture content) but to stimulate active and collaborative learning on the part of students. This requires special 'soft skills' such as empathy, but also a good understanding of didactics and teaching methodology. How to prepare and process teaching materials that stimulate engagement rather than memorization and reproduction? How to guide learning processes in an interactive, discussion-based format in which students must participate actively rather than 'consume' information?

It would go too far in this place to discuss teaching methodology in detail, but the illustration above should make clear that researchers are not automatically ready to teach. Yet, in many higher legal education institutions, that is what is expected of them; with the exception of teaching assistants, who are explicitly hired for non-research positions, scholarly staff is primarily selected on the basis of academic merit alone. Teaching experience will be considered a 'plus' but is usually not essential. This is not surprising or peculiar either, since the law degree curricula, including postgraduate and PhD programmes from which starting legal academics have graduated, do not usually contain elements of didactics, nor can this be expected. However, this is a skill gap which higher education institutions should recognize and actively address through training and measures of capacity building.

This takes a number of steps that can at times be problematic. First, accomplished experts – including professors and acclaimed scholars – need to realize that their expertise does not in itself qualify them to teach well. Second, teacher training and measures of capacity building must be made a fixed component of an academic position, even though it is likely to take time and, like teaching itself, will distract from research. Third, in order to make training and capacity building effective and increase its acceptance, it must be designed carefully and with particular regard to the legal discipline. This, in turn, is often easier said than done. One problem in effective teacher training for legal (and, I presume, other) academics is that their goal is not to become teachers in a general sense, but 'teaching researchers'. That is, they are expected to acquire the skills necessary to convey their highly specific legal expertise to students. Ideally, this means that training providers and those who design capacity-building interventions themselves have a background or profound understanding of the legal field. A point of advice is therefore that any training measure should be prepared by or in collaboration with persons who are themselves both researchers and accomplished legal educators.

4 Teaching Methodology: Integrating Research in Education

Even with both previously discussed dimensions of the problem – hypothetically – out of the way, it would not be clear *how* exactly the integration of academic legal research into education should take place. After all, we have already seen that the sheer presence of expertise in the teaching room is, at best, a beginning; it will be of little benefit to the quality of education if that expertise is not used properly.

This is a point of teaching methodology. To address it, it is first of all useful to recall the aims of modern legal education – who do we want to educate? Law graduates should, of course, possess a profound knowledge base of the law. However, they should also possess a distinct skill set that qualifies them for today's legal labour market; this includes, for instance, active problem-solving, communication and versatility (the ability to act effectively in different and novel contexts). Along with knowledge and skills, graduates are also expected to live up to standards of professional ethics and integrity. As a point of relative consensus among legal educators today, knowledge, skills and professionalism are all best acquired in an *active* educational setting, i.e., one in which students are not asked to consume, memorize and reproduce information, but to find or generate, process and apply it themselves.

It is in this context that scholarly expertise becomes useful in teaching. After all, academic research is, in a sense, a professional continuation of active learning – research answers difficult questions, analyses situations and addresses previously unsolved problems by gathering information and combining it in creative ways. The main transfer that should therefore take place between the desk of the legal researcher and that of the legal educator need not concern the *results* of research (in that, for instance, students are made to read specific articles or books published by their scholarly teacher) but the *practice* of research. To this end, research tasks should be integrated into legal education from an early stage; students should not be asked direct questions but instead be confronted with situations, problems or cases (which can be fictitious or modelled after real-life scenarios) with which they have to engage like researchers – formulate proper questions, gather information, analyse and propose solutions. Scholarly educators should, of course, be free to use their own expertise in formulating such tasks. However, their main role – and the main area of application of their scholarship in the classroom – is their ability to guide students methodologically. How to map and analyse a complex matter? How to ask the right questions? Where to find appropriate information? How to design and execute a research process? In this way, the factual expertise of scholars in the classroom will not lose its relevance; they must still assess the accuracy of students' results, check whether the latter conform to the state of the art, etc.

Next to problem tasks and active (written) research projects, other formats that could be used include (simulated) scholarly debates, collaborations and even guided 'real-life' research projects, in which the scholarly teacher collaborates with a group of (usually advanced) law students to work on an actual research project of her own, resulting, for instance, in a joint publication. In this way, and with the necessary caveats in place, the academic benefits of integrating research and legal education can even be mutual.

Ethical Standards

XV A Legal Ethics Course for Judges: A Dutch Experience

*Kees Sterk**

Kehakiman di Belanda memiliki pengalaman lebih dari sepuluh tahun dengan kursus etika hukum untuk para hakim dan anggota stafnya. Tujuan konkrit dari kursus tersebut adalah untuk mengidentifikasi dilemma-dilemma mengenai integritas dan memberikan panduan untuk merespons terhadap dilemma yang sudah diketahui. Berdasarkan pengalaman ini, kursus-kursus ini hanya efektif apabila dua kondisi telah terpenuhi. Pertama, harus memiliki kode etik yang disepakati oleh para hakim dan anggota staf, dan kedua, peserta harus merasa aman untuk berbicara tentang dilemma etika dari praktik mereka, tanpa takut didisiplinkan atau mendapatkan konsekuensi negatif lainnya bagi karir mereka.
Pelajaran yang dapat dipetik dari pengalaman tersebut adalah sebagai berikut. Kombinasi kursus e-learning yang diikuti dengan pelatihan tatap muka – jika memungkinkan dalam kelompok kecil – yang bekerja dengan baik, dan isi pelatihan harus berorientasi pada praktik, interaktif, dan berdasarkan skenario kehidupan nyata. Pelajaran terakhir adalah bahwa kursus harus melatih hakim dan staf sehingga mereka akan mampu dan mau berbicara tentang dilema dengan rekan-rekan mereka.
Tujuan keseluruhan kursus-kursus ini adalah untuk membantu membangun budaya diskusi terbuka tentang nilai-nilai inti Kehakiman. Budaya ini penting untuk menghasilkan hakim yang independen dan jujur, nilai-nilai yang penting untuk legitimasi Kehakiman di masyarakat.

The judiciary in the Netherlands has more than a decade of experience in conducting legal ethics courses for judges and staff members. The concrete aim of these courses is to help identify integrity dilemmas and give guidance to act on the identified dilemmas. Based on the Dutch experience, these courses are only effective if two preconditions are met. The first is to have an agreed code of conduct for judges and staff members and the second is that participants must feel safe to talk about ethical dilemmas from their practices, without fear of being disciplined or other negative consequences for their careers.
The lessons learned from the experiences are as follows. A combination of an e-learning course followed by face-to-face training – if possible, in small groups – works best, and the content of the training should be practice-oriented, interactive and based on real-life scenarios. A final lesson is that the courses should train judges and staff so they will be able and willing to talk about dilemmas with peers.
The overall aim is that the courses help establish a culture of open discussion on the core values of the judiciary. This culture is important because it furthers independent and honest judges, which is important for the legitimacy of the judiciary in society.

* Kees Sterk is a senior judge in the Court of Zeeland West-Brabant and an endowed professor of European Administration of Justice at Maastricht University. He is also a member of the Global Judicial Integrity Network of the UNODC. He was a judge in the Supreme Court of the Netherlands (2008-2013), vice-president of the Council for the Judiciary in the Netherlands (2013-2019) and president of the European Network of Councils for the Judiciary (2018-2020).

Kees Sterk

1 Introduction

In this short contribution, I will briefly say some words about the experiences of the Dutch judiciary as to legal ethics courses, all for the benefit of the development of legal ethics courses for the colleague-judges in Indonesia.

In addressing such a theme, one must be humble. The reason is, of course, that Indonesia and the Netherlands have their own historical, cultural and social context in which their legal systems operate. This simple fact has consequences for the content of legal ethics courses: each country may wish to select a method that suits its needs and local contexts best. However, our legal systems share common experiences and challenges, and are governed by the same general principles, such as integrity of judges. It is for that reason that I feel the judiciary of Indonesia may well benefit from Dutch experiences with legal ethics courses. I dare say this because I am confident that the Indonesian authorities will select wisely from the Dutch experiences those aspects that will suit Indonesian needs best.

In the Netherlands, every legal profession has its own legal ethics courses. As for judges,[1] a special 'Integrity Programme' was launched by the Council for the Judiciary some ten years ago, of which legal ethics courses were a part. Now, most of these legal ethics courses are embedded in the ethical training in several training courses for the education of young lawyers selected to be judges (compulsory), for the training of experienced judges (voluntary) and for the training of (future) court leaders (compulsory). For experienced judges, participation in these courses is voluntary. However, it is usually not a problem to get judges to attend these courses. The reason for this is probably that the courses match the experiences and daily practices of judges. Judges see this as an important aspect of their daily work because integrity questions are increasingly catching the eye of the general public, in a society that is becoming more complex every day.

The ethics courses are developed and given under the responsibility of the *Studiecentrum Rechtspleging* (SSR), the Dutch School for the Judiciary.

The school is governed and financed by the Council for the Judiciary (two-thirds) and the College of Prosecutors General (one-third). The Minister of Justice has no influence on the content of the courses.

2 Preconditions for Legal Ethics Courses

Legal ethics courses for judges are being given to influence the conduct of judges, especially to help them identify integrity dilemmas and give them guidance to act on the identified dilemmas. The aim of influencing judicial behaviour is to establish a high ethical reputation

1 Legal ethics courses are also given to court staff, sometimes together with judges.

for judges and to protect the reputation of the judiciary, so the judiciary is able to perform its proper role in society and society may have confidence in the integrity of judges.

To achieve this goal, legal ethics courses have to be effective. Based on the Dutch experience, effectiveness requires some preconditions to the courses. I will now elaborate on a few of them.

The first precondition is to have an agreed set of core values for the judiciary. Every country has its own code of conduct for judges which must be updated in line with new developments in society, such as the use of social media by judges, digitalization and artificial intelligence, gender-related issues, difficult political circumstances or (undue) pressure by the media.

In this respect, the Dutch courses are inspired by national and international standards, such as The Bangalore Principles of Judicial Conduct (2002).[2] The Bangalore Principles are widely recognized as a valuable source of inspiration for national core values for countries with a common law tradition as well as for countries with a civil law tradition, such as the Netherlands and Indonesia. The principles identify six core values: independence, impartiality, integrity, propriety, equality and competence and diligence.

In 2005, the Judicial Integrity Group of the United Nations Office on Drugs and Crime, composed of high-ranking judges from all parts of the world, published a commentary on the Bangalore Principles[3] in order to

> enable judges and teachers of judicial ethics to understand not only the drafting and cross-cultural consultation process of the Bangalore Principles and the rationale for the values and principles incorporated in it, but that it would also facilitate a wider understanding of the applicability of those values and principles to issues, situations and problems that might emerge.

Extensive consultations took place on the draft text, involving chief justices and senior judges from over 75 United Nations Member States.

The commentary is not only an explanation of the content of the values, but also a rich source of the dilemmas a judge can encounter trying to live up to the values. So, in my view, the Bangalore Principles are, together with the Measures for the Effective Implementation of the Bangalore Principles,[4] valuable materials for agreeing on a national set of core values for judiciaries. In Lithuania, the judiciary successfully worked on the

2 The Bangalore Principles of Judicial Conduct, www.unodc.org/pdf/crime/corruption/judicial_group/Bangalore_principles.pdf.

3 Commentary on the Bangalore Principles of Judicial Conduct, https://www.unodc.org/documents/nigeria/publications/Otherpublications/Commentry_on_the_Bangalore_principles_of_Judicial_Conduct.pdf.

4 Measures for the Effective Implementation of the Bangalore Principles, https://www.icj.org/wp-content/uploads/2015/08/JIG-Measures-effective-implementation-Bangalore-Principles-2010.pdf.

basis of these documents. In this respect, I just want to mention the article of Judge Mindaugas Simonis: The role of judicial ethics in court administration: from setting the objectives to practical implementation.[5,6]

A comprehensive Integrity Handbook with all relevant international and national texts might be helpful for Indonesian judges. The Dutch Council for the Judiciary has been publishing such a handbook online since 2012.[7]

The second precondition for a successful training in judicial ethics is a bit harder to meet, although it is essential for the effectiveness of the courses: the feeling of the participating trainees and judges that they may safely talk about ethical dilemmas from their practices – safely, in this respect, meaning without any disciplinary or other negative consequences for a judicial career. It is therefore important for judicial authorities to understand and effectively address the distinction and linkages between ethical and disciplinary rules before starting judicial ethics courses. In 2015, the European Network of Councils for the Judiciary formulated the desired connection between the two as follows: "A breach of an ethical code ought not ipso facto lead to disciplinary proceedings", but that "there may be disciplinary proceedings if there is a persistent breach of ethics".[8]

If this precondition is not met, the Dutch experience shows that the judges in training will not open up about dilemmas they experience in their daily work. In such a case, the training will just be some background noise that judges endure, without any positive effects.

To create a safe environment for participants is proving to be quite a challenge for the Dutch School of the Judiciary, even considering the fact that in the Dutch judiciary, disciplinary sanctions are rather rare, and the Dutch have a reputation for speaking out easily and bluntly as well. To deal with this challenge, it was necessary to give special training to the leaders of the courses, so the leaders were able to gain the trust of the participants. One of the rules in the courses, for instance, is strict confidentiality: what is said in the course, stays in the course, a kind of Chatham House rule. In the Indonesian context, the feeling of safety might need some special attention as well, considering possible disciplinary sanctions, possible career setbacks and the Indonesian culture of politeness and respect for elders. Once again, an open and effective conversation on ethical dilemmas is key to achieve the goal of legal ethics courses.

---

5 Judge Mindaugas Simonis, The Role of Judicial Ethics in Court Administration: From Setting the Objectives to Practical Implementation. *Baltic Journal of Law and Politics*, https://sciendo.com/journal/BJLP.

6 The Ceeli Institute in Prague has a manual on independence, impartiality and integrity of justice as well, www.ceeliinstitute.org/resources/publications.

7 The website of the Council for the Judiciary is: www.rechtspraak.nl.

8 ENCJ, Minimum Judicial Standards V: Disciplinary proceedings and liability of judges, ENCJ Report 2014-2015 (2015), p. 21, https://www.encj.eu/images/stories/pdf/GA/Hague/encj_report_minimum_standards_v_adopted_ga_june_2015.pdf.

3 Lessons Learned

In developing legal ethics courses, the Dutch School for the Judiciary learned several lessons, most of them are in accordance with the work of the Global Judicial Integrity Network.[9] I will touch upon the most important ones.

The first lesson is that the recommended approach is blended learning. Blended in this respect meaning that judges are first asked to complete an e-learning course, provided for by the school for the judiciary or the Global Judicial Integrity Network online, followed by face-to-face training.[10]

Second, face-to-face training in small groups, if possible, is essential: no more than six participants. This has to do with the feeling of safety of participants, as well as lessons from group dynamics: in case a group has more than six members, some of them are inclined to be passive. This effect is not seen in smaller groups; in that situation everyone participates actively.

Third, judges tend to learn best by doing. So, the content of the training should be practice-oriented, interactive and based on real-life scenarios.[11] I am sure the commentary on the Bangalore Principles will be inspiring in this respect, but more effective, probably, is to gather dilemmas on the core values from Indonesian judges and discuss these dilemmas. The importance of in-person training to allow judges to share experiences and discuss ethical dilemmas with peers should not be underestimated.

If possible, fourth, an interactive website must be launched, where judges may, as a follow-up to the courses, discuss integrity dilemmas and raise questions.

4 Questions for Participating Judges

Judges participating in ethics courses are obliged to answer questions, in word or writing. Based on the answers, a group discussion is conducted. So, for instance, trainee judges have to answer questions like: What does integrity mean to you on a day-to-day basis? What kind of judge do you want to be? What kind of judge does society need? Who is my source of inspiration as a judge, and why?

Experienced judges are asked to reflect on individual independence, integrity and the role of the judiciary as a third power in the state. What does individual independence mean

---

9 Global Judicial Integrity Network of the United Nations, How to Develop and Implement Codes of judicial Conduct, https://www.unodc.org/documents/ji/knowledge_products/Codes_of_Conduct_PRINT_DOHA.pdf.

10 Global Judicial Integrity Network of the United Nations, Achievements Report February 2020, p. 9, https://www.unodc.org/documents/ji/doha2020/Achievements_report_WEB_VERSION_FINAL_1.31.pdf.

11 *See* note 10, p. 17.

for you? What are the limits? What does the common responsibility for upholding the independence and integrity of the judiciary mean? Do the answers to this last question affect your attitude? If so, in what way?

Future court leaders, for instance, are asked to reflect on the many dilemmas around the quality of judicial decisions and speediness of delivering judgements, as well as the tension between the independence of individual judges and the requirements of an efficient court management.

The answers to these questions are not seen as a kind of test, but as a starting point of a discussion between professionals about ethical dilemmas they experience in their daily life. Again, participants will only open up if they are confident that the answers will not have negative effects for them.

5 Creation of a Culture of Open Discussion

Future and experienced judges are trained in common courses to discuss day-to-day ethical dilemmas in the work of a judge. One of the objects of common courses is to train future judges so they will be able and willing to talk about dilemmas with peers if and when dilemmas occur. An important aspect of the training is that future judges are helped to talk about ethical dilemmas without endangering the independence of an individual judge. One of the questions in this respect is: How to deal with a situation when you suspect a colleague-judge is behaving unethically? The reputation of such a judge should not be destroyed by false accusations or gossip.

The overall aim of all these courses is to establish a culture of open discussion on the core values of judges, and to create an individual and common responsibility of judges for the core values of the judiciary. This will contribute to the legitimacy of the judiciary in society.

In every country, I believe, it will take a long time to establish such a culture. It requires a lot of investments (time and people), but, in the long run, I am sure, it will be the most effective strategy for upholding the independence and integrity of judiciaries. This is important, for only independent and honest judges can serve society best.

XVI Pemikiran untuk Penguatan Pendidikan Etika Profesi Hukum

*Sujayadi**

Integritas masih menjadi permasalahan utama dalam penegakan hukum di Indonesia. Lembaga pendidikan tinggi hukum tidak dapat menyangkal bahwa para penegak hukum saat ini adalah hasil dari proses pendidikan yang mereka lakukan. Permasalahan utama yang ditemui berkaitan dengan hal ini adalah sebagian besar lembaga pendidikan tinggi hukum tidak memberikan perhatian yang cukup dalam pembelajaran etika profesi hukum. Kurikulum pendidikan hukum cenderung memberikan bobot lebih pada keterampilan hukum dan pengetahuan hukum. Artikel ini akan menawarkan dan mengelaborasi dua pendekatan yang dapat diterapkan oleh fakultas hukum di Indonesia. Pertama, pendekatan non-kurikuler di mana lembaga pendidikan tinggi hukum mempromosikan dan mengadopsi lingkungan belajar berbasis etika; dan kedua, pendekatan kurikuler di mana lembaga pendidikan tinggi hukum dapat menerapkan kebijakan agar setiap mata kuliah di dalam kurikulum memiliki muatan pembelajaran etika profesi, lebih lanjut pelbagai metode pembelajaran seperti pembelajaran reflektif dan partisipatori dapat diterapkan dalam proses pembelajaran etika profesi hukum untuk menginternalisasi nilai-nilai etika profesi pada diri mahasiswa.

Integrity is still a main problem in Indonesian law enforcement. The legal education institutions cannot deny that today's judges, state attorneys, and advocates are the result of their education. The main problem that can be observed is that most legal education institutions do not pay sufficient attention to teaching professional ethics. The legal education curriculum tends to emphasise legal skills and legal knowledge. This article offers and elaborates two approaches to ensure that professional ethics take the central place they deserve and require in Indonesian Law Schools. The first one is a non-curricular approach, in which legal education institutions promote professional ethics by adopting and fostering an ethics-based learning environment; the second one is a curricular approach, in which legal education institutions may implement a pervasive path of inserting content relating to professional ethics into all subjects of the curriculum and in which, furthermore, various learning methods such as reflective learning and participatory learning can be applied in professional ethics teaching to make students internalise the professional ethics values conveyed in the curricular content better.

1 Latar Belakang

Rendahnya integritas lembaga penegak hukum di Indonesia telah menjadi permasalahan endemik yang berkontribusi bagi kurangnya kepercayaan masyarakat terhadap proses penegakan hukum di Indonesia. Beberapa survey oleh lembaga independen yang diselenggarakan untuk memotret tingkat kepercayaan masyarakat terhadap insitusi penegak hukum menunjukkan bahwa sampai dengan saat ini lembaga penegak hukum – kepolisian, kejaksaan, dan pengadilan – selalu mendapatkan tingkat kepercayaan yang lebih rendah

* Dosen Departemen Hukum Perdata, Fakultas Hukum, Universitas Airlangga / Lecturer at the Department of Private Law, Faculty of Law, Airlangga University.

di banding dengan lembaga publik yang lain.[1] Survey tersebut seakan dikonfirmasi kebenarannya ketika hampir setiap hari masyarakat disuguhi berita-berita tentang oknum penegak hukum yang terbelit dengan permasalahan suap dalam kaitannya dengan pelaksanaan tugasnya. Menjadi pertanyaan siapa yang bertanggung jawab atas kondisi integritas penegak hukum Indonesia yang demikian memprihatinkan? Tentu saja pertanyaan ini tidak mudah dijawab, karena banyak faktor yang mempengaruhi seorang penegak hukum ketika mengambil keputusan untuk melakukan perbuatan yang bertentangan dengan nilai etika dan moral yang seharusnya ia pegang teguh. Namun, institusi pendidikan tinggi hukum di Indonesia tidak dapat mengelak bahwa para penegak hukum itu – para advokat, jaksa, dan hakim maupun para aparatur sipil negara dan para notaris – adalah hasil pendidikan dan pengajaran yang mereka selenggarakan, untuk itu sudah saatnya institusi pendidikan tinggi hukum memberikan perhatian secara serius kepada pendidikan etika profesi hukum yang merupakan salah satu bekal bagi mahasiswa sebagai calon penegak hukum ketika kelak mereka berada di tengah-tengah masyarakat dan mengambil peranan serta tugas sebagai penegak hukum.

Penyelenggaraan pendidikan tinggi hukum Indonesia mengacu pada Kerangka Kualifikasi Nasional Indonesia yang dirumuskan ke dalam capaian pembelajaran sebagai standar kompetensi lulusan yang hendak dicapai melalui proses pendidikan yang terstruktur pada bidang ilmu hukum.[2] Capaian pembelajaran meliputi unsur sikap (*attitude*), pengetahuan (*knowledge*), dan keterampilan (*skill*) yang meliputi keterampilan umum dan keterampilan khusus.[3] Capaian pembelajaran pada aspek sikap telah ditetapkan di dalam Peraturan Menteri Pendidikan dan Kebudayaan Nomor 3 Tahun 2020 sebagai berikut:

1. Bertakwa kepada Tuhan Yang Maha Esa dan mampu menunjukkan sikap religius;
2. Menjunjung tinggi nilai kemanusiaan dalam menjalankan tugas berdasarkan agama, moral, dan etika;
3. Berkontribusi dalam peningkatan mutu kehidupan bermasyarakat, berbangsa, bernegara, dan kemajuan peradaban berdasarkan Pancasila;
4. Berperan sebagai warga negara yang bangga dan cinta tanah air, memiliki nasionalisme serta rasa tanggungjawab pada negara dan bangsa;
5. Menghargai keanekaragaman budaya, pandangan, agama, dan kepercayaan serta pendapat atau temuan orisinal orang lain;

1 Dalam survey yang dirilis oleh Indo Barometer pada Februari 2020 tingkat kepercayaan publik terhadap institusi penegak hukum adalah sebagai berikut: KPK (81,8%), Mahkamah Agung (75,4%), Kejaksaan (52,9%), dan Kepolisian (51,9%).

2 Lihat: Kementerian Pendidikan dan Kebudayaan, *Kerangka Kualifikasi Nasional Indonesia*, http://kkni.kemdikbud.go.id/pendidikan, diakses pada 7 September 2021.

3 Ibid.

6. Bekerjasama dan memiliki kepekaan sosial serta kepedulian terhadap masyarakat dan lingkungan;
7. Taat hukum dan disiplin dalam kehidupan bermasyarakat dan bernegara;
8. Menginternalisasi nilai, norma, dan etika akademik;
9. Menunjukkan sikap bertanggung jawab atas pekerjaan di bidang keahliannya secara mandiri; dan
10. Menginternalisasi semangat kemandirian, kejuangan, dan kewirausaahaan.[4]

Capaian pembelajaran pada aspek sikap menghendaki agar seorang lulusan pendidikan tinggi menjadi seorang manusia yang paripurna atau warga masyarakat yang baik (*good citizen*) yang berpegang teguh pada nilai-nilai religius, moral, etika, nasionalisme, toleransi, dan penghargaan pada usaha. Pada tataran implementasi, fakultas hukum di Indonesia sebagai penyelenggara pendidikan tinggi hukum, membebankan capaian pembelajaran tersebut pada beberapa mata kuliah di dalam kurikulum pendidikan program sarjana hukum, yaitu mata kuliah Pendidikan Agama, Pendidikan Pancasila, Pendidikan Kewarganegaraan, dan secara khusus untuk profesi hukum melalui mata kuliah Etika Profesi Hukum.

Mata kuliah Etika Profesi Hukum menjadi mata kuliah wajib dalam kurikulum pendidikan program sarjana hukum di semua fakultas hukum di Indonesia. Mata kuliah ini memberikan pengetahuan kepada mahasiswa mengenai aspek filosofis etika, makna etika profesi, dan pengenalan pada etika (kode etik) yang berlaku untuk profesi polisi, jaksa, advokat, hakim, dan notaris. Capaian pembelajaran mata kuliah ini adalah mahasiswa mampu memecahkan permasalahan yang berkaitan dengan etika profesi hukum dengan tepat dan benar. Berdasarkan pada capaian pembelajaran tersebut, dalam mata kuliah ini mahasiswa dihadapkan pada kasus-kasus mengenai dilema etika dalam pelaksanaan profesi hukum.[5] Kemampuan yang diperoleh dari mata kuliah ini sangat penting bagi mahasiswa hukum, yaitu mengenali profesi hukum dan etika yang berlaku bagi profesi itu, mengidentifikasi dilema etika yang terjadi dalam menjalankan profesinya, serta mampu melakukan pemecahan permasalahan etik (*ethical problem solving*) melalui proses pengambilan keputusan etik menurut kode etik yang berlaku.

Menjadi seorang penegak hukum berarti bergelut setiap hari dengan pilihan moral,[6] namun tentu saja menjadi penegak hukum yang beretika tidak sekadar menyelesaikan permasalahan etika berdasarkan kode etik yang berlaku untuk profesinya sebagai peraturan

---

4 Lampiran Peraturan Menteri Pendidikan dan Kebudayaan Nomor 3 Tahun 2020 tentang Standar Nasional Pendidikan Tinggi.

5 Berdasarkan pengamatan penulis pada beberapa dokumen Rencana Pembelajaran Semester Mata Kuliah Etika Profesi Hukum yang terdapat pada beberapa fakultas hukum.

6 Lisa G. Lerman (1998), "Teaching Moral Perceptions and Moral Judgement in Legal Ethics Courses: A Dialogue about Goals", *William and Mary Law Review*, Vol. 39 Issue 2, h. 474.

yang jelas, namun lebih dari itu diperlukan kearifan dan kebijaksanaan yang mendalam pada diri yang bersangkutan sehingga ketika dihadapkan pada pilihan moral ia dapat mengambil keputusan dengan tepat.[7] Hal ini hanya dapat dilakukan apabila seorang penegak hukum terinternalisasi dalam dirinya nilai-nilai moral dan etika yang di antaranya diharapkan dapat diperoleh selama mengikuti pendidikan tinggi hukum di fakultas hukum.

Makalah ini tidak bertujuan untuk mengkritisi atau mengevaluasi konten dan metode pembelajaran yang telah berkembang dan diterapkan pada mata kuliah-mata kuliah yang berkorelasi dengan etika profesi hukum. Makalah ini mencoba melengkapi apa yang telah berlaku selama ini dalam pendidikan etika profesi hukum di fakultas hukum. Makalah ini menawarkan dua pendekatan yang dijalankan bersama-sama sebagai upaya penguatan pendidikan etika profesi hukum, yaitu pendekatan non-kurikular dengan menciptakan lingkungan belajar yang berbasis etika dan pendekatan kurikular melalui pendidikan etika profesi hukum yang meresap pada mata kuliah lain dan metode pembelajaran reflektif dan partisipatori.

2 Menciptakan Lingkungan Belajar yang Berbasis Etika

Mahasiswa fakultas hukum – sebagaimana pula mahasiswa pada jurusan lain – berasal dari beragam latar belakang etnik, budaya, keyakinan, ekonomi dan aspek-aspek sosial lain yang terdapat pada lingkungan asal di mana mereka tumbuh dan berkembang yang membentuk sikap, perilaku, dan kebiasaan mereka. Setelah dikukuhkan sebagai mahasiswa, mereka menjadi bagian dari masyarakat akademik yang terikat dengan aturan berperilaku dan etika akademik pada perguruan tinggi. Sebagai pembelajar dewasa (*adult learners*), mahasiswa diharapkan mampu mengatasi permasalahan perbedaan latar belakang dalam berinteraksi dengan anggota masyarakat akademik yang lain dalam kerangka aturan berperilaku dan etika akademik.

Di sinilah terdapat peranan etika akademik sebagai instrumen etik beserta masyarakat akademik (kampus, perguruan tinggi, universitas) sebagai lingkungan belajar yang memiliki peran dalam membentuk karakter mahasiswa. Pengalaman belajar di lingkungan etis pada saat di perguruan tinggi akan meningkatkan kepekaan moral dan perilaku etis mahasiswa serta membantu mereka dalam menghargai pentingnya etika dalam kehidupan pribadi dan profesional mereka dan dalam kehidupan masyarakat secara luas.[8]

---

7 Juan Beca (2016), "Teaching Legal Ethics to Law Students: Why, What, How and Who Might Teach", *Asian Journal of Legal Education*, Vol. 3 Issue 1, h. 90.

8 UNODC, "Fostering ethical learning environments", *E4J University Module Series: Integrity & Ethics*, https://www.unodc.org/e4j/en/integrity-ethics/teaching-guide/ethical-learning-environments.html, diakses pada 7 September 2021.

Menciptakan lingkungan belajar yang etis – yang pada akhirnya membudaya – tentu saja bukan pekerjaan yang mudah. Diperlukan keterlibatan dan komitmen dari seluruh anggota masyarakat akademik – mahasiswa, dosen, tenaga kependidikan, dan pemangku kepentingan yang lain – untuk secara terus menerus dan konsisten berperilaku etis. Sebagian besar dosen – sebagai pendidik – tentu setuju dan sangat antusias akan ide pendidikan karakter dan etika akademik bagi mahasiswa, namun seringkali mereka tidak tahu dari mana harus memulainya di tengah-tengah target kurikulum yang padat, kewajiban penelitian dan publikasi, dan pekerjaan administratif yang membebani mereka. Dalam hal ini para dosen setidaknya dapat mulai menjadi panutan (*role model*) bagi mahasiswa yang mereka ajar.[9] Bagi sebagian besar mahasiswa hukum, dosen mereka adalah *lawyer* pertama yang mereka kenal dan amati, sehingga perilaku dosen terhadap mahasiswa akan menjadi nilai-nilai yang mereka pelajari dan sangat mungkin akan dianut oleh mereka.[10]

Di sini berlakulah peribahasa "*actions speak louder than words*", peranan dosen sebagai panutan sehari-hari dipandang lebih efektif dibandingkan sekadar pembelajaran etika di ruang kelas.[11] Dosen, sesuai dengan karakter pekerjaannya, dituntut untuk memberi contoh bagi mahasiswa dan menjadi panutan ideal dalam berperilaku etis di dalam maupun di luar kelas, hal ini sudah seharusnya menjadi bagian utama dari tugas dosen sebagai pendidik.[12] Untuk menciptakan lingkungan belajar yang berbasis etika, setiap dosen harus menunjukkan integritas dalam keseharian mereka dan menghindari perilaku tidak etis ketika berinteraksi dengan mahasiswa, rekan sejawat dosen, dan tenaga kependidikan.[13] Lebih lanjut, dosen dapat menetapkan standar perilaku seperti apa yang diharapkan kepada mahasiswa yang mengikuti perkuliahannya, seperti penggunaan peralatan elektronik di luar tujuan pembelajaran, aturan berdiskusi, dan bagaimana tata krama menghubungi dosen untuk konsultasi akademik di luar jam perkuliahan. Pada bagian lain yang lebih serius, dosen dan institusi pendidikan harus memberikan respon yang tepat dan terukur atas setiap perilaku mahasiswa yang bertentangan dengan etika yang berlaku, seperti terjadinya perundungan, kecurangan dalam ujian, penyuapan untuk mempengaruhi nilai atau kelulusan, pelecehan seksual, dan plagiarisme yang merupakan bentuk-bentuk pelanggaran berat etika akademik.

Pada tingkat kelembagaan, pimpinan fakultas hukum – selain juga sebagai panutan – diharapkan terus menerus dapat mempromosikan etika akademik kepada seluruh anggota masyarakat akademik yang ada di bawahnya melalui kebijakan-kebijakan

---

9 Lihat: Steven Johnson, "An Education in Ethics", *Character Education: Markkula Center for Applied Ethics*, https://www.scu.edu/character/resources/an-education-in-ethics/, diakses pada 7 September 2021.

10 Juan Beca, note 7, h. 85-86.

11 UNODC, note 8.

12 Ibid.

13 Jacques Hallak dan Muriel Poisson (2007), *Corrupt Schools, Corrupt Universities: What Can Be Done?*, International Institute for Educational Planning, UNESCO Publishing, Paris, h. 33.

yang diberlakukannya. Nilai-nilai moral dan etika yang dianut pada umumnya telah ditetapkan sebagai bagian dari visi perguruan tinggi dan diturunkan ke dalam aturan berperilaku dan etika akademik. Terdapat kewajiban dan tanggung jawab etis yang dibebankan kepada setiap anggota masyarakat akademik serta nilai-nilai luhur seperti kejujuran, kesopanan, disiplin, inklusif, toleran, kesetaraan, sikap ilmiah, kepekaan sosial, dan penghargaan atas kerja keras yang harus tercermin dalam sikap dan perilaku keseharian semua anggota masyarakat akademik. Di lain pihak, pimpinan fakultas harus berkomitmen untuk menghindari kebijakan yang "patologis" bagi lingkungan belajar yang etis, seperti sikap pembiaran atas adanya pelanggaran etika, kebijakan yang permisif, diskriminatif, maupun impunitas. Oleh karena itu, setiap pelanggaran etika dalam bentuk apapun harus mendapatkan penanganan sesegera mungkin sesuai ketentuan yang berlaku untuk menunjukkan komitmen dan kesungguhan kepada seluruh anggota masyarakat akademik, serta secara khusus sebagai bagian pendidikan etika bagi mahasiswa hukum.

Pembiaran terhadap adanya pelanggaran etika di lingkungan belajar akan memberikan kesan kepada mahasiswa bahwa etika bukan sesuatu yang serius, ldan apabila pembiaran ini berlangsung secara terus menerus akan menjadi kebiasaan yang pada akhirnya membentuk lulusan yang "buta etika". Untuk memastikan bahwa pelanggaran etika akan ditangani dan ditindak, fakultas hukum perlu membangun – sebagai bagian dari upaya menciptakan lingkungan belajar berbasis etika – sistem yang memastikan bahwa setiap anggota masyarakat akademik memiliki pemahaman tentang etika akademik, mekanisme pengaduan apabila terjadi pelanggaran etika, dan prosedur penegakan etika yang jelas dan adil. Melalui lingkungan belajar yang berbasis etika, mahasiswa akan mulai mengenal, terlibat, dan memahami arti penting etika yang pada akhirnya membentuk lulusan yang berkarakter yang diharapkan menjadi pondasi yang kuat kelak untuk memegang teguh etika profesi ketika mereka menjadi penegak hukum yang menjalankan tugas di tengah-tengah masyarakat.

3 Pendidikan Etika Profesi Hukum yang Meresap pada Mata Kuliah Lain dan Metode Pembelajaran Reflektif dan Partisipatori

Pasca skandal Watergate pada 1974, American Bar Association (ABA) mewajibkan kepada sekolah-sekolah hukum yang telah terakreditasi oleh ABA untuk mengajarkan tanggung jawab profesional hukum kepada mahasiswa mereka.[14] Kemudian sekolah-sekolah hukum di Amerika Serikat mulai merespon permintaan itu, namun tampaknya upaya ini tidak

14 Lihat: Mary C. Daly et al. (1995), "Contextualizing Professional Responsibility: A New Curriculum for A New Century", *Law and Contemporary Problems*, Vol 58 Nos. 3 & 4, h. 194-195. Patut dicatat bahwa sebelum tahun 1974 mata kuliah yang mengajarkan etika profesi hukum telah diajarkan di sekolah-sekolah hukum di Amerika Serikat.

memberikan hasil yang sesuai dengan harapan. Berdasarkan kajian yang dilakukan American Bar Foundation (ABF) dalam kurun 1975-1976 menemukan bahwa para mahasiswa menganggap kuliah mengenai tanggung jawab profesional membutuhkan lebih sedikit waktu, secara substansial lebih mudah, diajarkan dengan kurang baik, dan hanya memboroskan waktu.[15] Lebih lanjut mata kuliah tentang tanggung jawab profesional mendapatkan posisi yang secara hierarkis lebih rendah dibandingkan mata kuliah yang mengajarkan pengetahuan dan keterampilan hukum di dalam kurikulum,[16] serta diajarkan dengan metode pengajaran diskusi yang kurang mengajak mahasiswa berpikir kritis.[17] Kajian itu menyimpulkan bahwa modus pengajaran tanggung jawab profesional yang diterapkan pada kenyataannya menyosialisasikan kepada mahasiswa bahwa etika profesi hukum tidak penting.[18] Cramton dan Koniak menyatakan "*legal ethics remains an unloved orphan of legal education.*"[19] Apakah situasi yang sama terjadi di fakultas-fakultas hukum di Indonesia? Pengamatan dan kesimpulan mengenai hal ini penulis kembalikan kepada para pembaca.

Apapun hasil pengamatan dan kesimpulan yang diperoleh, penulis yakin bahwa semua pihak akan sepakat mengenai pentingnya pendidikan etika profesi hukum bagi mahasiswa hukum, untuk itu perlu suatu keseriusan dalam upaya menguatkan pendidikan etika hukum pada tataran kurikulum. Setidaknya terdapat dua hal yang dapat diupayakan dalam kurikulum pendidikan program sarjana hukum berkenaan dengan pendidikan etika hukum, pertama adalah memasukkan muatan pendidikan etika profesi hukum pada mata kuliah-mata kuliah yang lain, dan kedua menerapkan metode pembelajaran yang reflektif dan parsipatori.

Pentingnya memasukkan muatan pendidikan etika profesi hukum ke dalam mata kuliah-mata kuliah lain telah lama disuarakan oleh pelbagai kalangan, di antaranya oleh para pemimpin the Association of American Law Schools yang merekomendasikan agar sekolah-sekolah hukum mengajarkan mata kuliah etika dan pembelajaran etika yang meresap (*pervasive*) pada mata kuliah lain di dalam kurikulum.[20] Memasukkan muatan pendidikan etika profesi hukum ke dalam mata kuliah-mata kuliah lain adalah penting untuk tujuan simbolis maupun substantif. Hal itu memberikan peluang untuk mengatasi isu-isu etis yang mungkin tidak didiskusikan dalam mata kuliah etika profesi hukum serta mengajarkan mahasiswa keterampilan untuk mengidentifikasi dan menganalisis

---

15 Ronald M. Pipkin (1979), "Law School Instruction in Professional Responsibility: Curricular Paradox", *American Bar Foundation Research Journal*, Vol. 4 No. 2, h. 258.

16 Ibid., h. 257.

17 Ibid., h. 259.

18 Ibid., h. 274.

19 Roger C. Cramton dan Susan P. Koniak (1996), "Rule, Story, and Commitment in the Teaching of Legal Ethics", *William and Mary Law Review*, Vol. 38 Issue 1, h. 146.

20 Deborah L. Rhode (1992), "Ethics by the Pervasive Method", *Journal of Legal Education*, Vol. 42 No. 1, h. 37.

permasalahan dalam konteks di mana etika bukan fokus utama mata kuliah.[21] Di samping itu, mengajarkan etika profesi hukum hanya dalam mata kuliah tertentu akan memberikan kesan kepada mahasiswa bahwa pembelajaran etika profesi hanyalah untuk memenuhi persyaratan beban kredit dan tidak terlalu penting bagi kehidupan profesional.[22]

Penerapan pembelajaran etika yang meresap ke dalam mata kuliah lain tidak harus dilakukan dengan merombak secara total kurikulum yang telah ada.[23] Kurikulum yang ada sudah sangat padat, maka berharap setiap dosen memberikan perhatian lebih pada kajian etika dalam mata kuliah mereka akan sangat sulit.[24] Strategi "*bread-and-butter*" dapat diterapkan sebagai langkah awal,[25] yaitu dengan menyisipkan muatan etika di antara pokok bahasan yang ada dalam mata kuliah lain.[26] Misalkan dalam pokok bahasan mediasi yang ada di dalam mata kuliah Hukum Acara Perdata terdapat diskusi mengenai prinsip keterpisahan antara mediasi dan litigasi yang diatur di dalam Peraturan Mahkamah Agung Nomor 1 Tahun 2016[27] dan prinsip yang sama terdapat pula di dalam Kode Etik Advokat Indonesia,[28] topik ini dapat menjadi bahan diskusi mengenai nilai-nilai moral dan etika bagi advokat dari prinsip tersebut. Apabila penerapan pembelajaran etika yang meresap ini diterapkan secara berkelanjutan dan konsisten, setiap dosen diharapkan dapat terus menggali dan mengangkat isu-isu etika yang ada dalam materi perkuliahannya kemudian mendiskusikannya di kelas, sehingga pada akhirnya akan memberikan sinyal kepada mahasiswa pentingnya etika dalam kehidupan profesional yang akan ia jalani di masa mendatang.

Pada bagian lain dari kurikulum, upaya penguatan pendidikan etika profesi hukum perlu dilakukan pada aspek metode pembelajaran. Terdapat beberapa metode pembelajaran yang dipandang sesuai untuk mengajarkan nilai-nilai etika profesi hukum, yaitu metode pembelajaran reflektif dan metode pembelajaran partisipatori. Metode pembelajaran reflektif mengajak mahasiswa untuk berpikir atas apa yang telah mereka baca, lakukan, dan pelajari dan menghubungkannya dengan kehidupan pribadinya atau kondisi

---

21 Russell Pearce (1998), "Teaching Ethics Seriously: Legal Ethics as Important Subject in Law School", *Loyola University Chicago Law Journal*, Vol. 29, h. 737.

22 Juan Beca, *note* 7, h. 93. Lihat pula: Russel Pearce, *note* 20, h. 738.

23 Harus diakui kurikulum pendidikan sarjana hukum saat ini sangat padat, dosen dituntut untuk menyelesaikan seluruh topik bahasan mata kuliah dalam durasi dan frekuensi pertemuan yang terbatas.

24 N.J. Duncan (2009), "Teaching ethics pervasively or in discrete modules?", working paper, The City Law School of City University London, https://openaccess.city.ac.uk/id/eprint/2404/.

25 Deborah L. Rhode, *note* 19, h. 53.

26 Lihat: Elizabeth Gee dan James Elkins (1987), "Resistance to Legal Ethics", *The Journal of the Legal Profession*, Vol. 12, h. 38-39.

27 Peraturan Mahkamah Agung Nomor 1 Tahun 2016 tentang Prosedur Mediasi di Pengadilan, Pasal 35 ayat (3).

28 Kode Etik Advokat Indonesia, Pasal 7 huruf b.

masyarakat secara luas sehingga memperoleh makna yang mendalam dari pelajaran itu.[29] Dalam metode pembelajaran partisipatori mahasiswa dilibatkan seoptimal mungkin dalam proses pembelajaran, sehingga mahasiswa memperoleh pengalaman dari aktivitasnya serta menarik pelajaran yang diperoleh dari pengalaman itu.[30] Penerapan kedua metode pembelajaran ini dipandang memiliki kelebihan, yaitu: (1) pembelajaran yang dapat mempengaruhi perkembangan pribadi (karakter) peserta didik;[31] (2) meningkatkan kemampuan metakognitif atau kesadaran terhadap proses berpikir internal;[32] (3) meningkatkan kesadaran terhadap motif atas tindakan yang diambil;[33] dan (4) peserta didik mampu menghubungkan aktivitas yang mereka lakukan dan pelajaran yang diperoleh.[34]

Berikut ini beberapa aktivitas pembelajaran dari kedua metode itu yang dapat diterapkan dalam proses pendidikan etika profesi hukum bagi mahasiswa:

3.1 Observasi fenomena sosial

Indonesia boleh dikatakan suatu "laboratorium hukum" yang menyediakan berbagai kompleksitas dalam praktik hukum, termasuk penyimpangan-penyimpangan yang dilakukan oleh penegak hukumnya. Kenyataan ini di satu sisi mungkin memprihatinkan, namun dapat menjadi kesempatan bagi banyak kalangan untuk mengkaji dan memperoleh pelajaran dari hal tersebut. Dalam metode pembelajaran reflektif, kasus-kasus riil pelanggaran etika yang dilakukan oleh penegak hukum dapat menjadi bahan pelajaran yang sangat berharga. Diskusi atas kasus-kasus itu tentunya telah dilakukan di kelas-kelas mata kuliah etika profesi hukum, namun sedapat mungkin tidak sekadar didekati secara deduktif dengan mengacu pada kode etik profesi, lebih dari itu bagaimana refleksi dari kasus-kasus tersebut terhadap diri pribadi mahasiswa, institusi penegak hukum, dan masyarakat luas melalui analisis kritis, sehingga diperoleh pelajaran yang mendalam mengenai nilai-nilai etika dari kasus itu. Tentunya kasus-kasus yang dipelajari tidak melulu kasus penyimpangan etika, mahasiswa dapat pula mendapatkan pelajaran dari kisah dan pengalaman hidup beberapa tokoh penegak hukum yang dikenal memiliki integritas tinggi dan berpegang teguh pada nilai-nilai moral dan etika, dari hal ini mahasiswa akan mendapatkan inspirasi dan keteladanan.

---

29 "Reflective Learning: Definition, Style & Theory", *Study.com*, 12 Agustus 2016, https://study.com/academy/lesson/reflective-learning-definition-style-theory.html, diakses pada 12 September 2021.

30 Lihat: Alžbeta Kucharčíková dan Emese Tokarčíková (2016), "Use of Participatory Methods in Teaching at the University", *The Online Journal of Science and Technology*, Vol. 6 Issue 1, h. 85.

31 Note 29.

32 Ibid.

33 Ibid.

34 Ibid.

Pembelajaran etika juga dapat diperoleh dengan melakukan pengamatan dan analisis atas hasil survey yang dilakukan secara periodik oleh berbagai lembaga independen mengenai tingkat kepercayaan publik terhadap institusi penegak hukum. Dari hasil survey tersebut mahasiswa dapat melakukan refleksi atas persepsi publik terhadap citra penegak hukum atau penyelenggaraan pemerintahan secara umum, selain itu mereka mungkin akan dihadapkan pada paradoks yang dapat ditemui dari hasil survey itu. Misalkan survey yang dilaksanakan oleh Pew Research Center bertajuk *the Global God Divide* yang menunjukkan bahwa negara-negara yang mayoritas penduduknya berpendapat bahwa moral berhubungan dengan keyakinan kepada Tuhan justru adalah negara-negara dengan kondisi ekonomi yang terbelakang atau sedang berkembang, sementara negara-negara dengan ekonomi maju mayoritas penduduknya berpendapat sebaliknya.[35]Survey ini kemudian dapat dihubungkan dengan survey yang dilakukan oleh Transparency International mengenai *Corruption Perceptions Index*,[36] yang menunjukkan bahwa negara-negara yang mayoritas penduduknya berpendapat bahwa moral berhubungan dengan keyakinan kepada Tuhan justru berada di peringkat bawah dalam indeks persepsi korupsi. Di sini mahasiswa akan mendapatkan wawasan dan bahkan pertentangan konsep mengenai keyakinan, moral, dan etika.

Mahasiswa dapat pula mengembangkan sendiri penelitian berbasis survey mengenai etika profesi hukum dalam konteks pembelajaran berbasis proyek (*project based learning*). Kegiatan ini dapat dilangsungkan dalam satu semester di sela-sela perkuliahan. Di awal semester mahasiswa diarahkan untuk bekerja secara berkelompok untuk merencanakan penelitian, menentukan topik, ruang lingkup, responden, dan mengembangkan instrumen survey (kuesioner), menghimpun informasi, dan kemudian menyusun laporan serta mempresentasikan hasilnya di akhir semester. Dari kegiatan pembelajaran ini, mahasiswa akan bersentuhan dan menghimpun sendiri sumber informasi serta mengetahui pendapat dan persepsi responden tentang perilaku penegak hukum secara faktual, selain tentu saja mahasiswa akan mendapatkan pengalaman penelitian yang sangat berharga bagi perkembangan akademik mereka.

3.2 *Pembelajaran etika profesi hukum dari budaya populer*

Mahasiswa era sekarang sebagian besar mungkin tidak memiliki kebiasaan membaca, perkembangan teknologi informasi membuat mereka lebih terbiasa memperoleh informasi dari media visual yang tersedia di internet, dan film dapat menjadi media belajar yang

35 Christine Tamir et al. (2020), "The Global God Divide", *Pew Research Center*, https://www.pewresearch.org/global/2020/07/20/the-global-god-divide/, diakses pada 12 September 2021.

36 "Corruption Perceptions Index 2020", *Transparency International*, https://images.transparencycdn.org/images/CPI2020_Report_EN_0802-WEB-1_2021-02-08-103053.pdf, diakses pada 12 September 2020.

efektif mengenai etika profesi hukum bagi mahasiswa.[37] Jadranka Skorin-Kapov, seorang profesor pada the State University of New York at Stony Brook, College of Business, berpendapat bahwa "film dapat berfungsi sebagai 'laboratorium' perilaku manusia, memungkinkan wawasan baru ke dalam interaksi estetika dan etika. Peran estetika dan etika, yaitu peran penilaian artistik dan moral, sangat relevan dengan masyarakat kontemporer dan praktik bisnis, terutama mengingat kemajuan teknologi yang mengakibatkan ledakan budaya visual disertai dengan kekaguman dan kekhawatiran, saat memikirkan masa depan umat manusia".[38]

Menyadari adanya manfaat sebagai media pembelajaran, beberapa perguruan tinggi hukum telah membuat panduan penggunaan film sebagai media belajar.[39] Demikian pula ABA, sebagai organisasi profesi, merekomendasikan film yang memiliki kisah mengenai *lawyer* dalam *the 25 Greatest Legal Movies.*[40] Beberapa film terbaru seperti *Official Secrets* (2019), *Just Mercy* (2019), dan *Dark Waters* (2019) sarat akan kandungan dilema etika yang menarik untuk dikaji nilai-nilai moralnya. Dengan menggunakan beragam film, dosen dapat mendiskusikan masalah etika yang dihadapi dengan menggunakan film sebagai media. Dari dilema etika yang dibawakan oleh film, mahasiswa dan dosen mencari jawaban atas berbagai pertanyaan etika dan mendorong diskusi mengenai perilaku profesional *lawyer*, seperti: Apa yang mendorong diskriminasi? Apa tanggung jawab? Apa itu keserakahan? Apa itu suap? Apa itu kejujuran?

Sebagaimana dikemukakan oleh Aristoteles (384-322 SM) dalam *Poetics*, tontonan tragis yang baik mampu membangkitkan perasaan kasihan dan ketakutan pada diri penonton yang mengarah pada katarsis atau pemurnian emosi tersebut dan berkontribusi pada pengembangan kebajikan seseorang. Dalam situasi kontemporer, karakter dan cerita dalam film dapat berkontribusi pada pembentukan karakter seseorang yang dapat digunakan sebagai media belajar untuk menanamkan nilai-nilai moral dan etika bagi mahasiswa.[41]

---

37 Lihat: N.J. Duncan (2011), "Why teach legal ethics on undergraduate degrees?", working paper, The City Law School of City University London, https://openaccess.city.ac.uk/id/eprint/2403/.

38 "What Films Can Teach Us About Business Ethics", *Aspen Institute*, 28 September 2018, https://www.aspeninstitute.org/blog-posts/films-teach-business-ethics/, diakses pada 13 September 2021.

39 Lihat: Perpustakaan William & Mary Law School, https://lawlibrary.wm.edu/movies/; Perpustakaan Georgia State University College of Law, https://libguides.law.gsu.edu/c.php?g=253393&p=1689701.

40 "The 25 Greatest Legal Movies", *ABA Journal*, https://www.abajournal.com/magazine/article/the_25_greatest_legal_movies, diakses pada 13 September 2021.

41 Lihat: note 38.

3.3 *Permainan peran* (role-playing) *dan simulasi*

Permainan peran dan simulasi dalam pendidikan hukum pada umumnya bertujuan untuk meningkatkan keterampilan hukum (*legal skills*) mahasiswa, namun dapat pula menjadi model pembelajaran untuk menanamkan etika profesi hukum kepada mahasiswa.[42] Terdapat beberapa alasan mengapa simulasi dapat menjadi model pembelajaran yang sesuai untuk pendidikan etika: (1) Simulasi menghadapkan siswa pada jenis situasi konret yang kompleks di mana masalah moral dapat muncul tanpa mereka duga, hal ini akan meningkatkan visi moral;[43] (2) Simulasi menempatkan mahasiswa dalam situasi kompetitif antara batasan-batasan dan tujuan;[44] (3) Simulasi dapat meningkatkan tingkat keterlibatan dan perhatian mahasiswa yang memungkinkan mereka memahami aturan dalam konteks;[45] (4) Simulasi mengembangkan kemampuan dan pemahaman tentang bagaimana bekerja di bawah aturan;[46] (5) Simulasi dapat menjadi contoh untuk pengembangan praktik yang baik (*good practices*);[47] (6) Dalam simulasi, mahasiswa berperan sebagai *lawyer* profesional yang memiliki tanggung jawab profesional dalam situasi yang kompleks;[48] (7) Simulasi memungkinkan pengacara (yang diperankan mahasiswa) untuk memahami masalah dan membuat keputusan reflektif berdasarkan norma-norma etika sebagai elemen identitas profesionalnya dan mengintegrasikannya ke dalam praktik terlepas dari ancaman dan sanksi.[49]

Terdapat beberapa mata kuliah yang mengimplementasikan simulasi dalam proses pembelajarannya di fakultas-fakultas hukum di Indonesia, yaitu mata kuliah Hukum Acara Pidana, Hukum Acara Perdata, dan Praktik Peradilan Pidana dan Perdata (beberapa fakultas hukum menggunakan penamaan Pendidikan Latihan Keterampilan Hukum), mata kuliah tersebut dapat menjadi sarana yang efektif dalam pendidikan etika profesi hukum. Penting untuk keberhasilan pengajaran etika profesi hukum melalui simulasi adalah format, pengorganisasian, pengajar, materi, dan bagaimana kelas dikelola.[50]

Model pembelajaran dengan simulasi memerlukan sumber daya dan waktu persiapan yang lebih dibandingkan dengan metode klasikal. Simulasi tetap dapat diterapkan pada kelas dengan jumlah mahasiswa yang cukup banyak, namun pada tahap tertentu mahasiswa

---

42 Lihat: N.J. Duncan, note 37.
43 Robert P. Burns (1995), "Teaching the Basic Ethics Class Through Simulation: The Noetwestern Program in Advocacy and Professionalism", *Law and Contemporary Problems*, Vol. 58 Nos. 3 & 4, h. 37-39.
44 Ibid.
45 Ibid.
46 Ibid.
47 Ibid.
48 Ibid.
49 Ibid.
50 Mengenai praktik metode simulasi untuk pendidikan etika profesi hukum di Amerika Serikat secara lebih detil, lihat: Ibid., h. 39-49.

harus dibagi ke dalam beberapa kelompok kecil dengan jumlah mahasiswa tidak lebih dari 10 orang dalam format tutorial agar instruksi proses pembelajaran dapat dipahami setiap mahasiswa. Pengelolaan satu kelas tentunya memerlukan lebih dari satu pengajar, kolaborasi antara dosen dan pengajar dari kalangan praktisi akan sangat berguna dalam proses pembelajaran ini. Keterlibatan pengajar dari kalangan praktisi yang berpengalaman dan memiliki kemampuan mengaplikasikan etika ke dalam pratik profesional akan memperkaya proses pembelajaran ini.

Materi dalam bentuk modul praktikum harus disediakan dan didistribusikan kepada seluruh mahasiswa peserta mata kuliah. Di dalam modul praktikum terdapat skenario kasus - termasuk dilema etika di dalamnya - yang akan diperankan oleh mahasiswa dan dilengkapi dengan instruksi yang jelas. Sementara itu bagi dosen dan praktisi yang terlibat akan sangat baik untuk disediakan manual untuk pengajar, sehingga mereka dapat memahami peran mereka dalam simulasi, memberikan arahan yang jelas kepada mahasiswa sesuai tujuan pembelajaran, dan melakukan penilaian kepada mahasiswa. Modul praktikum dan manual untuk dosen hendaknya ditinjau setiap semester untuk penyempurnaan berdasarkan hasil evaluasi pelaksanaan simulasi pada semester sebelumnya.

3.4 Pendidikan hukum klinik

Model pembelajaran melalui pendidikan hukum klinik (*clinical legal education*) dipandang oleh banyak kalangan sebagai model yang paling sesuai untuk mengajarkan etika profesi hukum kepada mahasiswa.[51] Pendidikan hukum klinik merupakan pembelajaran pengalaman (*experiential learning*), di mana mahasiswa mendapatkan pengalaman mempraktikkan pengetahuan dan keterampilannya di bidang hukum dengan menangani kasus nyata, sekaligus mendapatkan pembelajaran moral yang dapat ditemui ketika menangani kasus itu. Hal ini sebagaimana dinyatakan oleh Lerman bahwa "*an experiential learning environment is necessary to engage students in the development of moral judgment.*[52] Melalui pengalaman nyata dan pribadi dalam menangani kasus - berinteraksi dengan klien, advokat lain, dan para penegak hukum - mahasiswa dapat melakukan refleksi yang mendalam dengan mempertimbangkan perspektif dan kepentingan klien, perspektif keadilan dan masyarakat, serta refleksi diri.[53] Bahkan pendidikan hukum klinik yang melibatkan mahasiswa dalam kegiatan bantuan hukum bagi kalangan marjinal akan

---

51 Lihat: Jack B. Weinstein (1975), "Educating Ethical Lawyers", *New York State Bar Journal*, Vol. 47, h. 208; Warren E. Burger (1980), "The Role of the Law School in Teaching Legal Ethics and Professional Responsibility", *Cleveland State Law Review*, Vol. 29 Issue 3, h. 392-392.

52 Lerman, note 6, h. 470.

53 Lihat: Rose Voyvodic (2006), "Lawyers Meet the Social Context: Understanding Cultural Competence", *La Revue du Barreau Canadien*, Vol. 84 No. 3, h. 585

memperkenalkan mereka dengan berbagai isu keadilan sosial seperti kesenjangan ekonomi para pihak yang bersengketa dan pengaruhnya pada akses terhadap keadilan, isu diskriminasi dan kekerasan berbasis gender atau rasial, serta perlindungan hak-hak masyarakat adat, di mana isu-isu tersebut dapat menumbuhkan kepekaan mereka pada rasa keadilan.[54]

Model pembelajaran melalui pendidikan hukum klinik telah diterapkan pada beberapa tahun terakhir di beberapa fakultas hukum di Indonesia secara terbatas dengan berbagai pendekatan.[55] Di Indonesia model pendidikan hukum klinik dikembangkan secara khusus pada beberapa mata kuliah klinik yang pada umumnya dikoordinasikan di bawah unit bantuan hukum atau laboratorium hukum yang ada pada fakultas hukum. Terdapat kendala yang teridentifikasi dari pelaksanaan model pembelajaran ini di Indonesia, yaitu: (1) Keterbatasan jumlah mahasiswa yang dapat mengikuti mata kuliah klinik pada tiap semester, sehingga terdapat banyak mahasiswa yang mungkin tertarik untuk mengambil mata kuliah klinik, namun karena keterbatasan kuota tidak dapat mengikuti mata kuliah itu; (2) Para dosen pada umumnya, terutama di perguruan tinggi negeri dengan status sebagai aparatur sipil negara, bukanlah praktisi hukum sehingga tidak memiliki pengalaman praktik yang diperlukan sebagai pengajar klinis; dan (3) Belum adanya kesatuan pemahaman di antara fakultas hukum di Indonesia mengenai bagaimana penyelenggaraan pendidikan hukum klinik yang ideal.[56]

Mengatasi kendala tersebut, dan terutama bagaimana pendidikan etika profesi hukum dapat menjadi perhatian dalam model pendidikan hukum klinik, beberapa langkah kiranya perlu dipertimbangkan. Keterbatasan jumlah mahasiswa yang dapat mengikuti mata kuliah klinik dapat disubstitusi dengan mengoptimalkan program magang (*internship*) terutama di kantor-kantor advokat atau institusi kejaksaan untuk memberikan pengalaman nyata kepada mahasiswa dalam menangani kasus hukum, langkah ini kiranya sejalan dengan kebijakan Kampus Merdeka yang saat ini dilaksanakan oleh Direktorat Jenderal Pendidikan Tinggi Kementerian Pendidikan dan Kebudayaan. Program magang yang sebelumnya hanya berlangsung singkat (satu sampai dua minggu), dengan adanya kebijakan Kampus Merdeka program magang dapat berlangsung selama satu semester serta diakui sebagai mata kuliah ber-sks.

---

54 Lihat: Ibid., h. 583.

55 Lihat: Ahmad Sofian dan Batara Mulia Hasibuan (2015), "Pendidikan Hukum Klinis di Indonesia", *Binus University Faculty of Law*, https://business-law.binus.ac.id/2015/12/02/pendidikan-hukum-klinis-di-indonesia/, diakses pada 19 Oktober 2021.

56 Lihat: Mitra Hukum, "Perlu Revitalisasi Pendidikan Hukum Klinik di Indonesia", *Indonesian Legal Resource Center*, https://mitrahukum.org/perlu-revitalisasi-pendidikan-hukum-klinik-di-indonesia-2/, diakses pada 19 Oktober 2021. Pengembangan model pembelajaran melalui pendidikan hukum klinik di beberapa fakultas hukum di Indonesia mendapat dukungan dari USAID dan The Asia Foundation melalui Program E2J pada tahun 2011-2015.

Pada aspek pengajar klinik, praktik yang baik telah ditunjukkan oleh beberapa fakultas hukum yaitu bekerjasama dengan advokat praktik dan institusi penegak hukum (kepolisian, kejaksaan, dan pengadilan), sehingga diperoleh pengajar klinik dari kalangan praktisi hukum. Dalam hal ini sedapat mungkin pengajar klinik adalah mereka yang bereputasi baik dan memiliki kepekaan pada isu-isu etika profesi, sehingga penyelenggaraan pendidikan hukum klinik tidak sekadar mendampingi mahasiswa mempraktikkan keterampilan hukum dalam menangani kasus nyata, namun juga dapat membimbing dan mengarahkan mahasiswa ketika harus berhadapan dengan dilema etika dalam praktik nyata.

Selanjutnya yang penting pula dipersiapkan adalah mekanisme monitoring dan evaluasi, untuk itu setiap mata kuliah klinik maupun program magang sudah seharusnya dilengkapi dengan modul atau buku panduan. Di dalam modul atau buku panduan itu, mahasiswa dan pengajar klinis akan mengetahui apa yang harus mereka lakukan dalam proses pembelajaran, prosedur operasional standard penanganan kasus, serta kode etik yang harus dipatuhi oleh mahasiswa selama terlibat dalam penanganan kasus. Kode etik dalam modul atau buku panduan akan sangat membantu mahasiswa untuk bersikap sebagai seorang profesional, misalnya ketika menerima dan mewawancarai klien, berinteraksi dan berkomunikasi dengan sejawat advokat dan penegak hukum, menjaga kerahasiaan klien, dan bagaimana menangani kasus yang mengandung konflik kepentingan.

Pada dasarnya model pembelajaran untuk pendidikan etika profesi hukum tidak terbatas pada apa yang telah dipaparkan sebelumnya, yang perlu ditekankan dalam hal ini adalah proses pembelajaran yang melibatkan mahasiswa secara aktif dalam proses pembelajaran akan lebih menginspirasi dan mempengaruhi secara efektif aspek kognitif dan afektif mereka. Dosen dapat terus berinovasi dan berkreasi untuk mengembangkan strategi pembelajaran yang tepat dan sesuai untuk menanamkan nilai-nilai moral dan etika kepada mahasiswa.

Di samping itu perlu pula dipertimbangkan untuk melibatkan pengajar mata kuliah Etika Profesi Hukum dari disiplin ilmu lain yang memiliki perhatian pada permasalahan etika. Keterlibatan pengajar dari disiplin ilmu lain akan memberikan perspektif eksternal yang akan memperkaya pemahaman mahasiswa mengenai etika profesi hukum.[57]

---

57 Mengenai perlunya keterlibatan pengajar dari disiplin non-hukum dalam etika profesi hukum dan bagaimana resistensi yang terjadi di kalangan pengajar hukum, lihat: Juan Beca, note 7, h. 94.

4 Kesimpulan

Permasalahan integritas penegak hukum berada di ranah etika profesi hukum dan saat ini dapat dikatakan kondisi integritas penegak hukum di Indonesia berada dalam situasi yang mengkhawatirkan. Sudah saatnya bagi fakultas hukum untuk melihat dan menempatkan pendidikan etika profesi hukum sebagai bagian penting dari kurikulum pendidikan tinggi hukum. Terdapat dua pendekatan sebagai upaya penguatan pendidikan etika profesi hukum yang dapat ditempuh, yaitu melalui pendekatan non-kurikuler melalui pengembangan lingkungan belajar yang berbasis etika; dan pendekatan kurikuler melalui kebijakan pendidikan etika profesi hukum yang meresap pada mata kuliah-mata kuliah lain dalam kurikulum pendidikan sarjana hukum serta penerapan metode pembelajaran yang reflektif dan partisipatori.

XVII Teaching Good Governance and the Rule of Law

*Sascha Hardt**

Supremasi Hukum dan Pemerintahan yang Baik adalah konsep abstrak yang melampaui black letter of the law *dan seringkali tidak mudah diterjemahkan ke dalam norma hukum yang konkrit. Namun demikian, mereka harus berada di tempat sentral dan menonjol dalam pendidikan hukum dan kurikulum sekolah hukum. Hal ini karena, pertama, konsep Supremasi Hukum dan Pemerintahan yang Baik merupakan bagian tak terpisahkan dari sistem hukum negara manapun yang menganut prinsip konstitusionalisme. Seorang pengacara yang baik yang beroperasi dalam sistem tersebut harus mengenal konsep dan norma hukum konkret yang berasal dari hal tersebut untuk merumuskan argumen hukum yang baik. Kedua, konsep Supremasi Hukum dan Pemerintahan yang Baik juga merupakan nilai-nilai aspiratif dari sistem hukum, khususnya di negara-negara demokrasi muda. Mahasiswa dan lulusan hukum saat ini memiliki tanggung jawab khusus untuk menerapkan dan mengembangkan Supremasi Hukum dan Pemerintahan yang Baik di masa depan. Untuk memperoleh wawasan dan keterampilan yang diperlukan untuk melakukannya, penting untuk mahasiswa hukum terlibat dengan konsep-konsep ini secara aktif dan kritis dan untuk menghargai nilai mereka. Hal ini paling baik dicapai melalui metode pengajaran yang berpusat pada siswa dan pembelajaran berbasis masalah.*

The Rule of Law and Good Governance are abstract concepts which reach beyond the black letter of the law and often do not translate easily into concrete legal norms. Nevertheless, they ought to take a central place in legal education and feature prominently in law school curricula. This is so because, first, the Rule of Law and Good Governance are part and parcel of the legal system of any state that subscribes to principles of constitutionalism. A good lawyer operating in such a system must be acquainted with both the concepts and the concrete legal norms that (ought to) derive from them in order to formulate good legal arguments. Second, the Rule of Law and Good Governance are also aspirational values of the legal system, in particular in young democracies. Current law students and graduates have a specific responsibility towards implementing and developing the Rule of Law and Good Governance in the future. In order to acquire the necessary insights and skills to do so, it is important that law students engage with these concepts actively and critically and learn to appreciate their value. This is best achieved through methods of student-centred teaching and problem-based learning.

1 Introduction

In this chapter, I attempt an argumentative triple jump: first, I argue that the themes of Good Governance and the Rule of Law and their promotion should feature prominently in legal curricula. They should be taught not merely as concepts with a certain meaning but as part and parcel of the legal system of any constitutional democracy, subjects with

* Assistant Professor of Comparative Constitutional Law, Maastricht University; Dutch project coordinator of LEAP.

which future law graduates should actively engage. Second, I argue that the best way of doing this – of breathing life into concepts that otherwise lead an existence as abstract, aspirational values or, worse, are relayed to the domain of politics – is by departing from a purely positivist, rule-based approach to teaching law and moving towards a critical, inquisitive and constructive approach: students should not merely study black-letter legal rules and the norms formally governing the functioning of relevant institutions but also confront the real-life problems and challenges in their application, such as corruption, underfunding or outdated and otherwise inadequate regulation. Lastly, I contend that this requires a less frontal, more student-centred, problem-oriented and partly interdisciplinary style of teaching law.

The three main parts of the chapter present the segments of this line of argumentation. In Part 2, I elaborate on the importance of teaching the Rule of Law and Good Governance both as legal concepts and values. In Part 3, I will contrast the teaching of (only) positive law with a more engaged, critical and forward-looking approach to the topic. In Part 4, I propose problem-based learning (PBL) as the teaching method of choice to achieve these goals. In an annex to this chapter, I try to condense and translate this line of argumentation into a number of short recommendations to implement the suggested approach in practice.

2 The Rule of Law and Good Governance in the Legal Curriculum

2.1 *What Do We Mean By the Rule of Law and Good Governance?*

While it is well and good to demand that the Rule of Law and Good Governance be taught and promoted, anyone faced with the task of teaching them is soon confronted with the initial problem of definitions and terminology. What exactly is meant by these terms? The Rule of Law means the idea that government is limited and bound by law. The state itself and all its organs – including the legislator – are bound by a set of legal norms and principles from which they cannot legitimately derogate. While different renderings and enumerations exist of what these norms and principles are exactly, they generally include respect for the principle of legality, the principle of equality before the law, the prohibition of arbitrariness, separation of powers and an independent judiciary.[1] Along with democracy and respect for human and minority rights (the latter is sometimes also rendered as an integral part of the Rule of Law), the Rule of Law is part of a triangle of the cornerstones of constitutionalism. In a constitutional democracy, the Rule of Law binds the various institutions of the state (including the people) to their constitutionally defined competences,

1 *Cf.* A.W. Heringa, *Constitutions Compared: An Introduction to Comparative Constitutional Law* (Sixth edn, Eleven 2021), p. 63.

democracy ensures that the will of people guides the political direction of government, and fundamental and minority rights prevent 'raw', unfettered majority rule.

Depending on one's vantage point, Good Governance can be seen either as an addition to, or an elaboration and concretization of the cornerstones of constitutionalism above. It is an addition in so far as democracy, the Rule of Law and human rights do not already contain the principles that are subsumed under the term 'Good Governance'; seen as an elaboration, Good Governance further specifies exactly how government institutions must perform their constitutional duties. As with other large concepts, there are different renderings of the aspects or elements contained in Good Governance. One enumerates six aspects: "properness, transparency, participation, effectiveness, accountability, and economic, social, and cultural human rights."[2] Another prominent account, by the UN Economic and Social Commission for Asia and the Pacific, counts

> [eight] major characteristics. It is participatory, consensus oriented, accountable, transparent, responsive, effective and efficient, equitable and inclusive and follows the rule of law. It assures that corruption is minimized, the views of minorities are taken into account and that the voices of the most vulnerable in society are heard in decision-making. It is also responsive to the present and future needs of society.[3]

Both of these examples make it clear that Good Governance does not translate seamlessly into concrete, positive legal rules. Rather, the term unfolds into further concepts, each of which may vary in meaning and scope between societies, polities and legal systems and must be absorbed into the world of positive law through what Addink describes as a three-tier process: "identification of the principles, their development as legal norms, and enforcement of those norms."[4]

This does not mean, however, that Good Governance is by nature 'non-legal' – only, that it cannot be adequately captured, taught or studied by reference to some specific set of positive legal provisions. Rather, any enquiry after good governance will at least look at the interplay between positive norms (for instance, which rules exist to ensure transparency of government action? Which mechanisms are in place to prevent corruption?), the wider legal system in which they operate (for instance, what are the legislative and judicial avenues through which notions of Good Governance can be developed? How do lawmakers, courts, executive organs and private parties interact in

2 G.H. Addink, *Good Governance: Concept and Context* (Oxford University Press 2019), p. 5.

3 UNESCAP, United Nations Economic and Social Commission for Asia and the Pacific, *What Is Good Governance?* (2006), available at www.unescap.org/sites/default/files/good-governance.pdf.

4 G.H. Addink, *Good Governance: Concept and Context*, p. 6; *see also* C. Tomuschat, *Human Rights: Between Idealism and Realism* (OUP, Oxford 2014).

their implementation and enforcement?), as well as society at large (for instance, which cultural norms, religious beliefs or economic circumstances have an influence on the local interpretation of Good Governance principles, and on the enforcement of related legal rules?). As a consequence, any meaningful engagement with Good Governance presupposes our willingness to look beyond black-letter law.

2.2 *Why the Rule of Law and Good Governance Should Be Taught Prominently in Law School*

Should the Rule of Law and Good Governance be assigned a prominent place in the legal curriculum? Given that both – and Good Governance in particular – are somewhat elusive concepts, which at the very least require translation into valid positive norms before becoming 'useful' to the (prospective) lawyer in finding an answer to a legal problem, solving a case or achieving a favourable legal outcome for their client or employer, it is fair to ask this question. I try to answer it along two different lines, yet reaching the same conclusion.

2.2.1 A Good Lawyer Must Be Acquainted with the Rule of Law and (Rules of) Good Governance

Playing on the double meaning of the word, the Swiss author Peter F. Keller once observed that "[t]he constitution of a country does not tell you anything about its constitution."[5] Indeed, it is a trite observation that studying constitutional law and the detailed public law rules that supposedly govern a given state does not provide a full picture of how that state actually functions. It is always a suitable and necessary beginning, of course, but many more factors would have to be considered to arrive at such a picture. First, next to information about the existence and content of legal norms – for instance regarding accountability structures, anti-corruption mechanisms, transparency rules and other elements of Good Governance – additional information about the enforcement of these rules and the degree to which they are generally obeyed is also necessary no navigate the legal system effectively. Therefore, a comprehensive understanding of the topic – including its complexities, theoretical backgrounds and real-life contexts is indispensable for many different types of legal work; think of ministerial officials tasked with developing new policies to curb corruption, municipal officers conducting everyday interactions with citizens, attorneys arguing cases against state authorities, judges deciding such cases, etc.

Second, individual elements of the Rule of Law and Good Governance – think of the principle of legality or the requirement of equality before the law – inform the positive

5 *Die Verfassung eines Landes gibt noch keine Auskunft über dessen Verfassung.*

rules that govern many different, if not all, legal fields; emanations of these principles return in criminal law, contract law, administrative law, etc. Therefore, a didactical argument can also be made in favour of including these concepts at a prominent position in the legal curriculum.

2.2.2 Society Has an Interest in Law Graduates Who Actively Promote the Rule of Law and Good Governance

Since 2009, I have been teaching comparative constitutional law, including the fundamental triangle of liberal democracy, the rule of law and fundamental rights, as well as adjacent concepts of accountability, checks and balances and principles of good governance. As an introduction to this complex subject and to create a basic notion of what constitutional law is about, I have made it a habit to start my course with a simple simulation game: imagine that, in a not-too-distant future, a new landmass appears in the middle of the ocean and is being populated by diverse groups of people with different sociocultural backgrounds and with diverging economic needs. Before deciding on any detailed rules on how to distribute resources, manage public tasks and sanction specific behaviour, there is a need to build the fundamental structures of a state: How should the new land be governed? Which institutions should be created, which competences should they have, how and by whom should they be staffed and how should they relate to each other? Which patterns of balance, hierarchy and accountability should be introduced? Which basic norms should govern the relationship between individuals and the state, and how can these norms be enforced effectively? In short, students are asked to design a rudimentary constitution – and to do so before having studied the existing realities of constitutional law and governance in any depth.

In the course of the past decade – an admittedly short period and with anything but a representative sample! – I believe I have noticed a changing tendency in students' responses to my introductory task; in the earlier years of this 'experiment', students regularly came up with some version of democratic constitutionalism with a strong focus on checks and balances, the rule of law, rigorous fundamental rights protection and at least ideas of good governance promotion (e.g., through rules on transparency and inclusivity, a focus on minimizing the risk of corruption, etc.). In more recent years, (many) students appear to be increasingly disenchanted with many of the ideas represented in the constitutional triangle of democracy, rule of law and fundamental rights. Instead, they often propose 'technocratic' forms of government in which, for instance, government posts are not allocated on the basis of votes and majorities, but on the basis of scientific merit. 'Getting things done' and 'effective' government is increasingly valued over inclusive decision-making, rights protection or democratic legitimacy. Procedures of investiture aim less at equity and collaboration than at optimizing the recruitment of (hopefully) benevolent dictatorial elites. The underlying motive of such student designs is often a deep sense of frustration with the state of democracy and governance, both locally and globally; states and their governments are apparently unable to address the most pressing problems, corruption is ripe in many democratically constituted polities and there seems to be a general, stark contrast between black-letter contents taught in law school and the actual goings-on in life.

This is worrying. Not only are law schools – some of them – the places where significant parts of future political and economic elites receive their formative training, and thus a decisive place to convey the Rule of Law and Good Governance as aspirational values, but perhaps even more importantly, law graduates also have a significant part in shaping future public life at local levels: in municipal and provincial administrations, small law offices, public prosecutors' offices, administrative authorities, etc. It can be argued that these are the positions where the presence of law graduates with a good understanding and a positive vision of the Rule of Law and Good Governance matters most. Therefore, law schools are not only best placed but also carry a social responsibility to promote the Rule of Law and Good Governance through their teaching. Conversely, if such teaching is neglected and too little effort is undertaken to counteract the sense of disenchantment and frustration I have described (rather anecdotally) above, this is likely to contribute to the development of 'constitutional backsliding'[6] as can be observed in many countries around the globe at present.[7] Especially (but not only) in states that can be labelled as 'young' or 'developing' democracies, in which present elites have in part still been educated in a system which did not subscribe to the Rule of Law and of Good Governance, it is of particular importance that future generations of legal professions, on their way to replacing these current actors, become well-versed in these concepts and ideas, and learn to promote them actively.

In conclusion, the answer to the question of whether the Rule of Law and Good Governance should occupy a prominent place in legal curricula is 'yes', for two reasons:

1. They are part and parcel of the law; they shape, inform and drive the development of positive rules at both the national and international levels. In order to reach a sufficient understanding of both the legal system as a whole and the detailed rules that govern the functioning of state organs, studying the Rule of Law and Good Governance is

6 Constitutional backsliding is a general term for the deterioration of constitutionalism through a decline in some or all elements of constitutionalism (democracy, rule of law, personal liberties).

7 In fact, the trend is so striking that the NGO Freedom House has titled its annual report on the development of freedom and democracy in the world 'Freedom under Siege'. In this report, the organization finds a stark decline in democracy globally. *Cf.* Freedom House, *Freedom in the World 2021: Democracy under Siege*. Available at https://freedomhouse.org/report/freedom-world/2021/democracy-under-siege. In the Indonesian context, it should be noted that there is also reason for mild optimism: the World Justice Project's Rule of Law Index 2020 has ranked the country no. 59 in the word – four ranks up from the previous year; a mid-range position. *Cf.* World Justice Project, *WJP Rule of Law Index 2020*, available at https://worldjusticeproject.org/our-work/research-and-data/wjp-rule-law-index-2020.

indispensable. In order to work effectively in virtually any legal career, a law graduate requires such an understanding.

2. The Rule of Law and Good Governance also represent values. Any state that subscribes to a modern conception of constitutionalism aims at their implementation and perfection. However, 'the law' is what politicians and legal professionals make of it on a daily basis. For this reason, law school plays an important part in shaping the future of the legal system. Society and the state have an interest in law schools teaching and promoting the Rule of Law and Good Governance as aspirational values with a view to their better implementation in the future.

3 A Critical View

As I already noted above, a comprehensive understanding of the Rule of Law and Good Governance requires contextualization: not only is it necessary to know which legal rules are derived from these principles in practice, but also how and to what extent they are enforced, which obstacles and challenges stand in the way of their full implementation and how these can be overcome. This, however, requires more than additional knowledge (e.g., of economics, sociology, politics or history). In order to reach beyond a mere description of the legal situation as it is, students need to take a critical view. By this I mean that, in their training, students should actively learn to go further than learning positive rules, as well as their practical implementation. For a critical analysis, students must possess the necessary skills to conduct three consecutive steps: first, they must be able to grasp a current legal situation and at the same time develop and justify a hypothetical ideal. Second, juxtaposing the two, students should be able to identify differences and the causes of these differences. Based on this analysis, students should be subsequently able to develop strategies towards changing the legal situation.

A practical example may help to illustrate this point. Assume that the topic in a constitutional law class is electoral law, including the possibility of voter fraud. In a 'classic' setting featuring lectures, a textbook and the legal provisions in force as study materials, law students would initially study the positive law governing the election system in question – how does the election system work, who oversees elections, which avenues of legal recourse are there in case of irregularities? It might also be that students learn about past cases of voter fraud and how they have been resolved, and that they acquire a degree of awareness of inherent problems of the election system. What is much less likely is that students are (a) prompted to think about ways to structurally improve a problematic legal situation (very often with the notion that this is a political rather than a legal question), and (b) that they are provided with the tools necessary to do so. These tools can cover a broad range: from additional knowledge about the context and causes of voter fraud in the system studied (background beyond black-letter law) to knowledge about foreign election systems (for comparison) or simply the space and time to practice drafting hypothetical solutions (legislative drafting skills).

The idea, put concisely, is that a future lawyer requires creativity, versatility and legal problem-solving skills. This is true both in general, since virtually any possible legal career requires the solving of legal problems, and in particular when considering the role of lawyers as flag-bearers and implementers of the Rule of Law and Good Governance. In this role, their job will go beyond the mere administration of the law and its institutions, towards their improvement. However, classic teaching – the conveyance of knowledge – does not particularly stimulate these skills. Students 'consume' and – hopefully – accumulate knowledge and learn to reproduce it. But they are not prompted to use it.

In order to actively engage with the Rule of Law and questions of Good Governance (and, in fact, with most other complicated matters in law), a critical view, that is, the ability to actively engage with learning content is particularly important, since these matters do not present themselves as ready-made knowledge. They are living concepts that require interpretation and adaptation.

4 STUDENT-CENTRED TEACHING AND PBL

Having established that it is desirable and useful to teach the Rule of Law and Good Governance, and doing so effectively requires students to engage with the subject matter actively and critically, the question remains how best to do this, that is, which teaching method(s) to use. I have already tried to establish that, in particular for concepts which otherwise remain vague and abstract, a meaningful learning experience requires that information is not merely consumed, stored and reproduced, but used. This means, first of all, that it is necessary for students to become active participants in their learning process in the first place. Next to listening to lectures and acquiring information through reading mandatory literature, students should take charge of their own learning process (student-centred teaching). This means, primarily, that students must actively search for and select information, process it and apply it to solve problems.

There are various ways in which to do this, and various degrees to which the lecturer or tutor guides or participates in the process or withdraws from it as much as possible. One approach, which is also discussed at length in several contributions to this volume, is PBL. The particular usefulness of PBL with regard to studying concepts and questions surrounding the Rule of Law and Good Governance is that – if applied rigidly – it does not initially provide students with definitions, directions or overly strenuous guidelines to direct their studying, but instead confronts them with a close-to-life problem scenario.

The form of such a scenario is very open: it may, for instance, connect or integrate questions of Good Governance with a specific area of the law (example: a case scenario in administrative law in which an elderly woman from a minority background requested a permit to open a market stall, which was denied without reasons being provided.). It could take the form of a simulation (example: the country has recently been shocked by scandalous revelations of corrupt practices among judges. Assume you are a working group in the ministry of justice charged with developing new proposals to curb corruption among members of the judiciary.) or any other suitable format. What PBL tasks generally have in common is, first, that they do not yet contain all the questions students need to ask in order to even start researching the problem. This is useful, since their quest for a solution will not be delineated or limited beforehand by too much guidance from the lecturer. Accordingly, students will have to locate the problem, identify specific legal issues and determine what kind of information is required to solve these issues before any reading takes place. This has the advantage that students will become aware of any knowledge gaps, conceptual unclarities or terminological vagueness by themselves.

In the first example above, students may have the initial idea that the elderly woman has been the victim of discrimination by an administrative authority, and formulate a legal question on this basis. Has the authority acted illegally? Is there an avenue of legal recourse? But how is discrimination exactly defined? Which rules apply, which legal norms for conduct of administrative authorities exist, etc.? Since the scenario does not contain more information, students will find, in the course of their research, Good Governance principles like transparency and equality, but the need to answer a specific question will prompt them to look for existing or possible concretizations of these principles in positive rules.

In the second example, students will already know that corrupt practices are prohibited and will instantly find the pertinent positive provisions. However, the task is not to identify and recite the law, but to find a recipe against judicial corruption. This will cause students to venture into cause-effect relations beyond the black letter of the law. Diligent work may lead them into researching alternative selection procedures for judges, accountability and disciplinary mechanisms, relations between the judiciary and other branches of government and other points highly relevant to the rule of law.

Besides activating students' creative facilities, the specific use of student-centred teaching and PBL with regard to 'fuzzy' concepts like Good Governance or abstract themes like the Rule of Law, is that it conveys the practical relevance of these ideas *en passant* – in order to achieve satisfactory results, students will need to understand them and, quite likely, appreciate their value.

XVIII *Rule of Law* dan *Good Governance* dalam Pendidikan Hukum Indonesia

*Saldi Isra & Rosa Ristawati**

Rule of Law dan Good Governance dalam pendidikan hukum di Indonesia telah menjadi bagian dari teori dan konsep yang diperkenalkan pada pendidikan hukum di Indonesia. Dalam praktek, implementasi prinsip-prinsip Rule of law dan Good Governance semakin berkembang salah satunya sejak berdirinya MKRI. Bab ini akan memberikan deskripsi singkat tentang bagaimana Rule of Law dan Good Governance berkembang pada area bidang akademisi, yaitu pendidikan hukum di Indonesia dan pada area praktek dengan keberadaan MKRI. Pada level pendidikan hukum mulai Sarjana sampai dengan pendidikan doktor hukum, Rule of Law dan Good Governance merupakan dasar teori yang dikembangkan pada analisa-analisa hukum mahasiswa yang tidak hanya menggunakan perspektif normative tetapi juga pada perspektif-perspektif yang lainnya termasuk perspektif perbandingan. Pada area implementasi, Rule of Law dan Good Governance di Indonesia berkembang semakin dinamis terlebih sejak berdirinya MKRI. MKRI dengan putusan-putusannya memberikan tidak hanya peneguhan prinsip-prinsip Rule of Law dan Good Governance, tetapi juga memberikan pengembangan baik Rule of Law dan Good Governance di Indonesia. Pada konteks tersebut, pengembangan konsep dan teori Rule of Law dan Good Governance di Indonesia tidak hanya dilakukan pada bidang akademisi, yaitu pendidikan hukum di Indonesia saja tetapi juga berkembang dalam praktek penegakan hukum di Indonesia yang salah satunya melalui keberadaan kelembagaan MKRI beserta putusan-putusannya.

Rule of law and good governance have been introduced to Indonesian legal education as part of theories and concepts. In practice, the implementation of the Rule of Law and Good Governance principles has been growing dynamically and further developed, in particular, since the establishment of the Constitutional Court of Republic of Indonesia. This chapter will provide a brief description of how academic scholarship on the Rule of Law and Good Governance has developed in Indonesia, both in Indonesian legal education and in professional legal practice, with the existence of the Indonesian Constitutional Court (MKRI). Within legal education, from bachelor to doctoral level of legal studies, the Rule of Law and Good Governance are mostly taught from a theoretical point of view. In doing so, they are analyzed not only from a normative perspective but also from other perspectives, such as that of legal comparison. In terms of practical implementation, the Rule of Law and Good Governance in Indonesia have seen a dynamic increase, in particular, since the establishment of the Constitutional Court of the Republic of Indonesia. In its case law, the Constitutional Court has not only affirmed the principles of the Rule of Law and Good Governance and their validity in Indonesian law but has also developed them further. In this sense, the concept and theory of the Rule of Law and Good Governance in Indonesian law are not only derived from academic scholarship and taught in law school but also developed and enforced in Indonesian legal practice. The latter is largely owed to the existence of the MKRI and its decisions.

* Saldi Isra, Profesor Bidang Hukum Tata Negara, Hakim Mahkamah Konstitusi / Professor of Constitutional Law and Judges at the Constitutional Court of the Republic of Indonesia.

Rosa Ristawati, Dosen Hukum Tata Negara, Fakultas Hukum Universita Airlangga, Koordinator Program LEAP / Lecturer at the Department of Constitutional Law, Faculty of Law Airlangga University; Indonesian project coordinator of LEAP.

1 Pendahuluan: Rule of Law dan Good Governance pada Kurikulum Pendidikan Hukum di Indonesia

Good governance dan Rule of Law merupakan topik penting dalam pendidikan hukum di Indonesia sejak beberapa decade terakhir. Sebagai salah satu topik perkuliahan pendidikan hukum di Indonesia, *Rule of Law* telah terlebih dahulu diperkenalkan dan diintegrasikan dalam kurikulum hukum dibandingkan dengan *good governance.* Sejak kemerdekaan, dengan berdirinya sekolah hukum di Indonesia, kurikulum hukum telah mengadopsi dan memperkenalkan konsep Rule of Law. Kondisi demikian tidak dapat dilepaskan dari diakuinya konsep negara hukum (rechtsstat atau rule of law) dalam Konstitusi Indonesia. Konsep rule of law tersebut berkembang menjadi konsep "*Negara Hukum Indonesia*". Perkembangan tersebut menjadikan rule of law sebagai konsep hukum yang tidak boleh tidak harus diimplementasikan dan dikembangkan dalam sistem hukum di Indonesia.

Berbeda dengan rule of law, konsep good governance mendapat perhatian dan diperkenalkan di Indonesia tak terlepas dari dampak krisis ekonomi dan politik yang melanda berbagai belahan dunia tahun 1997-1998. Krisis ini terjadi karena penyelenggaraan pemerintah yang tidak berdasarkan hukum, kebijakan pengelolaan pemerintahan yang tidak transparan serta minimnya akuntabilitas publik. Bahkan, rekomendasi hasil symposium *Asian Development Bank* di Fukuoka Jepang, 10 Mei 1997 menyimpulkan bahwa *good governance* merupakan faktor penting dalam sebuah proses pembangunan (ADB, 1997). Pada perkembangan di Indonesia, awalnya konsep tersebut diterjemahkan secara normatif dalam Ketetapan Majelis Permusyawaratan Rakyat Nomor XI/MPR/1998 dan Undang-Undang Nomor 28/1999 tentang Penyelenggara Negara yang Bebas Korupsi, Kolusi, dan Nepotisme. Oleh karena itu, sebagai sebuah "konsep baru", good governance dengan cepat diadopsi dalam kurikulum fakultas hukum.

Sejak saat itu, konsep dan kajian good governance mewarnai dan sekaligus menjadi salah satu mata kuliah yang penting pada kurikulum hukum di Indonesia. Pembelajaran topic good governance tidak hanya pada mata kuliah-mata kuliah pada area hukum tata Negara dan hukum administrasi saja, tetapi juga pada mata kuliah-mata kuliah pada area hukum yang lain yang dikembangkan secara kontekstual yang ditujukan pada peristilahan dan konsep yang lebih spesifik, misalnya pada mata kuliah-mata kuliah hukum bisnis, topic good governance dibahas dalam konteks good corporate governance, pada mata kuliah-mata kuliah hukum pemerintahan daerah topic pada konteks good government governance, good bureaucracy governance, good village government lebih banyak didiskusikan. Selain itu, pengembangan kontekstual lain good governance pada konteks sistem peradilan di Indonesia juga menjadi kajian pada mata kuliah-mata kuliah yang relevan.

Diskusi-diskusi hukum secara akademik yang membahas topic Good Governance dimaksudkan untuk memberikan framework pemikiran kepada mahasiswa tentang konsep Good Governance yang relevan dengan hukum dan sistem hukum di Indonesia. Pada saat itu, Indonesia sedang berjuang bangkit dari krisis ekonomi dan krisis politik 1998. Sebagaimana di beberapa Negara Asia Tenggara lainnya, konsep Good Governance yang diperkenalkan di Indonesia merupakan konsep yang dipromosikan oleh World Bank sebagai salah satu syarat bagi Indonesia untuk memperoleh pinjaman untuk recovari perekonomisan dari krisis ekonomi.

Pada perkembangan implementasinya di Indonesia, baik Rule of Law dan Good Governance, kedua konsep tersebut berkembang secara dinamis tidak hanya sebagai kajian akademik pada pendidikan hukum, tetapi juga terutamanya pada praktek hukum dengan bekerjanya institusi-institusi penegak hukum di Indonesia, yang salah satunya adalah Mahkamah Konstitusi Republic Indonesia, yang berdiri pada 2004. Dalam perjalanan perrkembangan sistem hukum di Indonesia, MKRI memberi dampak signifikan bagi penegakan hukum di Indonesia pada umumnya, terutama penegakan hukum konstitusi konstitusi yang merujuk pada perkembangan kerangka rule of law dan good governance di Indonesia. Mahkamah Konstitusi RI melalui putusan-putusannya memberikan pergeseran konsep Rule of Law dan Good Governance di Indonesia. Pada konteks ini, perkembangan pada area implementasi oleh Mahkamah Konstitusi juga berkontribusi secara langsung bagi kajian-kajian akademik terkait Rule of Law dan Good Governance. Bab ini membahas tentang perkembangan rule of law dan good governance dalam pendidikan hukum terutama sejak keberadaan MKRI.

2 Area Kajian Hukum Di mana Good Governance dan Rule of Law Dikembangkan Pada Level Pendidikan Hukum

Pada pendidikan hukum di Indonesia, rule of law dan good governance merupakan topic perkuliahan pada mata kuliah-mata kuliah hukum pada level jenjang baik sarjana (S1) maupun program magister (S2). Selain itu, kedua topic tersebut menjadi topic yang ditawarkan pada mata kuliah penunjang disertasi pada level Doktor (S3). Pembelajaran tentang rule of law dilekatkan pada kurikulum hukum yang diperuntukkan untuk mahasiswa hukum pada level S1 dimulai sejak tahun pertama pada semester pertama. Sementara itu, good governance mulai diperkenalkan kepada mahasiswa hukum pada jenjang S1 sebagai topic mata kuliah-mata kuliah yang diajarkan pada semester kedua.

Pada level sarjana (S1), mahasiswa hukum pada semester pertama umumnya diberikan pengenalan topic rule of law pada mata kuliah Ilmu Negara. Pada mata kuliah Ilmu Negara ini, target pembelajaran adalah mahasiswa hukum mengenal dan memahami teori dan konsep dasar tentang rule of law, aspek historis perkembangan rule of law pada periode kuno, masa pencerahan (*enlightment era*) sampai dengan periode modern, serta perkembangan istilah of law rule of law dan rechstaat. Secara mendalam, diskusi akademik pada perkuliahan diarahkan pada istilah dan ruang lingkup rule of law dan pentingnya landasan filosofis prinsip-prinsip rule of law untuk perkembangan Negara modern, serta konteks perbedaan konsep, landasan filosofis, dan prinsip-prinsip dasar rule of law dan rechstaat. Pada konteks ini, mahasiswa hukum diharapkan dapat menggambarkan sebuah analisa bahwa pada kerangka sebuah Negara rule of law atau Negara Rechstaat, diperlukan kekonsistensian pada kedaulatan rakyat yang diwujudkan melalui representative government, separation of power, kelembagaan legislative yang terpisah dari lembaga yang lain, Cabang kekuasaan executive yang dilih secara langsung, dan kekuasaan kehakiman yang independent dan *self-confident*, kekuasaan kehakiman yang mempunyai kekuasaan untuk menginterpretasi dan mengaplikasi hukum secara imparsial dan independent.[1]

Lebih lanjut, perkembangan konsep dan teori serta praktek Rule of law di Indonesia diajarkan pada semester kedua pada mata kuliah yang lebih mendalam dan spesifik dari Ilmu Negara, yaitu *Hukum Tata Negara*. Pada semester kedua ini, diskusi dan pembahasan rule of law tidak hanya ditujukan pada perspektif teory saja, tetapi juga pada perspective normative hukum positif yang melandasi kerangka rule of law dan Negara hukum Indonesia. Aspek normative-positif tersebut di elaborasi dan dianalisa terutama pada kajian hukum tata Negara dengan penekanan pada bagaimana perkembangan kerangka rule of law dan Negara hukum Indonesia menurut Konstitusi Indonesia. Pembahasan rule of law pada aspek ini juga ditekankan mengenai perbedaan kerangkan antara kerangka konsep "Rule of Law", kerangka R*echstaat* dan kerangka konsep "*Negara hukum Indonesia*". Teori dan konsep dari hukum positif tersebut dianalisa sehingga mahasiswa hukum akan lebih mendalam dan komprehensif membangun argument tentang bagaimana konsep "*Negara Hukum Indonesia*", yang dalam hal ini lebih dibangun sebagaimana terinspirasi dari kedua konsep *Rechstaat* dan Rule of Law. Pasal 1 (3) Konstitusi Indonesia "*Negara Indonesia adalah Negara Hukum*", yang dalam hal ini merupakan prinsip fundamental yang diatur dalam Konstitusi Indonesia (UUDNRI 1945). Pembahasan mengenai Pasal 1 (3) UUDNRI 1945 sebagai landasan konstitusional tersebut ditujukan untuk mengelaborasi hal-hal yang sifatnya dasar, fundamental serta prinsip-prinsip rule of law "Negara Hukum Indonesia", yang dalam hal ini meliputi prinsip legalitas, Hukum sebagai instrument dari "Negara Hukum Indonesia", pertanggungjawaban hukum dan pertanggunggugatan hukum, perlindungan hak asasi manusia, serta fundamental prinsip dari rule of law. Mahasiswa hukum pada level ini akan juga diingatkan kembali tentang teory dasar kebebasan sebagai prinsip fundamental rule of law dan Negara Hukum. Analisa pada mata kuliah ini

---

1 James R. Silkenat, James E. Hickey, Jr. Peter D. Barenboim, The Legal Doctrines of the Rule of Law and the Legal State (Rechtsstaat), Springer International Publishing Switzerland 2014, p. 13.

merupakan suatu hal yang juga memerlukan kajian interpretative dengan menggunakan pendekatan formalistic dan legalistic terhadap prinsip-prinsip rule of law dan Negara hukum Indonesia yang menggunakan doktrin legal positivism.[2] Hal ini untuk memahami bahwa "*Negara Hukum Indonesia*" merupakan bangunan fundamental pada sistem hukum Indonesia dan sistem pemerintahan Indonesia.

Pada level yang lebih advance, yaitu pada program magister hukum (S2), topic rule of law, *Rechstaat, dan Negara Hukum Indonesia* merupakan topic mata kuliah yang terintegrasi pada beberapa topic mata kuliah seperti pada mata kuliah politik perundang-undangan yang menekankan pada pembahasan Undang-Undang dan proses pembentukan Undang-Undang dalam kerangka rule of law "Negara Hukum Indonesia". Pada mata kuliah-mata kuliah ini, mahasiswa diajarkan tentang Negara Hukum Indonesia yang menjadi landasan bagi sistem pemerintahan dan penyelenggaraan pemerintahan. Pada konteks ini, capaian pembelajaran diarahkan pada analisa dan evaluasi apakah Undang-Undang dan pembentukan Undang-Undang di Indonesia yang terintegrasi pada kerangka rule of law (yang dalam hal ini adalah Negara Hukum Indonesia) dengan mengimplementasikan prinsip-prinsip Negara Hukum Indonesia yang diantaranya adalah jaminan perlindungan hak asasi manusia serta batasan proporsional kebebasan. Pada mata kuliah politik perundang-undangan ini, tidak saja menganalisa pada perspektif normative pada norma-norma pada hukum positif, tetapi juga mengevaluasi praktek implementasi prinsip-prinsip Negara hukum Indonesia dalam sebuah Undang-Undang dan dalam sebuah proses pembuatan Undang-Undang.

Berbeda dengan topic rule of law, topic good governance pada level S1 Sarjana Hukum dilekatkan pada mata kuliah Hukum Tata Negara, Hukum Administrasi yang umumnya dapat ditempuh mahasiswa hukum di Indonesia pada tahun kedua. Topic good governance diintegrasikan pada satu mata kuliah untuk satu kali pertemuan. Mahasiswa diperkenalkan tentang konsep dan teori good governance dan bagaimana konsep dan prinsip tersebut pertama kali diintrodusir di Indonesia sampai dengan perkembangan prinsip-prinsip good governance yang diwujudkan dalam bentuk norma hukum pada peraturan perundang-undangan di Indonesia. Pada mata kuliah Hukum Tata Negara, capaian pembelajaran diarahkan agar mahasiswa S1 Hukum dapat menganalisa prinsip-prinsip good governance dalam Konstitusi Indonesia dan Undang-Undang. Pada mata kuliah Hukum Administrasi Negara yang sangat berdekatan dengan area hukum tata negara, good governance merupakan topic yang diajarkan dan relevan dengan area mata kuliah-mata kuliah seperti birokrasi Negara, penyelenggaraan pemerintahan, pemerintahan daerah, tata kelola pemerintahan yang baik dalam perspektif hukum.

Pada level program magister hukum dengan konsentrasi hukum pemerintahan, hampir sama dengan topic rule of law, topic good governance juga diajarkan dalam mata kuliah

2 Id, p. 43.

Politik Perundang-undangan. Pada konteks tersebut, capaian pembelajaran ditargetkan pada bagaimana proses pembentukan peraturan perundang-undangan dan implementasi penegakan peraturan perundang-undangan dalam kerangka good governance, dan bagaimana prinsip-prinsip good governance dinormakan dalam peraturan perundang-undangan sebagai landasan hukum di Indonesia. Pada bahasannya, prinsip-prinsip good governance di analisa dalam perspektis aspek formal-proseduralnya proses pembuatan peraturan perundang-undangan dan prinsip-prinsip good governance yang menjadi norma dalam peraturan perundang-undangan. Pada akhirnya, mahasiswa hukum diharapkan untuk memahami kerangka good governance dan implementasi prinsip-prinsip good governance dalam peraturan perundang-undangan di Indonesia, mengapa proses pembuatan peraturan perundang-undangan harus merefleksikan prinsip-prinsip good governance (transparansi, akuntabilitas, responsibilitas, fairness, proporsionalitas, independency, partisipasi public, dan prinsip-prinsip good governance yang lain?, termasuk juga tentang apa prinsip-prinsip good governance yang telah dinormakan dalam peraturan perundang-undangan di Indonesia serta elaborasi prinsip-prinsip good governance dalam prosedur pembuatan peraturan perundang-undangan dan dalam Undang-Undang secara substantive.

Pada perkembangan pembelajaran di level S2 Magister Hukum, saat ini salah satu fakultas hukum di Indonesia, Fakultas Hukum Universitas Airlangga sedang merintis mata kuliah yang secara spesifik mempelajari tentang Negara Hukum dan Tata Pemerintahan yang Baik yang ditawarkan pada mahasiswa program pascasarjana peminatan pemerintahan. Pada mata kuliah ini, topic-topik yang dibahas adalah diskusi-diskusi mendalam yang secara spesifik relevan dengan isu-isu hukum prinsip-prinsip Negara hukum dan tata kelola pemerintahan yang baik, yang diantaranya meliputi topic bahasan spesifik mengenai: *the development concept of Rule of Law; Rule of Law in Indonesia; the Role of Institutions: separation of powers, collaboration of institutions, checks and balances (various models compared to Indonesia); Good Governance and the state: origin and concepts; Sovereignty and globalization: challenges for Good governance; good governance and democracy; persons, offices, and power: election system and governance democratic process; Courts, Politics and the People: access to courts; Court's role in politics; Courts and judicial review; balancing acts: democracy v rule of law; open society and minority rights v majority culture; media and digitalization, social movement and NGOs; Good governance and public administration reform; Local government and good governance: democracy and legitimacy; public ethics and efficient delivery of state service; integrity and anti-corruption; independent regulatory agencies and their role in the state*, serta isu-isu relevan yang lain.

Di Indonesia, dalam perspektif teori, istilah dan ruang lingkup good governance salah satunya dikembangkan dari teori yang disampaikan oleh Addink, yang menyebutkan bahwa good governance merupakan sebuah norma untuk pemerintah dan hak warga

Negara yang terintegrasi dalam norma-norma dalam kerangka rule of law dan demokrasi.[3] Pembahasan good governance juga melingkupi perkembangan beberapa prinsip good governance. Dalam tataran teori, princip-prinsip good governance yang dikenal diIndonesia dan berkembang meliputi prinsip properness, transparency, participation, accountability, effectiveness, and human rights.[4] Prinsip-prinsip tersebut dianalisa dan dielaborasi berdasarkan topic specific dalam beberapa mata kuliah di Fakultas Hukum di Indonesia. Sebagai contoh adalah mata kuliah Hukum dan Politik, Politik Perundang-undangan pada level strata 2 magister hukum, prinsip-prinsip good governance dibahasa dan dianalisa berkenaan dengan bagaimana norma-norma dalam peraturan perundang-undangan dan dalam hal apa prinsip-prinsip tersebut terimplementasi dalam proses pembuatan peraturan perundang-undangan.

Apabila dibandingkan dengan mata kuliah yang lain, misalnya yang relavan dengan Hukum Internasional maupun juga mata kuliah yang relevan dengan Perbandingan Hukum, Mahasiswa hukum pada level Sarjana juga diperkenalkan bagaimana prinsip-prinsip good governance tersebut dipromosikan dan diimplementasikan oleh organisasi internasional, seperti United Nations Economic and Social Commission for Asia and the Pacific. Pada konteks ini, konsep dan ruang lingkung good governance ditujukan kepada proses pembuatan keputusan dan proses bagaimana keputusan tersebut diimplementasikan ataupun tidak terimplementasikan.[5] Pembelajaran difokuskan dan dikembangkan sampai dengan pada pembedaan konteks corporate governance, international governance, national governance and local governance,[6] yang dimana standard tentang prinsip-prinsip good governance dikembangkan secara konstekstual dalam pembelajaran topic-topik yang lebih spesifik. Pembelajaran difokuskan pada actor formal dan informal yang terlibat dalam pembuatan keputusan dan implementasi keputusan yang dibuat serta struktur formal dan informal yang dikerangkakan pada sebuah titik untuk beranjak pada immpementasi keputusan pada level internasional, nasional dan local.

Dari perspektif konstitusional, Good governance menemukan kekonstitusionalitasannya dalam Konstitusi Indonesia setelah amandemen (UUDNRI 1945). Konsep tersebut mungkin tidak secara eksplisit tertulis dalam pasal-pasal Konstitusi, tetapi prinsip-prinsip Good Governance terrefleksikan pada sebagaian besar pasal-pasal dalam UUDNRI 1945. Penormaan dan adopsi prinsip-prinsip good governance ke dalam hukum positif di Indonesia salah satu rasionya adalah bahwa Indonesia setelah krisis politik Orde Baru

---

3 Henk Addink, Good Governance: Concept and Context, Oxford University Press, 2019, p. 4.

4 Henk Addink, Good Governance: Importance in Practice, Theories and Definitions, Volume 1 Issue 1, March 2017: HOLREV. Faculty of Law, Halu Oleo University, Kendari, Southeast Sulawesi, Indonesia, pp. 1-32, p. 3.

5 United Nations Economic and Social Commission for Asia and the Pacific, What is Good Governance, Poverty Reduction Section UNESCAP.

6 Ibid.

1998 hendak melakukan reformasi pemerintahan dan birokrasi yang menghasilkan sistem pemerintahan dan sistem hukum dengan tata kelola yang baik dalam segala aspek urusan penyelenggaraan pemerintahan. Prinsip-prinsip dalam kerangka Good Governance tersebut dipositifkan ke dalam peraturan perundang-undangan dan bersinergi dengan prinsip-prinsip rule of law, Negara Hukum Indonesia dan prinsip demokrasi. Setelah proses amandemen, para aktor amandemen Konstitusi menginginkan untuk menata ulang (reformasi) struktur kenegaraan dan institusi penyelenggara pemerintahan di Indonesia selain pula memperbaiki hubungan antara pemerintah dengan rakyat sebagai dua elemen utama yang sangat vital dalam sistem konstitusional di Indonesia. Pada konteks ini, rule of law dan democracy tidak dimaksudkan saling tumpang tinding dengan prinsip-prinsip good governance tetapi saling terintegrasi, terlebih dalam konteks prinsip transparansi, partisipasi public, dan hak asasi manusia. Sementara itu, kerangka rule of law memberikan landasan filosofis dalam hukum positif yang ditujukan untuk pemerintah dalam penyelenggaraan Negara dan perlindungan rakyat Indonesia, sementara democracy mengakomodasi mekanisme transparansi dan akses partisipasi public, dan Good governance pada konteksnya menyediakan komitmen tata kelola yang baik dalam implementasinya. Pada perspektif akademisi, tentunya pengembangan studi rule of law dan good governance ditujukan untuk memberikan kontribusi langsung pada area praktek penegakan hukum di Indonesia. Sebaliknya, perkembangan dalam praktek hukum, khususnya pada level penegakan hukum dan implementasi pada ranah profesionalism hukum, implementasi Good Governance menjadi hal yang sangat signifikan berkembang secara praktek. Salah satu yang mempunyai signifikansi penting dalam implementasi dan pengembangan prinsip-prinsip rule of law dan good governance adalah Mahkamah Konstitusi RI dalam penegakan hukum di Indonesia.

3 Rule of Law dan Good Governance dalam perkembangan Mahkamah Konstitusi Republik Indonesia

Sejak awal berdirinya MKRI pada 2004, MKRI merupakan institusi peradilan konstitusi yang menegakkan bangunan rule of law dan good governance. Beberapa putusan MKRI memberikan landasan perkembangan tentang konsep rule of law dan good governance. Secara umum, putusan-putusan MKRI adalah dalam rangka menegakkan rule of law dan prinsip-prinsip pada bangunan kerangka rule of law, misalnya pada salah satu prinsip Negara hukum yaitu, perlindungan hak-hak konstitusional. MKRI dalam semua putusan-putusan judicial review bertujuan untuk menjaga dan menegakkan hak konstitusional warga Negara Indonesia. Pada sisi lain, putusan-putusan MKRI dalam judicial review juga sebagai wujud dari check and balances cabang kekuasaan lainnya. Dalam aspek keindependensian judicial, keberadaan MKRI meneguhkan prinsip independensi kekuasaan kehakiman sebagai salah satu pilar dari rule of law. Konstitusi UUD NRI 1945 dalam hal ini juga menegaskan secara eksplisit pada Pasal 24 ayat (1) bahwa "kekuasaan kehakiman merupakan kekuasaan yang merdeka untuk menyelenggarakan peradilan guna menegakkan hukum dan keadilan".

Pada isu berkenaan dengan Good Governance, MKRI telah berkontribusi tidak hanya pada pengembangan konsep Good Governance saja, tetapi juga pada konteks menerapkan Good Governance dalam keberlangsungan lembaga MKRI sebagai institusi badan peradilan. Tata kelola peradilan yang baik (*good judiciary governance*) merupakan salah satu pilar yang paling kokoh dalam menegakkan hukum dan keadilan. Prinsip peradilan yang baik ini juga harus ditetapkan menjadi nilai-nilai dasar dalam sistem administrasi peradilan di Mahkamah Konstitusi,[7] seperti prinsip independensi, imparsialitas, transparansi, dan akuntabilitas menjadi fondasi fundamental dalam setiap penyelenggaraan proses penanganan perkara di Mahkamah Konstitusi.

Dalam praktiknya, penerapan prinsip-prinsip tersebut tidak saja pada administrasi peradilan dan manajemen organisasi Mahkamah Konstitusi, namun juga pada relasi dengan pihak luar atau para pencari keadilan (*justice seekers*). Dengan demikian diperlukan adanya integrasi sistem yang baik di semua struktur organisasi pengadilan, mulai dari hakim, pejabat struktural sampai dengan staf pendukung.

Hal tersebut tentu bukan perkara yang mudah, seperti yang ditunjukkan oleh Profesor Philip Langbroek, ada pilihan sulit yang harus dibuat untuk menjawab pertanyaan dasar seperti:[8] Haruskah hakim membatasi diri hanya fokus menangani dan memutus perkara?, dan menyerahkan sepenuhnya masalah organisasi dan kelembagaan kepada "orang atau pejabat lain", atau apakah hakim harus ikut berpartisipasi – atau bahkan memimpin – proses penyelenggaraan organisasi peradilan? Bagaimana hakim dapat menyeimbangkan nilai-nilai yang saling bertentangan dalam peradilan: di satu sisi, mereka adalah profesional yang independen dan otonom dalam memutus perkara; namun pada saat yang sama hierarki dalam organisasi tetap sangat kuat?

Terhadap pertanyaan tersebut, Profesor Henry Mintzberg telah menjelaskan mengenai desain organisasi peradilan khusunya terkait dengan konsekuensi independensi dan profesionalitas hakim dari perspektif teori organisasi modern. Berdasarkan taksonomi

---

7 Peradilan memiliki peran utama dalam perlindungan hak konstitusional warga negara. Oleh karena itu, Peradilan haru memastikan bahwa peradilan telah menerapkan prinsip peradilan yang baik dalam melakukan tugas dan fungsi konstitusionalnya. Penjelasan mengenai prinsip peradilan yang baik dapat dibaca dalam T Von Danwitz, "Good Governance in the Hands of the Judiciary: Lessons from the European Example", Potchefstroom Electronic Law Journal/Potchefstroomse Elektroniese Regsblad, Vol. 13 No. 1, 2010, DOI: 10.4314/pelj.v13i1.55357.

8 P. Langbroek, "Two cases of changing the judiciary and the judicial administration: the Netherlands and Guatemala", the World Bank Conference on Empowerment through Law and Justice in St Petersburg, Russia, July 8-11, 2001, hlm. 14. Lihat Juga Tim Bunjevac, Court Governance: The Challenge of Change, Journal of Judicial Administration 20(4), May 4, 2011, https://ssrn.com/abstract=2963415.

struktur organisasinya, lembaga peradilan dapat diklasifikasikan sebagai "birokrasi profesional". Menurut Mintzberg, birokrasi profesional adalah bentuk organisasi yang mengandalkan orang-orang yang telah melalui proses pelatihan profesional intensif, dan menjadi spesialis yang mempertahankan kontrol atas produktivitas inti organisasi dan proses penjaminan kualitas.[9] Hal tersebut tercermin dalam diri para hakim yang telah memiliki sikap profesional yang spesifik - budaya kerja yang sangat individual - di mana status profesional dan otonomi individu hakim dalam memutus perkara dianggap sebagai kebajikan tertinggi dalam institusi peradilan.

Terlepas dari status hakim yang independen dan professional, dalam melaksanakan kewenangan konstitusionalnya tentu tidak terlepas dari peran *supporting system*, yaitu Kepaniteraan dan Sekretariat Jenderal Mahkamah Konstitusi yang harus terintegrasi sepenuhnya yang akan mengarah pada perbaikan dalam manajemen peradilan, inovasi dan kualitas putusan. Adanya pemberian dukungan subtansi hukum kepada hakim merupakan sesuatu yang sangat penting, seperti penelitian hukum dan perkara, yang dapat disediakan dan dikoordinasikan secara sistematis, untuk membantu hakim tidak hanya dalam pengembangan isu hukum terkini, tetapi juga untuk membantu hakim di persidangan dan penilaian tahapan suatu kasus yang kompleks.[10]

Selanjutnya, dukungan yang bersifat administratif seperti keuangan, teknis dan administratif yang diperlukan untuk membantu hakim dalam meningkatkan metode kerja mereka atau untuk menerapkan kebijakan mutu bagi hakim dan staf di tingkat manajemen kasus (bahkan mungkin di tingkat pengambilan putusan).

Selain itu, dari sudut pandang layanan publik, peradilan perlu mengembangkan standar kebijakan yang seragam tentang layanan publik, menyampaikan informasi secara profesional, transparan dan efisien, dan mempertimbangkan untuk menerapkan sistem mutu yang akan lebih fokus pada kebutuhan para pihak. Langkah-langkah profesional, teknis dan organisasional ini dapat meningkatkan kualitas putusan yang dibuat oleh hakim.[11]

Terakhir, seiring dengan meningkatnya tuntutan akan tata kelola lembaga peradilan yang efektif, efisien, transparan, dan akuntabel, peradilan terus melakukan inovasi dalam penerapan teknologi informasi. Salah satu upaya yang dilakukan oleh Mahkamah Konstitusi

---

9 Mintzberg H, Structure in Fives: Designing Effective Organisations'(1983), hlm. 189, sebagimana dikutip oleh Ng G, "Quality of Judicial Organisation and Checks and Balances", Ph.D thesis, the University of Utrecht, Holland, 14 March 2007, hlm. 4.

10 Tim Bunjevac, Court Governance: The Challenge of Change, Journal of Judicial Administration 20(4), May 4, 2011, https://ssrn.com/abstract=2963415.

11 Ten Berge J, "Contouren van een kwaliteitsbeleid voor de rechtspraak", in Langbroek P, Lahuis K and Ten Berge J (eds) *Kwaliteit van rechtspraak op de weegschaal*, (W.E.J. Tjeenk Willink and G.J. Wiarda Instituut, 1998), p 21-44 as cited and elaborated extensively in Ng G, "Quality of Judicial Organisation and Checks and Balances", Ph.D thesis, the University of Utrecht, Holland, 14 March 2007, hlm.

ialah pemanfaatan *information, communication*, dan *technology* (ICT) secara optimal.[12] Dewasa ini, ICT telah menjadi suatu kekuatan pendorong utama (*main driving force*) bagi organisasi modern. Hal ini juga merupakan perwujudan visi Mahkamah Konstitusi, "mengawal tegaknya konstitusi melalui peradilan yang modern dan terpercaya" dan sekaligus memudahkan masyarakat dalam menjangkau dan mendapatkan keadilan (*access to court and access to justice*) dalam kondisi apapun, bahkan pada saat adanya wabah *global pandemic COVID-19*. Sebagai contoh, sidang uji materiil Peraturan Pemerintah Pengganti Undang-Undang Nomor 1 Tahun 2020 tentang Kebijakan Keuangan Negara dan Stabilitas Sistem Keuangan Negara untuk Penanganan Pandemi *Corona Virus Diseases* 2019 (Perpu Penanganan Covid-19) menjadi sidang perdana di Mahkamah Konstitusi dengan menerapkan protokol kesehatan terkait Covid-19, seperti memakai masker, sarung tangan, menggunakan *sanitizer* dan menjaga jarak fisik (*physical distancing*). Selanjutnya, setiap kali persidangan, Majelis Hakim selalu memberitahukan bahwa Pemohon dapat menggunakan teknologi informasi yang digunakan MK berupa aplikasi *Zoom* untuk bisa berinteraksi dalam persidangan dengan Majelis Hakim maupun pihak-pihak yang beperkara. Sementara untuk menyaksikan sidang dapat menggunakan *live streaming* via laman MK dan juga *live* melalui kanal MK di *Youtube*.

Untuk itu, dukungan layanan administrasi peradilan dan administrasi umum di MK senantiasa mengedepankan prinsip tata kelola peradilan yang baik (*good judiciary governance*), dan prinsip tata kelola organisasi yang baik (*good governance principles*), terutama prinsip akuntabilitas dan transparansi. Performa terbaik MK diupayakan untuk mewujudkan kepercayaan publik (*public trust*). Hal itu akan tampak, bukan hanya tercermin dari kualitas putusan melainkan juga tampak pada bagaimana prinsip transparansi dam akuntabilitas diterapkan pada semua tahapan proses peradilan, sejak permohonan diregistrasi sampai dengan pengucapan putusan.[13]

Pada ranah pengembangan konsep Good Governance, misalnya dalam Putusan Mahkamah Konstitusi Nomor 37/PUU-XVIII/2020, 28 Oktober 2021, constitutional review Undang-Undang Nomor Nomor 2 Tahun 2020 tentang Penetapan Peraturan Pemerintah Pengganti Undang-Undang Nomor 1 Tahun 2020 tentang Kebijakan Keuangan Negara dan Stabilitas Sistem Keuangan untuk Penanganan Pandemi *Corona Virus Disease* 2019 dan/atau Dalam Rangka Menghadapi Ancaman yang Membahayakan Perekonomian Nasional dan/atau Stabilitas Sistem Keuangan Menjadi Undang-Undang (UU Covid-19), Pemohon menguji antara lain Pasal 27 ayat (1) dan (3) UU Covid-19. Menurut pemohon Pasal 27 ayat (1) dan ayat (3) UU 2/2020:

---

12 Agusti Carrillo, *E-Justice: Using Information Communication Technologies in the Court System*, New York: Information Science Reference, 2009.

13 Mahkamah Konstitusi, *Rencana Strategis Mahkamah Konstitusi 2020-2024*, Jakarta: Mahkamah Konstitusi, 2020. hlm. 53.

> "melegitimasi penyelewengan pengelolaan keuangan negara dan membebaskan penyelenggara negara dari jeratan pasal tindak pidana korupsi serta menutup *access to justice* bagi para Pemohon untuk melakukan pengawasan, advokasi, upaya hukum, dan memperoleh keadilan ketika adanya potensi penyalahgunaan anggaran negara yang tidak ditujukan untuk kebutuhan sosial, kesehatan, dan kemanusiaan selama Covid-19. Selain itu, juga mencederai hak konstitusional Pemohon untuk melakukan advokasi *good governance* dan pengelolaan keuangan negara ...".

Setelah melalui serangkaian proses persidangan, Mahkamah Konstitusi mengabulkan sebagian keberatan yang diajukan Pemohon. Selain secara eksplist menyatakan Pasal Pasal 27 ayat (1) dan (2) UU 2/2020 bertentangan dengan prinsip kepastian dan perlakuan yang sama di hadapan hukum, secara implisit juga diakui pasal tersebut tidak sejalan dengan prinsip *good governance* sebagaimana didalilkan Pemohon. Dengan demikian, prinsip good governance tidak hanya menjadi pedoman dalam pengelolaan manjemen peradilan, tetapi juga menjadi dasar pertimbangan hukum Mahkamah Konstitusi dalam memutus permohon yang relevan.

4 Kesimpulan

Kerangka rule of law, Negara hukum Indonesia dan good governance di Indonesia berkembang melalui pendidikan hukum di Indonesia dan praktek penegakan hukum di Indonesia. Perkembangan konsep dan prinsip-prinsip rule of law dan good governance pada pendidikan hukum di Indonesia diperoleh dari kajian studi hukum dalam kurikulum hukum di Indonesia. Sementara itu, dalam praktek penegakan hukum di Indonesia, institusi-institusi penegakan hukum memegang peranan dalam berkontribusi bagi pengembangan konsep, teori dan prinsip-prinsip rule of law dan good governance. Mahkamah Konstitusi sebagai salah satu pemegang kekuasaan kehakiman dan salah satu institusi penegakan hukum di Indonesia, praktek peradilan konstitusi dengan putusan-putusannya sangat significant dalam pengembangan konsep rule of law dan good governance di Indonesia. Institusi Fakultas Hukum sebagai penyelenggara pendidikan hukum di Indonesia dalam ranah akademik dan Mahkamah Konstitusi sebagai pemegang kekuasaan kehakiman dalam ranah profesionalism saling melengkapi dan berkontribusi dalam baik study maupun implementasi rule of law dan good governance. Dalam konteks ini, putusan-putusan tersebut dapat menjadi bahan study rule of law dan good governance untuk pengembangan konsep dan teori yang relevan.

Modes of Delivery

XIX Making Teaching Interactive

Experiments From the Maastricht European Law School

Bram Akkermans[*]

Pengajaran interaktif tidak hanya berarti interaksi antara siswa di antara mereka sendiri, tetapi juga interaksi antara siswa dan staf pengajar. Diketahui dari ilmu pendidikan bahwa pengajaran interaktif meningkatkan kenikmatan akademik siswa serta meningkatkan efektivitas belajar. Namun, membuat pengajaran menjadi interaktif bukanlah hal yang mudah. Ini membutuhkan beberapa bahan utama. Pertama, filosofi pengajaran yang jelas harus ada dan dikembangkan yang fokus pada pengajaran interaktif. Ada banyak metode pengajaran untuk melakukan ini dan pendekatan Maastricht Problem Based Learning merupakan salah satunya. Kedua, cara penggunaan ruang pengajaran juga harus diperhatikan. Membina interaksi antar mahasiswa di ruang kuliah yang sangat besar memerlukan pendekatan yang berbeda dengan cara membina interaksi antara kelompok tutorial yang terdiri dari 15 mahasiswa. Penggunaan ruang merupakan elemen penting untuk keberhasilan dalam membuat pengajaran interaktif. Ketiga, staf pengajar harus mendukung filosofi pengajaran dan mengetahui apa yang mereka lakukan. Pelatihan staf serta pelatihan lanjutan tentang bagaimana menjaga agar pengajaran tetap efektif secara interaktif harus diperlukan. Artikel ini menawarkan studi kasus mengenai perubahan iklim dan hukum privat untuk mengilustrasikan bagaimana pengajaran interaktif dapat diatur sekaligus mempertahankan tingkat tinggi hasil pembelajaran yang diinginkan.

Interactive teaching means interaction among students themselves, but also interaction between students and teaching staff. We know from research on education that interactive teaching increases both the academic enjoyment of students, as well as the effectivity of learning. Making teaching interactive is, however, not easy. It requires several main ingredients to be in place. First, a clear teaching philosophy should be in place (or be developed) that incorporates interactive teaching. There are various teaching methods that do this and the Maastricht problem-based learning approach is one of these. Second, the way in which the teaching space is used should be critically looked at. Fostering interaction between students in a very large lecture hall requires a different approach than fostering interaction between a tutorial group of 15 students. The use of space is a crucial element for success in making teaching interactive. Third, teaching staff should support the teaching philosophy and know what they are doing. Staff training as well as a continuous conversation on how to keep making teaching interactive is absolutely necessary. This contribution uses a case study dealing with climate change and private law to illustrate how interactive teaching can be organized whilst also ensuring the achievement of intended learning outcomes.

1 Introduction

There are several interactive teaching methods in the world. Perhaps one of the most well-known is the problem-based learning method. In this method students are confronted with a case, i.e., a problem, that they engage with themselves. This engagement takes the

[*] Bram Akkermans is professor of property law and director of studies of Dutch language undergraduate programmes at the Faculty of Law, Maastricht University.

form of a discussion in which students apply their prior knowledge and – collectively – find out what they do not know yet. Learning objectives are outlined to fill in these knowledge gaps and at the next meeting, students report back on their findings. The core philosophy of this method is that experiential learning leads to better retention of knowledge. Simply put, by explaining what you know to someone else, you understand better what you are talking about.

Maastricht University is known for its use of the problem-based learning (PBL) method and we employ these learning techniques on a daily basis. Our primary way of teaching is in small groups of maximum 15 students; we give lectures so that the cohort of students can meet each other, and we can provide them with an overview of the subject matter. The information students receive in the lecture is meant to provide structure so that they can place the information from their small-group meetings in context.

Teaching at Maastricht is therefore not about a one-way transfer of knowledge. Interaction with students is at the core of our teaching philosophy. In the following section, I will first deal with the concept and operationalization of interactive teaching at the Maastricht law faculty in general (Section 2), after which I will explore one case study on teaching sustainable development to undergraduate students in property law (Section 3).

2 Interactive Teaching at the Maastricht Law Faculty

The PBL method at Maastricht University is operationalized in a teaching philosophy that bases itself on four components.[1] Teaching is constructive, contextual, collaborative and self-directed (CCCS).[2] This means that students take a central position and that interaction between students themselves as well as between staff and students is crucial for the learning process. Students interact with each other on the basis of a problem case that is preferably derived from a real-life situation. Such a situation can vary from a story about retrieving a stolen bicycle (a very Dutch example) for first-year students to very complex fact patterns and cases, such as climate change litigation (see below under 3).

Educational science demonstrates how interaction between students leads to increased learning.[3] All teaching is therefore organized to enable students to engage with the material, both for content- and skill-related courses. For that to occur efficiently, there are some essential requirements: students meet (1) in small groups – essential to facilitate interaction,

1 *See* Moust, J. H. C., van Berkel, H. J. M., & Schmidt, H. G. (2005). Signs of Erosion: Reflections on Three Decades of Problem-based Learning at Maastricht University. *Higher Education*, 50(4), 665-683.

2 *See* www.maastrichtuniversity.nl/four-modern-learning-principles-pbl.

3 *See* Colin, S. W., Prather, E. E., Milsom, J. A., Johns, K., & Manne, S. (March/April 2021). Students Taught by a First-Time Instructor Using Active-Learning Teaching Strategies Outperform Students Taught by a Highly-Regarded Traditional Instructor. *Journal of College Science Teaching*, 50(4).

(2) in small rooms – to create an intimate setting, (3) under supervision of a tutor whose job it is to facilitate and create a safe learning environment. During the Covid-19 pandemic, a fourth requirement was added in the form of technical and broadband internet equipment to host meetings in a hybrid or fully online setting.[4]

First, small groups are essential to create an interactive learning experience. In a larger lecture setting also there can be interaction, but that interaction is mostly a conversation between the lecturer and the student. Occasionally students may interact with each other in the form of a debate. Having a smaller group of students – in Maastricht undergraduate programmes that is 15 students – immediately creates a different atmosphere. Students must come prepared, or else they will not have much to say. They also come prepared to interact with each other. Teaching materials must therefore be designed in such a way that interaction is needed – that means teaching materials that provide open-ended problems, and not one that require a yes or no answer. Students must – following the PBL essentials set out above – be able to activate their prior knowledge. That means in practice that students must share this prior knowledge with each other, thus creating the start of the interaction process.

Second, small rooms with an inviting arrangement of furniture are essential to create an intimate learning experience for students.[5] This aspect of interactive teaching is often neglected, partly due to the fact that not many of us have control over where we conduct our teaching. In a larger room all participants have to work harder to get together, to make sure they can understand each other and still have an effective workspace for themselves.[6] Nevertheless, as research from McGill University demonstrates, the effects of a learning space on the actual learning of the student should not be underestimated.[7]

Third, and perhaps most importantly, interactive teaching requires a teaching professional with a clear vision. Such a vision needs to be supported by the institutional environment in which the teaching takes place. Many universities operate on the basis of a teaching philosophy, which is often written down in a policy document that sets out the framework in which teaching takes place. For example, the philosophy could encourage teaching by lectures, or teaching in tutorial groups, etc. The size of the teaching groups and the general approach that is to be taken is also accounted for. Examples of approaches

---

4 The subject of hybrid or completely online education falls outside of the contribution, but should be mentioned as it affects the first three essential requirements that I identify.

5 *See* www.mcgill.ca/tls/spaces.

6 *See* Finkelstein, A., Ferris, J., Weston, C., & Winer, L. (2016). Research-Informed Principles for (Re)designing Teaching and Learning Spaces. *Journal of Learning Spaces*, 5(1).

7 *Ibid.*

include traditional lectures, the Socratic teaching method and the already mentioned PBL, among others.[8]

It is important that teachers commit to the teaching philosophy. A PBL setting does not work effectively with a teacher who seeks to explain every concept to the student. In PBL, the responsibility for the learning is, after all, with the student who is supposed to be self-directed. For many teachers however, that could sometimes feel like they are not doing their job of teaching.

A similar question arises in the mode of giving feedback to students on their work. Should feedback be extensively detailed about what the student has done and could have done better, or should feedback be restricted to suggestions that point the student in the direction in which he or she can find improvements by himself or herself? In PBL the aim is to have a conversation with the student, but not to lead the student everywhere by explaining in detail where it went wrong. Instead, a model answer provides the student a starting point to start a conversation with the teacher and not the other way around. This too, is interactive education, as the true learning here is in the conversation and therefore the experience. For this to occur, the student needs to be active and the teacher needs to be passive.

In other words, committing to the teaching philosophy will matter in terms of the effectiveness of the learning process. In Dutch universities, therefore, there is a University Teaching Qualification (UTQ) training course that all new staff members need to take. The teaching certificates are tailor-made for a specific faculty, but at the same time recognized by all other faculties in the Netherlands, making it worth the considerable investment.[9] A training approach, combined with continuous professional development of teaching staff thus ensures that teachers are familiar with the teaching philosophy, creating the circumstances for interactive education.

From the teacher's end, asking questions, posing problems and challenging answers that the teacher receives creates a collaborative work environment in which students contribute. Students, on their part, of course need to come prepared to meetings and have to be willing to engage with each other. A tutorial meeting should therefore be structured in such a way that students feel safe (see above), but also are increasingly challenged to share ideas and to exchange points of view. In law, there are many situations in which there is no clear answer to a certain question, and the answer depends on how you look at something. It depends, in other words, on what values and other insights you bring to

8 *See*, for a Maastricht example: www.maastrichtuniversity.nl/education/educational-innovation/edview-implementation.

9 At the time of writing, the Maastricht UTQ is about 85 hours of training during a one-year period.

the tutorial. A good discussion with students therefore starts with formulating what they already know, think and feel.[10]

The actual discussion of the problem comes next and should allow time for each student, who wants to, to share their views. Sometimes, an agreement on a solution is reached very quickly, and other times the answer – if one exists at all – remains lingering, requiring more thought, further reading or more discussion. What is important is that students reach these points themselves by discussing not only with their teacher, but also with each other.

3 A Case Study[11]

Law degree programmes have existed for a very long time. In any law degree programme, the programme design seeks to train lawyers, but also to connect to current-day affairs. It is important for the motivation of students that they see what it is they are learning and how subjects have a real-world application. An excellent example of a relevant current topic is sustainability. There is a lot of global discussion about sustainability, but this mostly focuses on politics and activism, rather than on what happens in the law school classroom.

Sustainable development is defined by the World Commission on Economic Development as taking care of our own needs without compromising the ability of future generations to take care of their own needs.[12] This definition, which is commonly used around the world, offers a great starting point for a course dealing with sustainability and law.

The aim of such a course is usually to have students interact with each other and to translate a global challenge to the legal classroom. However, students will likely have an opinion on sustainability but will most likely not be able to proceed by themselves. A solution to this is to get students talking about concepts and definitions first. For example, sustainability can be connected to the UN's 17 Global Goals, which are in three categories: ecological sustainability, governance and democracy.[13] A choice for ecological sustainability will bring the focus on the effects of climate change. Together with students, sub-categories

10 I will provide an example of this below in Section 3.

11 This case study is inspired by the development of the bachelor's course Comparative Property Law, the master's course European Property Law at Maastricht University, and the development of the course Private Law and Sustainability at KU Leuven.

12 World Commission on Economic Development (WCED). *Our Common Future* (Oxford: Oxford University Press, 1987), p. 43, Akkermans, B. Sustainable Property Law: Towards a Revaluation of Our System of Property Law, in Bram Akkermans and Gijs van Dijck (Eds.) *Private Law and Sustainability* (The Hague: Eleven International Publishers, 2019), p. 37 *et seq.*

13 *See* www.globalgoals.org.

can be identified, such as land reform, commons, energy transition, obligations and constitutional aspects.

Clearing up definitions and having discussions with the students about what they find important, about how they can begin to translate global challenges to the subject of law – private law in this example – creates 'granularity' or a common language to begin talking about these issues. Moreover, it creates a collaborative and safe environment among students and between the students and the teaching staff.

With an understanding of the common definitions out of the way, and a collaborative learning environment in place, the legal concepts come into play. In a course on private law, these are, for example, aspects of property and tort. About 82% of all the world's natural resources are in private hands. The law of property, ownership of land in particular, therefore governs to a considerably degree how we deal with these resources.[14] At the same time, our current system of property law is not modelled to take intergenerational perspectives into account, as the definition of sustainable development requires us to do. That tension asks for discussion and as much interactivity between students as possible. In order to be able to hold a discussion on this, students will need to know about the concept of ownership, its foundations and its rules, as well as speak the common language acquired at the beginning of the course. The tension created with that forms the starting point of a discussion with no conclusive end. A conclusion is not really necessary, as the learning objective is not to solve the issue, but rather to gain deep knowledge about the existing law as well as the normative challenges that it is and will be confronted with in the future. Students will need to know what they are talking about before they can enter into a discussion with each other. Such interaction therefore stimulates them to do more, rather than to do less work in preparation.

The same holds true for the law of tort. In several countries in the world, but most notably in the Netherlands, the law of torts is used by citizens and citizen groups to move large actors, such as the Dutch State or large multinational companies such as Shell, to more sustainable behaviour.[15] In order to understand the application of tort law to these issues, students need to have knowledge of negligence in tort liability and the criteria used by courts to construe a duty of care. It is, in the end, that duty of care that is violated by these actors as they put the general public at risk by allowing or producing CO_2 emissions. Fundamental rights, such as Articles 2 and 8 of the European Convention on Human Rights come into play to help construe the positive duty the state has to protect its citizens.

14 Grinlinton, D. & Taylor, P. Property Rights and Sustainability. The Evolution of Property Rights to Meet Ecological Challenges (Leiden/Boston: Martinus Nijhoff Publishers, 2011), pp. 1-2.

15 *See* Court of the Hague, 24 June 2015, ECLI:NL:RBDHA:2015:7196, Court of Appeal The Hague, 9 October 2018 ECLI:NL:GHGHA:2018:2610, Dutch Supreme Court (Hoge Raad) 20 December 2019, ECLI:NL:HR:2019:2007, NJ 2020/41 m.nt. J. Spier and Court of The Hague 26 May 2021 ECLI:NL:RBDHA:2021:5337 (Shell).

A deep understanding of the normal rules of liability for negligence is necessary to be able to apply these to novel situations. Climate change, and especially the international agreements entered into by governments that create international norms (such as the Paris Climate Agreement) form the context in which tort law is applied. A lot of interaction between students is possible and even necessary to create a common understanding of how tort law could be applied and how tort law could be an effective means with which to deal with climate change.

At the same time, a court ruling deciding on the application of tort law and to move state or large private actors towards reducing their impact on our climate, is controversial. Some argue that under the doctrine of separation of powers it is not for the judiciary, but rather the legislative and/or executive power to make such decisions. Most recently, a Belgian court ruled exactly on this issue in the context of a citizen-brought climate case.[16]

Students talking about these issues acquire a deep knowledge on substantive tort law, on the application of rules of private law to novel cases as well as on constitutional issues including separation of power. It therefore creates, as law school programmes need to do in the 21st century, an intradisciplinary and sometimes even interdisciplinary challenge for students.

4 Conclusion

Interaction between students increases learning. For interaction to work properly, it is important to have and enforce a teaching philosophy, use rooms that are stimulating for interaction and train teaching staff to foster interaction between students. Teaching materials must stimulate discussion between students and between the students and the teacher. When these ingredients are in order, a unique learning experience can arise. The learning experience is unique because of the individual contributions made by each student. At the same time, the learning experience is also standardized, as students will always need to acquire knowledge of and insight into the legal subject matter at hand.

In the case study presented above, where private law – property and tort law – is the subject matter, I have tried to illustrate how knowledge of substantive property and tort law is necessary to be able to enter into a discussion of a societal challenge. In this case study example, that challenge is climate change, but the same would apply to technological developments such as blockchain or data, migration issues, public health or public security. In this manner, the curriculum can keep its intended learning outcomes (ILOs) in place, but also actively and positively contribute to increasing learning for students.

16 *See* Klimaatzaak, French language court Brussels, private law sections, 2015/4585/A. *See* klimaatzaak.eu.

XX Transformasi Model Pembelajaran Dari Aktif-Interaktif Ke PBL

*Jani Purnawanty**

Perguruan tinggi merupakan wahana yang memfasilitasi pengembangan dan optimalisasi kemampuan berpikir dan nalar mahasiswa. Untuk itu perguruan tinggi dituntut untuk terus menerus melakukan inovasi teknik dan metode pengajaran, mencari dan memperbaikinya secara terus menerus. Pembelajaran aktif-interaktif melibatkan dan memberikan porsi yang lebih besar kepada siswa untuk berpartisipasi dan mengekspresikan diri. Skema PBL dapat dikatakan sebagai pola pembelajaran aktif-interaktif lanjutan karena PBL menuntut siswa untuk mampu mengidentifikasi permasalahan hukum pada suatu isu/fenomena yang disajikan hanya dalam petikan/cuplikan, mampu mengacu pada teori yang sesuai, mampu melakukan pemecahan masalah, dan mampu membangun struktur teori yang komprehensif dan relevan dengan masalah. Aktif dan mampu belajar mandiri merupakan syarat bagi siswa untuk melaksanakan PBL. Dalam PBL, proses menemukan jawaban dan membangun struktur teori yang lengkap berdasarkan masalah yang diberikan harus dilakukan secara mandiri, dengan intervensi guru yang minimal. Untuk memaksimalkan pelaksanaan PBL, dosen perlu melakukan penilaian dan evaluasi yang jujur tidak hanya pada kesiapannya, tetapi juga pada kesiapan mahasiswa, dan semua sistem pendukung sebelum melaksanakan PBL. PBL dapat dilaksanakan secara bertahap, dapat dimodifikasi dan disesuaikan tergantung kesiapan seluruh komponen pendukung.

Higher education is a vehicle that facilitates the development and optimalization of students' thinking and reasoning abilities. For this reason, universities are required to continuously innovate their techniques and teaching methods, seek and refine them continuously. Active-interactive learning involves and provides a larger portion for students to participate and express themselves. The PBL scheme can be regarded an advanced active-interactive learning pattern because PBL requires students to be able to identify legal problems on an issue/phenomenon presented only in excerpts/snippets, able to refer to the appropriate theories, able to execute problem solving, and able to build a comprehensive theoretical structure that is relevant to the issues. Being an active and able to learn independently is a conditio sine qua non for students to implement PBL. In PBL, the process of finding answers and building a complete structure of theories based on assigned problems must be carried out independently, with minimal lecturer intervention. In order to maximize the implementation of PBL, lecturers need to conduct an honest assessment and evaluation not only on their readiness, but also to the students' preparedness, and all supporting system prior to apply the PBL. PBL can be executed on stages/gradually, can be modified and adjusted depend on the readiness of all supporting components.

1 Pengantar

Sebagai insan yang dikaruniai pikiran dan akal budi, wajib baginya berpendidikan guna menegaskan eksistensi dan jati diri sebagai manusia. Pendidikan tidak selalu diartikan dengan bersekolah secara formal, karena Bapak Pendidikan Indonesia, Ki Hajar Dewantara

* Dosen dan Peneliti di Bagian Hukum Internasional, Fakultas Hukum, Universitas Airlangga. Lecturer and Researcher in International Law, Faculty of Law, Airlangga University.

(1889-1959) pernah menyampaikan "setiap orang menjadi guru, setiap rumah menjadi sekolah." Artinya, kita bisa belajar apa saja pada siapa saja karena setiap orang yang kita jumpai adalah guru. Pun hamparan bumi ini adalah sekolahan, tempat kita memetik hikmah dan menuai ilmu pengetahuan.

Universitas sebagai institusi pendidikan tinggi menjadi salah satu muara pendidikan dasar dan menengah di Indonesia. Pendidikan tinggi adalah wahana yang memfasilitasi pengembangan dan maksimalisasi kemampuan berpikir dan bernalar para mahasiswa. Untuk itu, universitas dituntut terus menerus melakukan inovasi teknik dan metode pengajarannya, mencari dan menyempurnakannya secara tak henti agar mampu menghasilkan lulusan yang berpola pikir kritis, matang, mandiri, bermoral, dan berintegritas.

Sudah seharusnya pola pembelajaran di universitas menempatkan mahasiswa sebagai subyek dan pusat pembelajaran. Pendidikan di perguruan tinggi semestinya memerdekaan pikiran, menajamkan nalar, dan mengasah kemampuan analisa agar semakin kritis. Ruang-ruang untuk berinteraksi dan berdiskusi harus tersedia, terbuka, dan dapat diakses setiap saat. Proses transfer ilmu pengetahuan di ruang-ruang kuliah hendaknya tidak lagi bersifat doktrinal dan berjalan satu arah. Dosen seharusnya berposisi dan berperan sebagai mitra bagi mahasiswa dalam berdialog dan berdiskusi. Melalui banyak diskursus, ilmu dapat terus digali dan dikembangkan agar menjadi lebih mapan dan kaya dari waktu ke waktu.

Interaksi akademis dan keilmuan yang hangat, cair, dan tidak bersekat antara dosen dan mahasiswa serta di antara sesama mahasiswa di perguruan tinggi akan menjadikan pengalaman belajar yang berkesan, bahkan dapat membentuk kepribadian, pola pikir, dan daya nalar seseorang menjadi semakin matang, dewasa, dan tajam.

Gambar 1. Piramida Pembelajaran

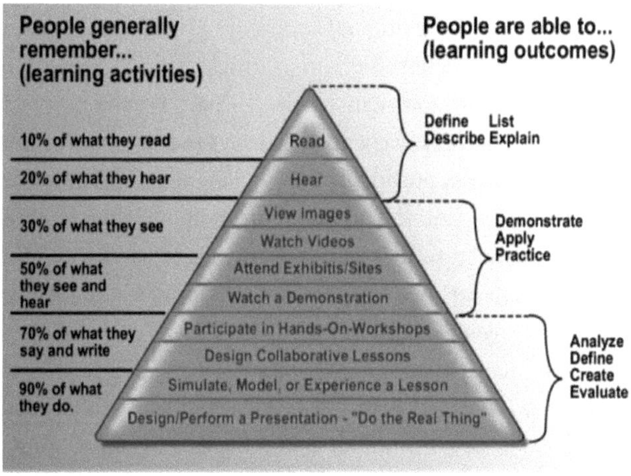

Atmosfer komunikasi interaktif perlu dibangun dan dipelihara. Pembelajaran aktif-interaktif yang melibatkan dan memberikan porsi lebih besar bagi mahasiswa untuk berpartisipasi dan mengekspresikan diri sejatinya akan memberi manfaat lebih signifikan bagi mahasiswa. Edgar Dale (1900-1985) merumuskan dan mempopulerkan the Learning Pyramid (Piramida Pembelajaran) yang mengafirmasi bahwa pola pembelajaran yang menyediakan ruang bagi para pembelajar untuk belajar secara aktif-interaktif akan memampukan ia menyerap lebih banyak dan lebih baik, serta apa yang didapat akan membekas lebih lama. Untuk itu, metode/teknik pembelajaran di perguruan tinggi sepatutnya mengadopsi dan menjalankan pola-pola yang terbukti efektif dalam meningkatkan kualitas sumber daya manusia.

2 PEMBELAJARAN AKTIF-INTERAKTIF DAN PROBLEM-BASED LEARNING (PBL)

Salah satu model pembelajaran aktif-interaktif yang menempatkan mahasiswa sebagai subyek dan sentral pembelajaran adalah *problem-based learning* (PBL). Unsur penting pada PBL adalah memampukan mahasiswa memahami dan mengkonstruksi secara utuh keseluruhan topik pembelajaran melalui bedah kasus/masalah. Jika dilihat dari model pembelajarannya, PBL dapat dikatakan sebagai bentuk lanjutan dan bentuk yang lebih kompleks dari model pembelajaran aktif-interaktif. Di kelas, pembelajaran aktif-interaktif dapat diselenggarakan tanpa menggunakan pendekatan berbasis kasus/masalah. Namun, semua PBL pasti menggunakan pola pembelajaran aktif-interaktif dan komunikasi dialogis di antara mahasiswa dan dosen.

Pembelajaran aktif adalah proses belajar yang memposisikan dan melibatkan mahasiswa secara aktif, setidaknya melalui skema penugasan. Pada pembelajaran klasikal, dosen berperan lebih dominan dalam proses *transfer of knowledge* di kelas, sementara mahasiswa lebih berposisi sebagai *a recipient* (penerima) yang seringkali bersikap pasif. Mahasiswa hanya duduk, mendengarkan, mencatat, dan selesai. Belajar aktif meminta mahasiswa mampu menggali lebih dalam, memperkaya pengetahuannya melalui tugas-tugas membaca, merangkum, membuat sinopsis, riset pustaka, atau riset lapangan. Dosen melibatkan dan memberikan peran bagi mahasiswa untuk secara aktif turut membangun dan memperkaya ilmu pengetahuan. Luaran kegiatan belajar secara aktif yang dilakukan oleh mahasiswa tidak saja akan bermanfaat bagi dirinya, tetapi juga memberikan manfaat kolektif bagi sesama mahasiswa dan bagi pengembangan keilmuan.

Pembelajaran interaktif merupakan pembelajaran yang dialogis, terbangun pola komunikasi yang dinamis antara dosen-mahasiswa dan antar mahasiswa yang terjadi di dalam dan di luar ruang kelas. Secara mudah dan sebagai langkah awal, dosen dapat menginisiasi pembelajaran interaktif di dalam kelas dengan mengajukan berbagai pertanyaan. Pertanyaan yang paling mudah diajukan adalah pertanyaan yang memastikan apakah mahasiswa telah memahami materi dengan memadai, tepat, dan benar. Lebih lanjut, pola interaktif juga dapat dipergunakan untuk penajaman dan pendalaman materi.

Pertanyaan-pertanyaan yang diajukan dalam skema pembelajaran interaktif, membuka kesempatan bagi dosen untuk mulai mengasah *critical thinking* para mahasiswa. Pada level yang paling sederhana, mengasah pola berpikir kritis dapat dilakukan dengan mengajukan pertanyaan dengan kesulitan berjenjang, mulai dari apakah, apa lagi, mengapa, dan bagaimana.

Ilustrasi: Pada mata kuliah Hukum Perdagangan Internasional, pada topik Non-Tariff Barriers (NTBs), dosen bisa memulai tanya jawab dengan mengajukan beberapa pertanyaan berikut ini:

Tingkatan Pertanyaan	Bentuk Pertanyaan
Apakah (*what*) Apa lagi (*what else*)	- Apakah NTBs itu? - Apa yang membedakan tariff dan non-tariff sebagai trade barriers?
Mengapa	- Mengapa NTBs menjadi salah satu topik yang diatur dalam WTO? - Gunakan perspektif perdagangan bebas dan distorsi pasar dalam menerangkan NTBs!
Bagaimana	Bagaimana cara kerja tariff sehingga disebut sebagai mekanisme efektif untuk proteksi industri nasional?

Ketika mahasiswa telah mampu dengan lancar menjawab pertanyaan seperti contoh di atas, dapat dipastikan mahasiswa telah memahami teori secara memadai. Selanjutnya, kecakapan dan penguasaan materi mahasiswa tersebut perlu ditantang lagi jauh lagi dengan menghadapkan mahasiswa pada suatu kasus (dapat saja kasus riil atau kasus rekaan) untuk dianalisa dan dipecahkan oleh mahasiswa.

Pada tingkat awal, kasus disajikan dengan *guided questions*. Dengan pola ini yang diuji adalah kemampuan mahasiswa menggunakan teori yang telah diajarkan sebagai pisau analisa dalam penyelesaian kasus. Yang diukur di sini adalah ketepatan mahasiswa memilih teori dan bagaimana mahasiswa mampu mengoperasionalkan teori (mampu mengidentifikasi unsur, mengasoasikan bagian dari kasus sebagai bagian yang padan dengan unsur-unsur dalam teori) sehingga kasus dapat dituntaskan secara tepat dan benar dalam tataran normatif.

Level yang lebih tinggi dari menyajikan kasus dengan *guided-questions* adalah menyajikan cuplikan/potongan/penggalan isu atau fenomena. Atas penggalan informasi tersebut, mahasiswa ditugaskan untuk mengidentifikasi isu hukum apa saja yang dapat diikatkan pada kasus tersebut, bagaimana kasus tersebut diselesaikan, menganalisa implikasi masalah, hingga memberikan konklusi dan menyertakan rekomendasi. Model penyajian kasus seperti ini – dengan asumsi dan ekspektasi mahasiswa mampu memberikan gambaran utuh yang memadukan teori dan hasil *problem solving* – inilah yang disebut dengan metode *problem-based learning* (PBL).

Kemampuan mahasiswa dalam menjawab pertanyaan pada level *what else* akan sangat membantu dalam mengidentfikasi masalah hingga rinci, detail, dan komprehensif. Dengan membiasakan mahasiswa mampu melebarkan horison sehingga terkumpul sebanyak-banyaknya alternatif jawaban atas pertanyaan *what else* inilah yang akan sangat berguna dalam memberikan perspektif yang lebih kompleks saat menganalisa masalah pada skema PBL.

Skema PBL dapat disebut sebagai pola pembelajaran aktif-interaktif yang *advanced*. Dikatakan demikian karena PBL menuntut mahasiswa mampu:

a. mengidentifikasi masalah hukum atas suatu isu/fenomena yang disajikan hanya dalam penggalan/cuplikan,
b. merujukkan teori yang tepat diterapkan pada masalah tersebut,
c. melakukan *problem solving*, dan
d. membangun struktur bangunan teori yang komprehensif dan relavan terhadap masalah.

Ketika mahasiswa mampu dan berhasil melakukan serangkaian proses pembelajaran yang menjadi komponen PBL, dapat dipastikan mahasiswa telah memiliki pemahaman teori yang mumpuni, tepat, dan komprehensif. Kejelian mahasiswa dalam menemukan persoalan hukum, menyelesaikannya, dan kemampuan mengkonstruksikan bangunan teori secara lengkap dan utuh ini merupakan cermin kapabilitas bernalar dan bersintesa yang tidak sederhana. Karenanya tepat mengatakan bahwa PBL merupakan pembelajaran yang *advanced* dan untuk mengeksekusinya mahasiswa diharapkan telah memiliki kemampuan belajar dan bernalar yang *advanced* pula.

3 Problem-Based Learning (PBL) dan Kemandirian Belajar

Hal lain yang menjadi sebab PBL disebut sebagai metode pembelajaran aktif-interaktif yang *advanced* adalah karena dalam berkegiatan PBL, mahasiswa dituntut mampu melakukan serangkaian aktifitas belajar secara mandiri, tanpa campur tangan dosen (yang biasanya berperan dan terlibat dominan dalam proses pembelajaran).

Pada pembelajaran interaktif dengan pola klasikal, dosen masih dituntut untuk menciptakan suasana yang kondusif dan nyaman agar mahasiswa tergerak untuk berpartisipasi. Dalam skema PBL, mahasiswa sudah harus langsung berinisiatif untuk berpartisipasi sebagai wujud *eagerness and curiosity*, sekaligus sebagai wujud tanggung jawab individu agar kelompoknya dapat menyelesaikan tugas *case building, legal analysis, problem solving, drawing conclusion*, dan *delivering recommendation* dengan kualitas terbaik dan selesai sesuai target waktu yang telah ditetapkan.

Pertanyaan penting di sini adalah bagaimana cara menumbuhkan inisiatif dan kegairahan berpartisipasi dalam pembelajaran? Siapa pihak yang berperan atau bertanggung jawab dalam menumbuhkan hal ini? Apakah ini dapat tumbuh dengan sendirinya karena faktor internal dan subyektif pada diri masing-masing mahasiswa atau perlu ada faktor eksternal yang menjadi impetus dan daya dorong?

Dalam pembelajaran klasikal, ketika suasana kelas tidak hidup atau berjalan monoton, dosen wajib peka dan perlu melakukan deteksi dini. Dosen tidak bisa mengabaikan kondisi statis terjadi di kelasnya. Dosen perlu memecah kebekuan dengan membuka komunikasi dengan cara bertanya. Cara paling mudah menggugah suasana kelas yang pasif adalah dengan menanyakan apakah materi yang diajarkan dapat dipahami dengan baik oleh para mahasiswa atau tidak. Ini hal pertama yang perlu ditanyakan oleh dosen jika kelasnya terasa senyap.

Sapaan dosen pada mahasiswa dalam bentuk pertanyaan perlu disampaikan dengan nada ramah, bukan dengan nada intimidatif atau menyudutkan. Meskipun sudah menyandang status sebagai mahasiswa, tetap perlu diingat bahwa sistem pendidikan di Indonesia -terutama untuk tingkat dasar dan menengah— belum sepenuhnya berhasil menjadikan peserta didik terbiasa mengekspresikan diri serta artikulatif akan pikiran dan pendapatnya.

Menjadi tugas dosen untuk membantu mahasiswa mampu berinteraksi di dalam kelas. Mengajukan pertanyaan yang sederhana, menunjukkan ketulusan dan kesungguhan dalam memahamkan mahasiswa atas apa yang diajarkan, dan menghindarkan diri mengucapkan hal-hal yang mungkin dapat mengiritasi mahasiswa perlu dihindari dosen. Menjadi dosen yang menyemangati dan mengapresiasi itu keharusan, membuat mahasiswa merasa diterima dengan baik, dihargai, dan merasa aman adalah kewajiban. Hanya dengan menumbuhkan perasaan nyaman itulah yang akan membuat mahasiswa menjadi berani, bersemangat, dan terpanggil untuk berpartisipasi dalam belajar di kelas.

Memantik Mahasiswa Terlibat dalam Pembelajaran Interaktif

Sampai di sini, apakah ada yang ingin anda tanyakan atau perjelas?	Baik, sebelum saya melanjutkan pembahasan, saya ulangi, hal yang perlu anda catat sejauh ini adalah bahwa syarat agar safeguard dapat diterapkan adalah 1. Terdapat lonjakan impor yang tajam, 2. Lonjakan tersebut menyebabkan kerugian atau potensial menimbulkan ancaman kerugian, 3. ... dan 4. ... Apakah ke-4 poin ini sudah berhasil anda tangkap?
Terima kasih telah menyampaikan pertanyaan, pertanyaan yang anda ajukan ini menarik, karena... dan dengan menjawab pertanyaan anda, teman-teman lain di kelas ini akan mengetahui tentang...	Ucapkan terima kasih dan beri apresiasi secara santun atas pertanyaan, komentar, tanggapan yang disampaikan mahasiwa. Inisiatif untuk berpartisipasi penting untuk dihargai, substansi dapat dikesampingkan terlebih dahulu.
Dosen perlu mengulangi untuk menegasan pertanyaan mahasiswa yang sekiranya diajukan secara kurang jelas atau kurang fokus > terima kasih atas pertanyaan yang anda sampaikan, jadi anda menjelaskan aspek distorsi pasar yang disebabkan oleh tindakan dumping itu adalah ... betul demikiankah yang anda maksudkan?	Seringkali mahasiswa perlu dibantu menajamkan dan memperjelas maksud pertanyaan pada aspek substansi dan kebahasaan. Dosen dapat membantu dengan melakukan paraphrase pertanyaan, Jangan lupa untuk selalu mengafirmasi, apakah benar demikian yang anda maksudkan?

Mahasiswa yang aktif dan mampu belajar secara mandiri menjadi *conditio sine qua non* bagi pelaksanaan PBL. Dalam PBL, proses menemukan jawaban dan mengkonstruksi secara utuh suatu masalah hanya dengan dibekali sepenggal/sekeping informasi itu wajib dilakukan secara mandiri. Mahasiswa bersama timnyalah yang wajib menyusun peta jalan, memulai diskusi dari titik nol hingga sampai pada simpulan dan saran. PBL ibarat kegiatan membangun sebuah gedung hanya dengan sedikit bekal batu bata. Tim mahasiswalah yang harus menyepakati informasi yang terbatas ini akan dikembangkan ke arah mana, komponen apa saja yang perlu ditambahkan, hal-hal apa saja yang harus dibahas sebagai bagian dari upaya menyajikan bangun informasi yang komprehensif.

Kesemua proses ini harus dilakukan benar-benar secara mandiri, tidak diperbolehkan ada campur tangan dosen. Intervensi maksimal yang boleh dilakukan dosen adalah dengan secara tidak langsung memberikan arahan dengan mengajukan *hints* atau *clues* –tidak sama sekali memberi petunjuk dan perintah tentang apa yang musti dilakukan atau apa yang musti dibahas oleh tim mahasiswa. Pelaksanaan metode PBL oleh mahasiswa yang belum mandiri hanya akan menjadikan mahasiswa gagap kemudian potensial tergelincir, bahkan tersesat, sehingga target pembelajaran PBL tidak tercapai.

4 Refleksi Penerapan Pembelajaran Model Problem-Based Learning (PBL)

Penerapan model/pola/teknik PBL dalam pembelajaran merupakan hal yang *advanced.* Jika diurutkan, model pembelajaran yang paling sederhana adalah bentuk klasikal dengan menempatkan dosen secara dominan dan sebagai sentral (sumber ilmu, pasti benar, penutur dan pelaku utama dalam *transfer of knowledge*). Bentuk ini meningkat manakala dosen menerapkan pembelajaran aktif dengan memberikan ruang yang lebih luas bagi mahasiswa untuk turut menggali dan menggembangkan materi belajar.

Berikutnya adalah pembelajaran yang tidak sekedar aktif, tetapi juga interaktif yang ditandai dengan terbangunnya dialog yang dinamis antara dosen-mahasiswa dan mahasiswa-mahasiswa. Pada pola ini, dosen harus pula mampu memandirikan mahasiswa dalam proses pencarian ilmu. Pada saat mahasiswa telah lancar menjalani pola belajar aktif-interaktif secara mandiri maka inilah momentum yang tepat bagi dosen untuk meningkatkan lagi metode pembelajaran ke tahap yang lebih (atau bisa juga disebut dengan yang paling) *advanced*, yaitu PBL.

PBL bukan model pembelajaran yang dapat diterapkan secara tiba-tiba atau serta merta. Ia menuntut proses untuk membangun kesiapan, baik SDM, struktur mata kuliah, sarana dan prasarana. Campur tangan dosen pada tahap pra-PBL utamanya adalah menumbuhkan dan mematangkan kemampuan mahasiswa untuk belajar secara aktif-interaktif dan mandiri. Peran dosen sangat besar dalam mempersiapkan ruang belajarnya bisa berjalan dengan lancar dan efektif tanpa terlalu banyak campur tangannya lagi.

Jika dalam model pembelajaran non-PBL, aktifitas belajar mengajar dapat diselenggarakan setidaknya dengan kehadiran dosen dan mahasiwa saja, akan tetapi dengan metode PBL diperlukan tambahan kehadiran tutor pada sesi tutorial. Masing-masing SDM yang terlibat dalam PBL wajib telah cakap dalam menjalankan perannya secara tepat, benar, dan proporsional. Tentu saja pada skema PBL, mahasiswa menjadi aktor yang dominan. Dosen menjadi tokoh utama yang mempersiapkan mahasiswa agar mampu berperan aktif dan dominan sebagai sentral dalam proses pembelajaran. Tutor dalam skema PBL berperan mengawasi dan memandu proses tutorial. Mempersiapkan dan mengkondisikan mahasiwa agar memiliki kemampuan belajar aktif-interaktif secara mandiri serta memiliki tanggung jawab dan motivasi tinggi dalam mencari ilmu ini membutuhkan proses berjenjang, tidak bisa diciptakan secara instan.

Model PBL akan sangat efektif dan dapat memberikan manfaat maksimal bagi mahasiswa jika diterapkan pada mata kuliah-mata kuliah tingkat lanjut yang hanya bisa ditempuh oleh mahasiswa yang telah lulus menempuh mata kuliah-mata kuliah bersifat dasar. Pada mata kuliah tingkat lanjut, mahasiswa telah memiliki cukup bekal untuk bisa berpikir komprehensif, kreatif, dan mandiri. Mahasiswa juga telah lebih matang kepribadiannya, sehingga dorongan dan motivasi belajar itu hadir utamanya karena faktor internal, dari dalam dirinya sendiri, tanpa perlu ada stimulus dari faktor eksternal. Model pembelajaran PBL ini menarik dan menantang, sehingga hanya akan mulus dieksekusi jika semua komponen yang terlibat telah siap.

5 Rekomendasi

1. Dua pelaku utama dalam proses pembelajaran adalah dosen dan mahasiswa. Sebagai persiapan pelaksanaan pembelajaran PBL, dosen perlu melakukan penilaian dan evaluasi dari secara jujur tentang kesiapannya sebagai pribadi dan kesiapan mahasiswanya sebelum memutuskan untuk menerapkan model pembelajaran PBL.
2. Tutor diperlukan keberadaannya pada sesi tutorial. Dosen Penanggung Jawab Mata Kuliah (PJMK) perlu menentukan persyaratan sebagai tutor, melatih tutor agar mampu berperan secara tepat dan proporsional dalam melaksanakan tugasnya.
3. Pada tahap akhir, dosen perlu menyampaikan rangkuman dan ulasan terhadap hasil akhir PBL yang telah dilakukan mahasiswa, baik dari substansi dan penguasaan soft-skill. Penting juga bagi mahasiswa untuk mendapatkan umpan balik dari dosen dan penegasan apakah bangunan yang telah mereka bangun itu telah tepat dan benar secara keilmuan.
4. Pembelajaran PBL dapat dimodifikasi, tidak selalu harus diterapkan maksimum. Menerapkan model PBL secara maksimum seharusnya tetap dijadikan target capaian. Namun, jika pada saat ini penerapan PBL secara ideal belum dapat diterapkan, maka berkompromi dengan keadaan menjadi pilihan terbaik.
5. Team Teaching bersama-sama PJMK perlu secara bersama-sama menyusun road-map dalam persiapan penyelenggaraan PBL pada mata kuliah yang bersangkutan. PJMK dan Team Teaching perlu pula menentukan target capaian serta melakukan evaluasi secara berkala sehingga dapat diketahui kapan saat yang tepat untuk melaksanakan metode pembelajaran PBL.

XXI Blended Learning: A Label as Barrier

Nicolai Manie & Barend Last[*]

Universitas-universitas Belanda harus secara tiba-tiba beralih ke pengajaran dan pembelajaran online pada Maret 2020. Selama pengajaran darurat jarak jauh ini, siswa, guru, dan pembuat kebijakan dengan cepat menjadi terbiasa dengan cara-cara baru dalam merancang, mengatur, dan menyampaikan pendidikan. Meskipun banyak kelemahan dari pendidikan online juga dirasakan, menjadi jelas bahwa menggabungkan elemen online dengan metode pendidikan di kampus yang lebih tradisional dapat mengarah pada peningkatan kualitas pendidikan. Hal ini, bagaimanapun, membutuhkan langkah-langkah signifikan dari berbagai pemangku kepentingan universitas. Artikel ini mengusulkan bahwa pembuat kebijakan universitas harus mempresentasikan civitas akademika mereka dengan visi pendidikan, termasuk peran teknologi; bahwa kursus dan program studi tidak bisa begitu saja diterjemahkan satu per satu ke lingkungan belajar online, tetapi memerlukan desain ulang yang dimulai dengan hasil pembelajaran yang diinginkan; dan komunikasi yang baik tentang konsep blended learning sangat penting. Menerapkan langkah-langkah ini dapat memberikan jalan yang berkelanjutan dalam keberhasilan penerapan pembelajaran campuran.

Dutch universities had to make a sudden switch to online teaching and learning in March 2020. During this period of remote emergency teaching, students, teachers and policy makers quickly became familiar with new ways of designing, organizing and delivering education. Although many downsides to fully online education were identified, it became clear that combining online elements with more traditional on-campus education methods could lead to an increase in the quality of education. This, however, requires significant steps from an array of university stakeholders. This article proposes that university policy makers ought to present their academic community with a vision on education, including the role of technology; that courses and study programmes cannot simply be translated one-on-one to the online learning environment, but require a redesign starting with intended learning outcomes; and that good communication about the concept of blended learning is essential. Applying these steps could provide a sustainable way forward in the successful implementation of blended learning.

1 Introduction

In March 2020, Dutch higher education institutions were faced with a sudden lockdown giving them around one week to react to the measure that teaching was no longer allowed on campus. This resulted in immediate one-on-one translations of on-campus activities to digital equivalents. Institutions were largely successful in continuing their education

* Nicolai Manie, MA (1984), strategy advisor and programme manager for Maastricht University, leading programmes in blended learning and lifelong development. He has been a member of the Crisis Management Team since the onset of the corona pandemic.

Barend Last, MSc (1986), educational consultant at Maastricht University, where he works on the implementation of blended learning. In addition to this, Barend is an independent trainer and speaker, and author of several (children's) books.

activities. In Dutch higher education, the application of digital learning and blended learning has traditionally taken a backseat to traditional, on-campus education. Blended learning can be defined as enriched, student-centred learning experiences, made possible by the harmonious integration of various strategies, achieved by combining face-to-face interaction with ICT.

Dutch universities are publicly financed and have to adhere to a strict set of rules and regulations concerning ways in which education can be delivered. These rules and regulations, along with a reluctance among education directors and teaching staff, have led to a low adoption rate of digital and/or blended learning means in the teaching praxis. Even though there is high quality internet available, and almost all people have access, many Dutch teachers lack the digital literacy skills needed to successfully incorporate digital methods into educational practice.

The lockdowns caused by the Covid-19 pandemic have disrupted this state of traditional on-campus education significantly. Higher education institutions had to identify ways to aid their degree-seeking students in minimizing their study delay by turning to digital alternatives for on-campus education. This effort, often referred to as emergency remote teaching, was largely successful in the Netherlands in terms of providing a digital infrastructure and minimizing study delays. This temporary switch to online teaching did not encompass any functional changes; it merely substituted on-campus teaching activities with online teaching activities. It also laid bare the importance and value of on-campus education; where students before the pandemic had complained about things like mandatory attendance requirements, the lack of freedom to watch lectures online and the emphasis on a fixed timetable for classes and exercises, many surveys and research carried out during the pandemic concluded that what students missed most was human interaction, which for a large part fell short in the absence of physically meeting on campus. For university policy makers and teaching staff, the sudden entrance of fully online education necessitated a rethink of the value of on-campus education, addressing not only the qualification function, but also the socialization and subjectification functions. Having a properly functioning digital infrastructure in place, along with students and teachers who had now gained experience in using that infrastructure, provided higher education institutions with new inspiration to question the status quo of their educational models. They started exploring ways in which digital modes of delivery could be combined with the invaluable on-campus experience, working towards utilizing the best of both worlds and working towards a redefinition of learning opportunities. This has resulted in discussions on the hows and whats of blended learning across higher education institutions.

2 Remote Emergency Teaching

Remote emergency teaching during 2020 and 2021 was characterized by a mostly one-on-one substitution of on-campus efforts with online variants; lectures in lecture halls were replaced by professors streaming their lectures via learning management platforms and tutorial sessions in which 15 students working on problems guided by a teacher were taken online via video call applications. Mostly, this worked as a band-aid option during the first few weeks. Reactions by students were largely positive – they recognized the difficult situation both they and their university were in, and adopted a resilient and flexible attitude. As time progressed, however, the attitude towards digital education started to change dramatically. Students felt their teachers were not as accessible anymore, there was less interaction between teachers and students and between students themselves and the perception was that the overall quality of education had dropped. On top of this, students faced lockdown-induced personal issues (financial, logistical etc.) and the number of support questions in terms of well-being increased significantly. The perception of digital education thus became rather negative. This also led to confusion; many people said they did not like 'online distance education', while they were actually referring to the quick fix known as 'remote emergency teaching'.

3 Resistance and Nostalgia

Among the largely sceptical teaching staff, there was a small group who started rethinking their courses and programmes. The lessons learned from the two lockdowns showed them that the introduction of online elements in their classes could enhance the quality of their teaching. Students appreciated the option to watch lectures online as they were able to rewind and fast forward, and watch it at their own convenience. Group work was made easier by online collaboration tools. And it became easier to invite students for feedback sessions and advising hours online. This group of positive adopters among the teaching staff also started to understand that blended learning did not mean to simply replace your on-campus classes by a digital variant. In order to make blended learning work, you have to rethink your entire educational model. The digital elements, or technology in a broader sense, are not the goal of education; they are simply a means to make education more effective. As a result, recommendations were presented by a taskforce formulating the principles of blended learning, the necessary preconditions and frameworks and the required policy steps to ensure a successful and sustainable implementation of blended learning after the lockdowns.

This was met with significant resistance across campus. Many members of the teaching staff and their education directors preferred to do away with all the elements of digital education and wished to return to the 'normal', traditional on-campus situation as soon as the restrictions would allow it. In their view, a lecture ought to last two hours and is best held in a large lecture hall with 400 students in attendance. The option to cut lectures into 10-minute knowledge clips, have students send in questions by apps or text, to integrate visual elements in the clips, etc. did not convince them. They also largely refuted online group work sessions, digital assessment methods and in general the need to rethink education in terms of integrating the lessons learned during the lockdowns. It became clear that the teaching staff often found it challenging to distinguish between teaching and learning. The sheer sharing of information with students does not imply they will remember or learn any of that information.

This tendency towards educational nostalgia led to a negative stance regarding the adoption of digital elements in courses and programmes and a persistence of the misconception that online education is the same as blended learning. These perspectives subsequently spilled over to the policy level where discussions were dominated by the negative reactions to remote emergency teaching rather than by how to distil lessons from online teaching and integrate them in the educational model.

4 Policy Making

On a policy level, the disruption of higher education by the pandemic has opened discussions on how digital education fits in with what is already there, working towards combining the best of both worlds. The duress under which policy has been made since March 2020 in higher education has not necessarily improved the quality of these discussions. Often, policy makers were worried about their staff and students – many of them had to deal with high workloads and issues of well-being. And also on policy agendas, often online education was wrongly equated with remote emergency teaching. In many higher education institutions, teachers were experimenting already with online elements in their courses. Mostly, this was taking place on a small scale, and was driven by staff with a tendency to embrace innovative education. Upscaling and broad implementation of such experimentation was rare, as such fundamental changes to teaching required time and investments – both of which were scarce. Also, there seemed to be a structural lack of interest in reshaping education in the digital era. Instead, the status quo of traditional on-campus education was maintained. Overall, the arguments against blended learning were not based on didactical quality or educational science, but seemed to be rooted in the intuition that technology was about to become an integral part of teaching and learning – a development that instilled apprehension across campus.

Many policy makers chose to ignore the positive experiences that could be drawn from properly designed and executed blended learning, while at the same time failing to acknowledge the new realm of higher education in which universities operate. New players, such as small and big edutech companies, have been entering the market over the last ten years, offering online modules, MOOCs and blended solutions. Although traditional research universities had dabbled in these advancements as well, they often fell behind in lack of collaboration because of the aforementioned resistance to anything digital. However, the drive among university policy makers in the Netherlands to gear their institutions towards the digital age has increased. Nevertheless, universities remain bastions of an everlasting faith in the tradition of on-campus sending and receiving of information.

5 IMPLEMENTATION

When looking at recent literature about the implementation of blended learning, several models have been developed that describe dimensions relevant for educators and administrators to improve the adoption of blended learning in higher education. A common factor between these different models is that they all describe necessary organizational preconditions that aim at facilitating the teacher in the (re)design of their education. If these preconditions are not in order, the implementation will never be widespread, and will remain confined only to a select group of enthusiasts and pioneers.

One often-used model is the Framework for Institutional Adoption and implementation of Blended Learning in Higher Education by Graham et al. (2013).[1] This model differentiates between three large themes of implementation dimensions:

- **Strategy:** a clear institutional direction and policy, making sure there is a shared language, clear definitions, advocacy structures and awareness of purposes.
- **Structure:** having clear technological, pedagogical and administrative infrastructures in place, facilitating the blended learning environment. This requires a clear governance plan, including the evaluation method and scheduling system.
- **Support:** any educator that creates online and blended courses needs pedagogical and technological support, as well as incentives to professionalization.

This model, as well as others, clearly shows the important role administrators have in the widespread institutional implementation and adoption of blended learning. It also shows that any education innovation does not start with the means to that end, which is often technology. It starts with a clear and shared vision on what to work towards, which preferably should be created collaboratively with all staff within an institution.

1 Graham, C.R., W. Woodfield & J. Buckley Harrison, A framework for institutional adoption and implementation of blended learning in higher education, *The Internet and Higher Education*, Vol. 18, 2013, pp. 4-14, https://doi.org/10.1016/j.iheduc.2012.09.003.

5.1 *Opportunities and Barriers*

Research has been done in identifying key opportunities and barriers regarding the implementation and adoption of blended learning in higher education. More specifically, contextual factors that can either improve or hinder adoption provide insight into the many aspects administrators need to address in order to achieve success. These aspects are at a macro-level. Furthermore, specific faculty characteristics, such as technological competence and individual teacher beliefs, also play an important role. These are more the meso- and micro-level of the institute, like for example, the actual teaching practice. For a comprehensive list of opportunities and barriers, we refer to the original research, where there are a number of important principles that are worth describing here, bearing in mind that these will vary with each institution.

5.2 *Institutional Level*

First of all, when taking note of the starting point of mostly traditional on-campus education, implementing blended learning requires a change in culture. Often the case is that individual teachers are not incentivized to innovate their teaching practice. This is caused by the fact that many university teachers are rewarded based on their research output, which make education less of a priority. To overcome this problem, it is necessary to initiate a cultural change in which a broadly supported quality structure for education is set in place. One of the starting points for this change is creating a clear vision for blended learning and making sure this vision is accepted and supported by the entire community. It is recommended to use a top-down approach for setting guidelines, but a bottom-up approach for the actual implementation. One of the most mentioned barriers, which could be an opportunity if addressed correctly, is the required time and space to (re)design education. The workload for teaching staff in the Netherlands is high and reducing that workload can be an opportunity. One way to do this is by creating incentives in the form of small-scale grants to hire assistance and carry out projects, as well as providing offer- and needs-based professionalization activities (e.g., communities of practice). Of course, directly providing hours for working on (re)designing education works as well. Finally, it is important to focus on the valorization of quality teaching, making use of role models and sharing of knowledge and practices.

5.3 *Teacher Level*

When thinking of implementing blended learning at the teacher level, it becomes more about the actual design and facilitation processes of education. The starting point for (re)design is always the intended learning outcomes. Based on these learning outcomes, a fitting assessment is formulated, followed by the design of teaching and learning activities that provide students with opportunities to actually practice the learning outcomes. This principle is called constructive alignment, and it demonstrates that blended learning, or any given educational design, can never be a one-size-fits-all approach. It all depends on what the teacher aims to achieve and what the situation is in which those activities will take place. In other words: context is key. Therefore, working with a quota that for example states that 50% of education should take place online is a recipe for suboptimal education, that makes technology an end goal instead of a means to an end. It is perfectly imaginable that there will be courses that require a 100% campus-based design, as well as a 100% online design, and anything in between.

6 Conclusion

It is clear that a proper implementation of blended learning poses many challenges for higher education institutions. Finding a right mix of campus-based education with digital variants requires a lot of support and ongoing professional learning on topics such as student engagement, academic and social integration, the use of technology, active learning, etc. And there are many other factors to consider, such as adequate studio or recording facilities, copyright issues when using online resources and even thinking of the students at home, helping them with IT support. However, many research findings provide evidence for the claim that blended learning, when well-designed, can lead to several different advantages, such as more flexibility in education, higher learning results, connecting to the world and more opportunities for learning (e.g., asynchronous learning activities). In that sense, the purpose of blended learning is evident. The only problem is that many institutions keep presenting blended learning as the future, whereas teachers have been blending technology into their education since the beginning of formal education. Was not the invention of paper and pencil also a technological advancement? This means that the real revolution in education does not lie within adding yet another technology in education practice; it lies within the educational design that brings together all opportunities for learning and maximizes the potential of those opportunities, whether they are on campus or at home, technology-supported or not. In that sense, one could argue that, in time, the discussion should not be about blended learning (or face-to-face, online and hybrid for that matter), but simply about good education – education that utilizes all opportunities for learning, within the context in which it takes place.

Quality and Societal Impact

XXII Quality Assurance Mechanisms and Standards

*Evelien Stinkens**

Memastikan kualitas pendidikan hukum berstandar tinggi harus menjadi salah satu tujuan utama fakultas Hukum dan stafnya. Hal itu mutlak. Namun demikian, metode apa yang dapat digunakan untuk mengukur kualitas pendidikan kita dan standar mana yang dapat digunakan? Dalam bab ini, berbagai metode dan standar penjaminan mutu yang sudah ada akan dijelaskan dan akan menekankan pada metode dan standar penjaminan mutu yang dapat digunakan di tingkat fakultas. Dapat dikatakan bahwa ketika memilih metode jaminan kualitas, empat kondisi harus diperhitungkan (keandalan, validitas, keadilan dan konsekuensi sosial). Kondisi ini dievaluasi terhadap sebuah metode jaminan kualitas, yaitu survei kursus.

Making sure that the quality of our legal education is of a high standard should be one of the main goals of a law faculty and staff. That is undisputable. Nevertheless, what are the methods to measure the quality of our education and which standards can be used? In this chapter, the different quality assurance methods and standards that are in place are explained and special attention is given to quality assurance methods and standards that can be used at the level of the faculty. It is argued that when choosing quality assurance methods, four conditions should be taken into account: reliability, validity, fairness and social consequence. These conditions are evaluated against a specific quality assurance method, course surveys.

1 Quality Assurance Methods and Standards on Different Levels

1.1 *Europe and Globally*

Rankings are the closest to a quality assurance method that is in place on a European and global level. Rankings are seen by universities as a proof of quality, reputation and international outlook (ScienceGuide, 2021a).[1,2] As a university, you want to be ranked as high as possible and use this in your marketing. Traditional rankings compare different universities with different characteristics (size, state-funded or private, etc.) with each other. Besides this, a number of rankings, such as the U-Multirank, offer the possibility of selecting specifically the category in which you want to compare. For example, an institution may want to be compared with universities that have the same expenditure on teaching,

* Policy officer for legal education, Faculty of Law, Maastricht University.

1 As an educationalist, I am trained in referencing sources according to the American Psychologist Association (APA) guidelines. I believe that a cobbler should stick to his last, so I used this method of referencing in this chapter.

2 ScienceGuide (2021a, May 25). Rankings creëren een verdraaid beeld van kwaliteit. *ScienceGuide*. https://www.scienceguide.nl/2021/05/rankings-creeren-een-verdraaid-beeld-van-kwaliteit/.

are similar in size or similar in age. There are general rankings (that compare institutions in general), subject rankings (that compare performance in a scientific domain, such as international law) and topical rankings (comparing institutions on one specific aspect, such as employability). There are also rankings that are restricted to a specific subset of institutions (for example, based on age, such as the ranking of the 50 best universities younger than 50 years).

Despite the diversity of rankings, there has been extensive criticism on the use of rankings as such (Harvey, 2008[3]). The main reason for such criticism is that the methodology used to produce the ranking results is often a black box. Often, a ranking only says something about the comparison itself, but little about the quality of the institution in absolute terms. On top of that, there is no universally agreed quality standard for an excellent higher education institution (Hauptman Komotar, 2020[4]). However, as an institution, one cannot escape rankings, as they are used internationally in multiple ways – like it or not, rankings are here to stay.

Unfortunately, what influences an institution's placement in a ranking significantly is the budget of that institution, even though a large budget does not automatically equal good quality in education. Moreover, in particular from a contemporary Dutch perspective, rankings are at odds with the 'Recognition and Rewards' initiatives at Dutch universities (ScienceGuide, 2021a), in which Dutch universities are searching for possibilities to create an environment that does justice to academics' achievements not only in research but also in the areas of education, impact and leadership. Law schools exist in many variations, serve different purposes and labour markets, operate in different environments and different legal cultures, have different profiles and strategies and aim for different markets in terms of both student intake and the graduate labour market (Heringa, 2013, p. 135[5]). I therefore argue that it is, generally, very difficult to compare law schools with each other. Rankings should be read with great care.

1.2 The Netherlands

In the Netherlands, there is a semi-private quality assurance agency called NVAO (*Nederlands-Vlaamse Accreditatieorganisatie*, Dutch-Flemish Accreditation Organization) that is responsible for safeguarding the quality of our higher education in an expert and

3 Harvey, L. (2008). Rankings of higher education institutions: a critical review. *Quality in Higher Education*, 14(3), 187-207. https://doi.org/10.1080/13538320802507711.

4 Hauptman Komotar, M. (2020). Discourses on quality and quality assurance in higher education from the perspective of global university rankings. *Quality Assurance in Education*, 28(1), 77-88. https://doi.org/10.1108/QAE-05-2019-0055.

5 Heringa, A. W. (2013). Evaluations, benchmarks and rankings. In A.W. Heringa (Red.). *Legal Education: Reflections and Recommendations* (pp. 127-148). Intersentia Ltd.

independent manner, encouraging improvements and promoting a culture of quality in higher education. NVAO decisions serve as the basis for the recognition of degrees and titles, and wherever applicable, public funding of programmes. This agency was set up in 2005 in the wake of agreements between European ministers of education to create a European Higher Education Area (EHEA).[6] In short, accreditation happens on two levels: there is an accreditation procedure for institutions via the institutional audit and there are accreditations of (existing) educational programmes.

The goal of the institutional audit procedure is to assess whether there is an adequate internal quality assurance system in place and, more specifically, whether the latter contributes to the realization of the institution's vision of good education. More information about the institutional audit and the standards can be found on the website of NVAO.[7]

Besides the institutional audit, each educational programme is re-accredited every six years. When a programme is re-accredited, an independent panel of experts approved by the NVAO visits the faculty in question and assesses the quality of its programmes. Law programmes offered at Dutch universities are being assessed during the same accreditation cycle. This ensures that the assessment can take a comparative perspective.

Depending on whether the institution in question has passed the institutional audit by NVAO, a limited framework is used to assess its individual programmes. In this framework, there are four standards on which a programme is assessed: intended learning outcomes, teaching-learning environment, student assessment and learning outcomes achieved. Depending on the conclusion, there is proof that the programme meets the applicable minimum standards and delivers degrees with a recognized status.[8]

The visit of an accreditation panel can be stressful, as one does not know in advance what the panel's exact approach and possible points of criticism will be. However, as a general maxim, one should always engage with the panel to make use of the chance to gain valuable insights to improve education. As part of the accreditation process, our institution, Maastricht University, has a midterm review obligation 3 years after the NVAO's accreditation. The purpose of this midterm review is twofold: on the one hand, it serves to evaluate and reflect upon the NVAO's standards and the actions taken as a result of the previous accreditation procedure. On the other hand, the midterm review serves as an opportunity to formulate new goals internally, where necessary.

Besides the accreditation process, there is also a National Student Survey (*Nationale Studenten Enquête*, NSE). In this large-scale national survey, students provide their opinion about the programme in which they study. They answer questions about their general

6 For more information about EHEA please consult http://ehea.info/.
7 www.nvao.net/en/procedures/the-netherlands/institutional-audit.
8 For more information about the accreditation of existing programmes please consult www.nvao.net/en/procedures/the-netherlands/accreditation-of-existing-programme.

satisfaction, the atmosphere at their institution, study facilities, curricular content, structure of the programme, connection to professional practice, lecturers, etc. and averages are generated and presented on the website www.studiekeuze123.nl/. For each study programme, this website lists the score for each subset as well as the national average on that subset of similar study programmes. The only score that is displayed is an average; any other statistics of the survey (response rate, margin of error, standard deviation, etc.) are not publicly accessible. I am therefore very cautious about interpreting the results of the survey and do not believe that they should be taken at face value. The National Student Survey measures the *popularity*, but not the *quality* of the programmes it examines (ScienceGuide, 2021b[9]). Nevertheless, the results of the popularity contest may of course give reason to further research the quality of education.

1.3 The Law Faculty of Maastricht University

In our law faculty, we have three sorts of quality measurements that students can use to give feedback. There are course surveys, programme evaluations and evaluation meetings. The latter is new and has only been in use since the academic year 2020-2021; we experiment with this method in our Dutch Law bachelor's programme. The meetings provide qualitative information about our programme and ensure that there is dialogue between staff and students about the quality of our education. This method consists of holding two evaluation meetings per semester with student representatives from each tutorial group. We ask them to reflect beforehand on three questions: what has so far helped you in your learning process during your studies? What in the programme has so far has made it difficult for you to learn? If there is anything you would like to change in the programme, what would it be? The student representatives cannot merely speak for themselves but need to consult their tutorial group first. We provide them with a range of topics to think about (prior knowledge, assessment, study load, course materials, etc.) but we permit the students to discuss other topics as well. The meeting subsequently takes place in an atmosphere of mutual respect and confidentiality in which students can share anything with us. During the meeting, more information can be given to the students (for instance, to explain why a particular handbook has been chosen, etc.) and, where necessary and possible, changes can be made in the curriculum (for instance, clearer information about the way of assessment that will be used). Some recommendations for the organization of such student meetings are:

- provide basic guidelines to student representatives to organize themselves;

9 ScienceGuide (2021b, May 26). Studentenenquêtes meten populariteit, niet effectiviteit van het onderwijs. *ScienceGuide*. https://www.scienceguide.nl/2021/05/studentenenquetes-meten-populariteit-niet-effectiviteit-van-het-onderwijs/.

- share the notes of the meetings with the entire student population;
- communicate to the entire student population what adjustments are made or give clarifications on issues that were raised during the meeting but cannot be changed.

At the end of each semester, we also hold similar meetings with teaching staff. Besides this, there are also written course surveys and programme evaluation surveys. At the programme level, our faculty uses annual standardized questionnaires that are currently being revised. In addition, more qualitative evaluations are held by the respective programme committees.[10] Course surveys are organized every year through standardized questionnaires. The subjects surveyed in the latter are: general impression of the course, course manual, tutorial group, lectures, tutor, assessment and study load. Within the faculty, there are advocates and opponents of these course surveys. On a personal note, I am in favour of using course surveys, but under specific conditions. In what follows, I will elaborate on course surveys and their advantages and disadvantages, and give my personal view on how they can be used to ensure the quality of our education.

2 Course Surveys

The ultimate goal of evaluation of education is, or should be, to provide the best learning environment for students and therefore improve the learning of students (Benton & Young, 2018). For me, teaching is linked to (direct) instruction but also, and perhaps most importantly, to creating a stimulating learning environment. Probably the most widely used form of teaching evaluation in higher education is course surveys. These can take various forms.[11] Just like Benton and Cashin (2012[12]), I prefer the term course rating instead of course evaluation to describe the results of course surveys. When you use the word evaluation, it has the air of finality. However, the results of a course survey are always subject to interpretation and therefore not final. It is important to make a distinction between those who deliver the data (the students) and those who interpret the data (the course coordinator, vice-dean education, director of studies, policy officers, etc.) in combination with other sources of information. Hence, only after a process of interpretation, can one speak of an evaluation. The reason why it is important to make that distinction is

10 A programme committee is a representative advisory body of a programme or combination of programmes in which students and staff discuss the quality of education.

11 I will not make a strict distinction between course surveys and teacher surveys, because they cannot be rated separately. Spooren, P., Mortelmans, D., & Denekens, J. (2007). Student evaluation of teaching quality in higher education: development of an instrument based on 10 Likert-scales. *Assessment & Evaluation in Higher Education*, 32(6), 667-679. https://doi.org/10.1080/02602930601117191.

12 Benton, S.L. & Cashin, W.E. (2012). Student ratings of teaching: A summary of research and literature. *IDEA Paper No. 50.* Manhattan, KS: Kansas State University, Center for Faculty Evaluation and Development.

because a student may, for instance, not be fully capable of determining whether the content of a subject is up to date, which, in my opinion, is an important quality standard for courses at universities. One consequence of seeing the results of course surveys as ratings and not as evaluations is the implication that they cannot simply be used for summative purposes (e.g., employment decisions). A teacher who receives a bad rating via the course survey is not necessarily a bad teacher. It is important to find out what lies underneath the results and enter into a discussion with the teacher and the students. Besides this, if course surveys are used for summative purposes, it may cause teachers to behave in accordance with what students want. However, students do not always want (or know) what is best for their learning. Learning can be a difficult process (Carpenter et al., 2020[13]). That is why I argue that the main purpose of course surveys should be formative, meaning that they can be used to gain additional information and improve teaching. A course survey can serve as input for 'how things are going' and can lead to improvements (Benton & Young, 2018[14]) upon reflection.

Consulting the pertinent literature on course surveys, you will quickly come to the conclusion that there are pros and cons and that the matter is quite complex. Linse (2017[15]) even states that it is the most researched topic in higher education. Moreover, research findings are inconsistent (Algozzine et al., 2004[16]). Some opponents of course surveys are of the opinion that because there is no agreed definition of teacher effectiveness, it is nearly impossible to design a survey that measures teacher effectiveness with a single score and with a high validity. While I surely agree on this, we should not throw the baby out with the bathwater. We do need data to serve as input for internal quality assurance, and course surveys are a low-cost system to collect data because they are easy to manage and take little time (Esarey & Valdes, 2020[17]). If the right questions are asked, and if the results are backed up with statistical analyses and used in combination with other sources, we can use them to evaluate teaching (Stark & Freishtat, 2014[18]). And even though course surveys measure

13 Carpenter, S.K., Witherby, A.E., & Tauber, S.K. (2020). On Students' (Mis)judgments of Learning and Teaching Effectiveness. *Journal of Applied Research in Memory and Cognition*, 9(2), 137-151. https://doi.org/10.1016/j.jarmac.2019.12.009.

14 Benton, S.L., & Young. S. (2018). Best Practices in the Evaluation of Teaching. *IDEA Paper No. 69*. Manhattan, KS: Kansas State University, Center for Faculty Evaluation and Development.

15 Linse, A.R. (2017). Interpreting and using student ratings data: Guidance for faculty serving as administrators and on evaluation committees. *Studies in Educational Evaluation*, 54, 94-106. https://doi.org/10.1016/j.stueduc.2016.12.004.

16 Algozzine, B., Gretes, J., Flowers, C., Howley, L., Beattie, J., Spooner, F., Mohanty, G., & Bray, M. (2004). Student Evaluation Of College Teaching: A Practice In Search Of Principles. *College Teaching*, 52(4), 134-141, https://doi.org/10.3200/CTCH.52.4.134-141.

17 Esarey, J., & Valdes, N. (2020): Unbiased, reliable, and valid student evaluations can still be unfair. *Assessment & Evaluation in Higher Education*, 45(8), 1-15. https://doi.org/10.1080/02602938.2020.1724875.

18 Stark, P., & Freishtat, R. (2014). An evaluation of course evaluations. *ScienceOpen Research*, 1-15. https://doi.org/10.14293/S2199-1006.1.SOR-EDU.AOFRQA.v1.

the validity of courses from students' perspectives, these perspectives do of course matter. Kornell (2020[19]) even states:

> If a professor is like a chef, then SET[20] tell you how much diners like the food. This is less important than how healthy the food is (i.e., how much students learn), but it still matters. Giving students a good experience is a valid goal. If the diners hate the food – even if it is healthy – don't you want to try to do better? And don't you want to know? (p. 166)

Kornell (2020) is also of the opinion that student surveys are a form of quality control and compares student surveys with an Olympic drug test; they might be holding back a flood of bad behaviour. The latter can be the case, but only if and depending on how far faculty take course surveys seriously.

3 Four Conditions for Quality Assurance Methods

Benton and Young (2018) state that, when choosing quality assurance methods, it is best to take into account four conditions: reliability, validity, fairness and social consequence. In what follows, I will discuss these four conditions applied to course surveys.

3.1 Reliability

Reliability is about how consistently a method measures something. Research indicates that the results of course surveys, when having the same course coordinator, are remarkably stable over time (Hobson & Talbot, 2001[21]). This implies that course surveys are quite reliable (i.e., stable) but this does not mean that they are also valid. It only says that students seem to base their evaluations of the course on relatively stable factors like, for example, grading leniency and teachers' enthusiasm (Carpenter et al., 2020[22]).

---

19 Kornell, N. (2020). Why and How You Should Read Student Evaluations of Teaching. *Journal of Applied Research in Memory and Cognition*, 9(2), 165–169. https://doi.org/10.1016/j.jarmac.2020.02.006.

20 Student Evaluation of Teaching (SET).

21 Hobson, S.M., & Talbot, D.M. (2001). Understanding Student Evaluations: What All Faculty Should Know. *College Teaching*, 49(1), 26-31. https://doi.org/10.1080/87567550109595842.

22 Carpenter, S.K., Witherby, A.E., & Tauber, S.K. (2020). On Students' (Mis)judgments of Learning and Teaching Effectiveness. *Journal of Applied Research in Memory and Cognition*, 9(2), 137-151. https://doi.org/10.1016/j.jarmac.2019.12.009.

3.2 Validity

Validity means that you effectively measure what you intend to measure. Validity is the most difficult condition to meet in course surveys. For example, bias in your results reduces the validity of the survey. Bias does not mean that the results from course surveys are useless. All methods for measuring quality include human judgement and therefore may include bias. Moreover, not all students are biased in the same way (Linse, 2017). Of course, we should do everything possible to minimize bias and should be aware of it when interpreting the results (Kornell, 2020). Research shows that certain variables have an influence on the results. These include, for instance, instructor variables like faculty rank, experience and expressiveness, student variables like student's motivation and the expected grades and course variables like higher-level courses, class size and academic discipline. Research also shows that there is gender, ethnic and racial bias in student surveys. However, Linse (2017) states that even though biases exist, these rarely explain why a teacher consistently receives ratings clustered at the low end of the rating scale.

The validity of course surveys is not only about the possible bias, but also about whether, for instance, the method used is the correct method to measure what one wishes to find out. Even though there are well-designed and validated surveys available, many are developed without any clear theory of effective teaching (Spooren et al., 2013[23]). That is quite worrying. The leading learning philosophy at the Maastricht Faculty of Law is problem-based learning (PBL). At its core, PBL at Maastricht University revolves around four learning principles (called CCCS): learning in a relevant context (Contextual), constructive education (Constructive), collaborative learning (Collaborative) and self-directed education (Self-directed) (EDLAB, n.d.; Dolmans et al., 2005[24]). I argue that for courses that follow a specific learning philosophy, the surveys that are designed to evaluate those courses should also assess whether that learning philosophy is effectively followed. For PBL courses, that would imply questions related to the four learning principles mentioned above. Examples of questions (or rather, statements to be rated by respondents) that can be asked in a survey that assesses whether the PBL teaching philosophy is followed are: 'The cases used in this course were professionally relevant.', 'The content of the course connects with what we already knew or learned.', 'This course encouraged me to actively engage with my fellow students.', 'The tutor encouraged the students to contribute actively in the tutorial group.', etc. These are questions that come to mind when thinking about

---

23 Spooren, P., Brockx, B., & Mortelmans, D. (2013). On the validity of student evaluation of teaching the state of the art. *Review of Educational Research*, 83(4), 598-642. http://dx.doi.org/10.3102/0034654313496870.

24 EDLAB (n.d.). Core Principles of PBL. Retrieved June 7, 2021, from https://edlab.nl/pbl-learning-principles/ . Dolmans, D.H.J.M., De Grave, W., Wolfhagen, I.H.A.P., & Van der Vleuten, C.P.M. (2005). Problem-based learning: future challenges for educational practice and research. *Medical Education*, 39, 732-741. https://doi.org/10.1111/j.1365-2929.2005.02205.x.

setting up a course survey for PBL courses. Moreover, I suggest that one does not only ask questions related to the learning philosophy, but also more general questions. These can include questions/statements to be rated like the following: 'During the course I had enough opportunities to assess my progress (via feedback of the teacher, (self)tests, exercises, ...).' However, before such general questions can be formulated, there should be a concept of what good teaching is, since this concept informs any standard of evaluation. I agree with Carpenter et al. (2020) that, when conceptualizing good teaching, including research-based evidence for improving student learning and metacognition is essential. However, developing a course survey that meets these requirements takes time and requires in-depth research. It should be done by experts in the field.

3.3 *Fairness*

Fairness is the third condition that should be taken into account when deciding which quality assurance method you use. Benton and Young (2018) state that the best way to ensure fairness is to include multiple measures. I agree with Claessens (2020[25]) on the advantages of using teaching portfolios and mutual observation: teaching staff observing each other's teaching, followed by discussion and reflection, both in combination with course surveys. I suggest also including evaluation meetings and having a 2- or even 3-year cycles to evaluate courses. Courses do not need to be evaluated every year if the course coordinator remains the same and the course does not change fundamentally in terms of content and mode of delivery/teaching. Full-scale yearly evaluations are a more holistic strategy of assessment of teaching quality but also very costly. That is why Esarey and Valdes (2020) suggest using course surveys as a low-cost evaluation method to initially screen teachers for this more comprehensive assessment. We should also not forget that teachers have different roles in education, from developing course content and planning courses and instructional activities to constructing course materials and conducting the actual teaching, etc. (Franklin, 2001[26]). Hence, we should not only use different measurements, but we should also take into consideration the different roles teachers have and evaluate their performance in role-specific contexts.

What also contributes to the fairness of the quality assurance methods used, and more specifically to that of course surveys, is that, when interpreting the results (assuming the

25 Claessens, S. J. F. J. (2020). The role of student evaluations in a PBL centred law curriculum: towards a more holistic assessment of teaching quality. *The Law Teacher*, 54(1), 43-54. https://doi.org/10.1080/03069400.2019.1580009.

26 Franklin, J. (2001). Interpreting the numbers: Using a narrative to help others read student evaluations of your teaching accurately. New Directions for Teaching and Learning, 87, 85-100. https://doi.org/10.1002/tl.10001.

use of a validated questionnaire), statistical analyses are used. Boyson et al. (2014[27]) recommend always showing the response rate of the survey, as well as the margin of error. The margin of error indicates the amount of error or spread (+ / -) in the scores and thus gives insight into the reliability of the survey. In case of a high response rate, there will be a smaller margin of error. This increases the confidence that the mean of the survey results reflects the actual mean value of the students who followed the course (James et al., 2015[28]). However, it should be kept in mind that random sampling will not be fully achieved because those who fill out the surveys are not a random selection (Nulty, 2008[29]). There will therefore always be a sample bias. In social sciences, the acceptable margin of error is three or five per cent at the confidence level[30] of 95%. One may ask whether this should also apply to course surveys. Personally, I do not think that this is necessary because course surveys should, in any event, not be used as the sole source of information for evaluating the quality of education, nor – as stated above – for employment decisions. The results merely give insight into how things were going. I therefore believe that a margin of error of 10% or even 15% with a confidence level of 95% is acceptable in course surveys. Sample size calculators, available for free online, can help determine the minimum required response rate with a predetermined margin of error. There are different ways to improve the response rate of course surveys, for example, make it easy for students to access the survey, provide frequent reminders, convince students that their feedback will be used, assure anonymity, etc. (Nulty, 2008). At Maastricht University, we use a web-based evaluation system[31] with a desktop system for the administration of the surveys. The course surveys are thus held online, but students are asked to fill out the questionnaire during the last tutorial group meeting.

Besides indicating the response rate and the margin of error along with survey results, I also recommend indicating the standard deviation of the mean of each question. The standard deviation provides information about the spread or variation of the answers (James et al., 2015). Where the response to a question displays a large standard deviation, there is much variation between the students' responses; therefore, it is more difficult to draw any inference from the mean of that particular question. On top of that you should

27 Boysen, G.A., Kelly, T.J., Raesly, H.N., & Casner, R.W. (2014). The (Mis)Interpretation of Teaching Evaluations by College Faculty and Administrators. Assessment & Evaluation in Higher Education, 39(6), 641-656. https://doi.org/10.1080/02602938.2013.860950.

28 James, D.E., Schraw, G., & Kuch, F. (2015). Using the sampling margin of error to assess the interpretative validity of student evaluations of teaching. *Assessment & Evaluation in Higher Education*, 40(8), 1123-1141. https://doi.org/10.1080/02602938.2014.972338.

29 Nulty, D.D. (2008). The adequacy of response rates to online and paper surveys: what can be done? *Assessment & Evaluation in Higher Education*, 33(3), 301-314. https://doi.org/10.1080/02602930701293231.

30 The confidence interval (CI) is used to indicate how certain you are of an estimated value. It is an interval within which you expect the true value to lie.

31 https://iwio-law.maastrichtuniversity.nl/.

also show the results in a bar chart (Stark & Freishtat, 2014). This helps you to get an insight into the distribution of the scores.

Reporting all of the statistical analyses outlined above only makes sense if people understand them (Boysen et al., 2014). Therefore, I strongly suggest investing in professional development, not only for teachers who are being evaluated but also, and perhaps more importantly, for staff tasked with interpreting the results, such as directors of studies, members of programme committees, course coordinators, deans, etc.

3.4 *Social Consequence*

The last factor to be taken into account is social consequences. What is the impact of the quality assurance methods used? As a faculty and as a course coordinator, one should strive for the best and value the input received via different quality assurance methods. An ongoing discussion among staff and with students about the quality of the education should be the social consequence of any effort of quality assurance – thus a quality culture. We owe it to society to constantly improve our education. However, using a variety of quality assurance methods does not automatically lead to improvements. Penny and Coe (2004[32]) state that providing a teaching consultation service is one of the most important steps a university can take to increase the quality of its education. This service should be structured, collaborative, focused on problem-solving and use data as a basis for discussion. Nevertheless, one will only want to improve one's teaching if there is a discrepancy between current and desired performance (Benton & Young, 2018).

4 CONCLUSION

This chapter mainly focused on course surveys because these are widespread, low-cost and relatively easy-to-organize quality assurance methods. Course surveys can be used together with other quality assurance methods to assess the quality of education. However, sufficient attention should be given to the validity and reliability of course surveys. This holds particularly true for courses that have to follow a specific learning philosophy like PBL. In the case of such courses the (extent of) implementation of the learning philosophy should be one of the topics being surveyed. Surveys can include other topics, but these topics and the standards used for evaluation should be based on evidence obtained from research on student learning and metacognition. Course surveys should therefore be constructed with the help of experts in the field of education and adjacent disciplines. Besides the validity

32 Penny, A.R., & Coe, R. (2004). Effectiveness of consultation on student ratings feedback: A meta-analysis. Review of Educational Research, 74, 215-253. https://doi.org/10.3102/00346543074002215.

and reliability of a given quality assurance method, the fairness and social consequence of using that particular method should also be considered. Course surveys can be a valuable tool under certain conditions; they should not be the sole method relied upon to assess the quality of education. Where they are used, statistical analyses should be presented and their results should be published, and sufficient training should be provided to all relevant actors to enable their understanding of those statistical analyses. Perhaps most importantly, a quality culture should be present among the faculty.

XXIII Collaboration Among Law Schools and With Society

Aalt Willem Heringa[*]

Sekolah hukum dan fakultas hukum tidak dapat dipisahkan dari masyarakat; keduanya, ketika mencita-citakan pendidikan dan penelitian hukum terbaik, tidak bisa lepas dari berbagai bentuk kerjasama: dengan sekolah hukum di negara asalnya, dengan sekolah hukum asing dan dengan pemangku kepentingan (inter)nasional seperti badan profesi hukum, pengusaha dan pemerintah. Kolaborasi dan bentuk jaringan seperti ini memiliki berbagai tujuan: mengidentifikasi praktik terbaik dalam pendidikan, kolaborasi dalam merancang kursus dan pengajaran, memungkinkan siswa untuk menghadiri kursus di universitas lain, membangun kelas internasional (virtual) dan pengajaran bersama, serta kurikulum, penelitian dan pendidikan peer review. Hal-hal ini merupakan aspek untuk mencapai kepentingan masyarakat, pelajar dan kualitas pendidikan hukum. Selain itu, melayani masyarakat dapat dilakukan dalam model pendidikan hukum melalui pendirian klinik, aplikasi maupun situs blog, di mana informasi dapat dibagikan dan diskusi dapat dilakukan untuk kepentingan komunitas hukum nasional dan pelajar dan masyarakat.

Law schools and law faculties cannot be isolated from society; and law faculties and schools, when aspiring for the best legal education and research, cannot escape from various forms of collaboration – with law schools in their home country, with foreign law schools and with (inter)national stakeholders such as the bar, employers and the government. These collaborations and networks serve different purposes: identifying best practices in education, collaboration in designing courses and (co-)teaching, enabling students to attend courses in other universities, building (virtual) international classrooms and joint teaching, peer review curricula and research and education, all of which are aspects that serve the interests of society, of students and of the quality of legal education. Serving society can furthermore be promoted within the model of legal education that involves setting up clinics, apps and blogs where information can be shared and discussions can be conducted for the benefit of the national legal community, students and society.

1 Introduction

In this article, I will focus on the relevance of collaboration between law schools and/or specific disciplines in a given state, as well as on international collaboration and exchanges and finally on collaboration with society, specifically, service to society. These are different but related themes, with their focus on collaborative aspects. The first aspect relates to collaboration among professionals in order to exchange views, best practices, organize review from peers, to exchange education materials and to organize mutual assistance.

---

* Professor of Comparative Constitutional and Administrative Law, Maastricht University; former dean of Maastricht Law and of the China EU School of Law. Author of *Legal Education* (Intersentia, 2013). Dutch project director of LEAP.

The first aspect is divided into two sub-parts: national and international collaboration respectively. The second aspect relates to interactions with society, as in service to society, how to organize responsibility for the maintenance and improvement of the legal system and how to bring legal aid and assistance to (those in) society (who need it).

2 NATIONAL NETWORKS

National networks of law schools and/or law teachers are of importance to combine forces when being confronted with stakeholders' or government's policies that law faculties suspect are disadvantageous for legal education, or simply to lobby for funding, new rules or other aspects related to law faculties. These national networks are relevant for joint strategizing and for joining forces to improve legal education. Networks serve as a way to organize reflections on modes of teaching, on courses, assessment, skills, etc., and can also provide spaces for review of the quality of legal education and of law faculties. The utility of networks may be twofold: as a tool or platform to join forces in communication to government ministers and nation-wide stakeholders such as the bar and organizations of employers; and also as a platform to jointly work on improving legal education, organizing the necessary collaboration and exchange of views and setting benchmarks.

Evidently, law faculties may also be competitors in their search or struggle for prospective students, but they must certainly also share a concern that they owe to society for the quality of their 'product' – of legal education, of the graduates and of the legal system, as a whole. How can this be done and how did we try in our LEAP project to weave these features into our tools to improve legal education? Evidently by organizing a discussion on legal education within a law faculty and by working to set strategies and goals and develop tools; but also, by bringing law faculties in the same legal order together in a network – one that is deemed to organize conferences and webinars, facilitate exchanges and mutual assistance, and which sets out to organize peer review and in general improve legal education, set benchmarks and bring to light best practices. Such a network could also organize assessments of law faculties and their programmes, in order to continuously work on improving legal education, and also to prepare law faculties for any other official accreditation process they may have to pass under national laws. In the context of our project, we have also worked on the development of a website in which the network publishes its activities, where people may post blogs about legal education, where ideas may be shared and legal education research can be discussed, where questions may be answered about aspects of teaching and hybrid teaching and best practices can be promoted and, above all, shared.

National networks will also enable law faculties in remote areas to closely cooperate with universities in central areas, and also allow students to virtually sit in classes of other law schools. Since the outbreak of the Covid-19 pandemic, universities and law schools have switched to digital and remote learning and have adapted their courses to online formats with taped lectures, digital classes and other forms of e-learning. This could open up possibilities to enable students from smaller law schools to sit in classes with students from other schools in courses that their own school cannot afford to offer. It could also enable staff of different law schools to jointly develop and teach, digitally, specific courses. That will confront students with different learning experiences and approaches and expertise, and allow staff to jointly develop and improve course materials and modes of delivery and learn from each other. Here, in the digital (post-)Covid age, joint collaboration and the use of digital modes of delivery may stimulate collaboration, and what is more, enable students and staff to learn and teach jointly and have access to legal education modules and features in different schools; it will allow staff in remote areas in smaller schools with less resources, to tap into the know-how and expertise in other schools. One might, for instance, subscribe to e-subscriptions for the library and include access for other schools and their students; or jointly run a virtual moot court; or exchange courses and offer them from different locations to students from various schools.

3 International Collaboration and Exchanges

International collaboration, or even wider 'internationalization', is indispensable for law programmes and for students and staff, since it is proof of and does internalize aspects of increasing international connectivity and globalization in general. In Europe, the European Union (EU) has consistently furthered international student and staff exchanges and collaboration, not only in law but in all educational programmes, as a way of European integration, as an aspect of quality and to foster a sense of international openness and a common spirit. Open borders and the possibility of free movement of students have also set in motion a Europe-wide competition for the best students and the best programmes, and for cross-border cooperation in PhD programmes, master's programmes and research. This international openness has also had an impact on the quality of educational programmes: learning from others and competing with others has opened up national perspectives and habits and taught educational institutions and also law schools to be inspired by others and to learn from others, and to inspire and teach others. In a certain way this also reflects the ideas behind the incorporation of comparative law in a legal curriculum – it shows us other avenues and makes comparison possible and therefore encourages a search for the best mode of delivery and for new and other perspectives on the law, legal concepts and legal developments.

In quite a few law faculties, a 'study abroad' experience is included in the legal curriculum for students (it could even be imperative for staff); international networks are being stimulated in annual assessment interviews with staff; and international conferences are supported as being held in the law school. And in PhD programmes a study abroad stint is not only promoted but included as part of the PhD trajectory.

Other law programmes choose to have international classrooms, that is, a student body with a diverse and international composition to embody their international outlook. This feature enables the law schools to bring together different approaches and legal cultures and to expose students and staff to aspects of international competition and collaboration.

One of the 'benefits' of the pandemic and the post-corona era is that law faculties may want to continue to work with virtual international classrooms by offering some courses (in collaboration with a foreign law school) to foreign and local students alike in a digital setting.

International collaboration and exchanges have come closer with the advancement of technologies and the rise of online teaching, which enables law faculties to join forces and develop and offer joint courses and allow law students to sit in joint classes. That will certainly be beneficial for those students who cannot afford to travel or do a student stint abroad, or do not have access to a specialized course at their home universities but can now use the (inter)national hybrid teaching community to take that specialized course online.

The foregoing implies the need for law schools to become part of international networks; to organize student exchanges and to acknowledge courses taken abroad; to build joint programmes and especially international exchanges in PhD trajectories; to promote and stimulate through personnel-management such things as staff exchange (outgoing and incoming) and collaboration in developing and co-teaching of joint courses. The digital tools that we now have available may assist law schools a great deal, in the sense that they lower the threshold for quite a few activities in terms of international collaboration and exchange. They also enable home-bound students to virtually sit in an international classroom, or to follow a course in a foreign law school, or to be (co-)taught by a foreign law teacher.

The first thing law schools may have to do is to make room in a curriculum for events and courses offered in joint collaboration, abroad or in an international classroom context. That requires also that a law school operates in an international network of law schools or has quite some strong bilateral ties and connections. The second feature would be to make participation, virtual exchange, in transnational/international courses compulsory or an essential element in the home curriculum and make it a part of the national curriculum.

4 Service to Society

Universities in general, and law schools are no exception here, do owe a service to society. Not only is their presence in itself an economic benefit to society and the immediate surroundings, since universities do boost the local or regional economy by furthering employment and by promoting new jobs for their graduates, but they can also actively stimulate the local or regional economy and businesses and citizens.

More specifically, universities and law schools may deem it wise to focus their studies and programmes and research not only on national needs, but also on local needs and economic strengths. Involving local and regional stakeholders is a wise element of strategy building, to seek collaboration with other strategic aims of the region and to find alignment with university strategy and focus.

And furthermore, specifically law schools and their staff and students may endeavour to support and build activities through which society is being served, for instance, free legal services for citizens who cope with rent issues, labour disputes or social security matters. Or a law faculty may choose to set up a centre of expertise which provides legal aid for certain domains and businesses. Or a law school may set up a centre of excellence in a domain which is an essential characteristic of the local or regional economy, such as transport, health, IT, agriculture or mining. Through providing services to businesses, citizens or economic sectors of local or regional importance, a law school can train its students in doing consultancy work, in providing legal advice or in legal counselling, for instance through a law clinic run by the law school. Such specializations can also be seen to boost research and research focus.

Law schools may, with major inputs from their students, set up consultation services for society, providing assistance for tenants, or in labour disputes and social security and helping citizens to get access to health care. Setting up these clinics will be a part of the training for students, and also bring knowledge to society. Additionally, these clinics could be helpful in publishing accessible guides through a website or an app (or different apps for different fields of law) for society to use, with tips and tricks related to these and possibly other domains as well. They could also make available model letters for appeal, for terminating contracts, for contracts, etc. for citizens to download and use. Contacts and service hours may be facilitated by video conversations and reliance and 'first aid' through apps, built to provide quick and easy information all the way to legal expertise.

5 Valorisation of Legal Knowledge

Another aspect of service to society is to disseminate widely legal findings and perspectives and discussions about legal issues, in order to enrich societal debate with information and research findings. This aspect is well appreciated in many (legal) societies and has received a boost with the increase in the number of sites where lawyers and experts can write blogposts. For Indonesia, where our project was focused on good governance and the rule of law, we have developed a website to that effect (www.consid.id) to publicly share insights and comments and discussion about issues in the domain of democracy, rule of law, and good governance. This website aims to enrich public discussions, to disseminate knowledge and to make legislation and cases available to a wider audience.

Further initiatives of this kind may be encouraged and could be the outcome of a national legal education network or association of law schools – websites or apps with focus on landlord-tenant issues, environmental questions, property-related items and many others.

In general, I suggest that law faculties ought to be active and more pro-active in this respect, with legal information to be shared through their websites and blog pages, or by publication of legal documents, clarification of legal issues, or provision of legal comments with information for citizens on how to act in specific situations.

It would also be important to not only publish scholarly output in peer-refereed journals, but to also make the outcomes and conclusions of these academic publications available through accessible blogs on relevant sites.

To stimulate these and related activities may have to be part of a law school's endeavour, through its personnel policies and possibly also embedded in legal education with the help of students.

6 Conclusion

A policy tool for a law faculty to achieve these services to society would be to incorporate these aspects of service to society – of publishing blogs, developing apps and assisting in legal clinics – in job descriptions of staff and to discuss these activities in annual appraisal interviews. Furthermore, this service to society and the different elements thereof could be made part of the law faculty's strategy and they could be implemented with clear targets and incentives for good practices and for those who participate. It is vital to embed these goals in internal law faculty strategy and personnel policies.

Building national and international networks for the benefit of students and staff alike can also be considered essential, as a mutual stimulus for open dialogues and exchange of information, resources and expertise, and to set up jointly run moot courts, courses and study materials.

My recommendations are therefore twofold: (1) to open up to society by making available legal information to a general audience and to participate in public debate about legal issues, as a means to educate society and to give input to public debate about essential civic aspects such as rule of law, democracy and good governance, and (2) to collaborate with other law schools in legal education networks, to jointly raise the level of legal education in a society, which ought to indeed be a shared responsibility.

XXIV Kolaborasi Antar Institusi Pendidikan Hukum dan Masyarakat Profesi Hukum

*Reny R. Masu & Radian Salman**

Program studi hukum, khususnya jenjang sarjana, mempunyai perbedaan masalah dan tantangan sehingga berakibat terjadi perbedaan mutu lulusan. Bagaimana mengurangi perbedaan atau kesenjangan dan bersama-sama mewujudkan pendidikan hukum yang lebih baik merupakan isu bersama. Salah satu solusimya adalah kolaborasi antar institusi pendidikan hukum dan kolaborasi dengan masyarakat profesi. Meskipun pelembagaan kerjasama telah berlangsung, namun kolaborasi yang lebih efektif dan aksesibel untuk berbagai pihak memerlukan platform bersama dalam rangka pertukaran infromasi, gagasan dan berbagi sumber daya. Kolaborasi yang lebih luas dan berkelanjutan akan menjadikan institusi pendidikan hukum berkontribusi terhadap perwujudan negara hukum.

Law study programs, especially those at undergraduate level, face several different problems and challenges that result in differences in the quality of graduates. How to reduce such differences or gaps and create better legal education is a challenge for Law Schools. One of the solutions lies in collaboration between legal education institutions amongst each other, as well as collaboration with the professional community. Although such cooperation has been institutionalised to a degree, more effective and accessible collaboration between various parties requires a common platform in order to exchange information and ideas and facilitate wider sharing of resources. Broader and more sustainable collaboration will make legal education institutions contribute better to the realisation of the rule of law.

1 Latar Belakang

Dikutip dari laman www.dataakreditasi.com, terdapat 526 program studi di bidang hukum, dalam berbagai jenjang baik sarjana, magister, dan doktoral, baik yang diselenggarakan oleh fakultas hukum atau sekolah tinggi. Program studi bidang hukum termasuk program studi yang paling banyak diminati pada berbagai jenjang. Jenjang sarjana merupakan program studi yang menjadi favorit lulusan SMA untuk melanjutkan ke jenjang pendidikan tinggi. Data ini sekaligus merefleksikan eksistensi dan sejarah panjang berbagai institusi pendidikan hukum di Indonesia, bahkan sebelum Indonesia merdeka. Dalam aspek kelembagaan, pendirian Rechtshogeschool pada 28 Oktober 1924 oleh Gubernur Jenderal D. Fockt merupakan fase awal yan menandai pendidikan hukum di masa Hindia Belanda

* Reny R. Masu, Dekan Fakultas Hukum Universitas Nusa Cendana / Dean of the Faculty of Law at Nusa Cendana University.

Radian Salman, Dosen Bagian Hukum Tata Negara Fakultas Hukum Universitas Airlangga, Direktur Program LEAP / Lecturer at the Department of Constitutional Law of the Faculty of Law, Airlangga University; Indonesian project director of LEAP.

yang kemudian tepat 19 Agustus 1945, Pemerintah mendirikan Balai Perguruan Tinggi Republik Indonesia, yang saat itu terdiri dari fakultas yaitu hukum, sastra, kedokteran, dan farmasi. Dengan jumlah ratusan yang tersebar di seluruh negeri dan sejarah panjang pendidikan hukum, rasanya sudah seharusnya pendidikan hukum mempunyai kontribusi penting bagi pembangunan hukum dan masyarakat. Disisi lain dalam pendidikan hukum itu sendiri tentu ditemukan berbagai perbedaan yang kemudian dapat dipetakan bahwa terdapat institusi pendidikan hukum yang berkualitas bagus yang ditunjukkan dari akreditasi dan berbagai macam prestasi, sebaliknya juga terdapat institusi pendidikan tinggi hukum yang terkendala berbagai aspek mulai dari infrastruktur pendidikan, sumber daya dosen dan hingga kualitas pembelajaran. Tulisan singkat ini merupakan kontribusi yang membicangkan urgensi kolaborasi pada diantara institusi pendidikan tinggi hukum kita dan bagaimana kolaborasi dengan masyarakat, khususnya masyarakat profesi hukum dalam rangka menjadikan institusi pendidikan hukum yang lebih baik yang pada akhirnya berkontribusi terhadap perwujudan negara hukum.

2 Pendidikan Hukum Indonesia

Barda Nawawie Arief (2009) menyatakan bahwa Ilmu hukum Indonesia adalah ilmu mengenai tatanan berkehidupan kebangsaan berdasarkan Pancasila, dan ini berarti sistem hukum nasional pada hakekatnya membangun konsep-konsep tatanan yang berorientasi pada nilai/paradigma Pancasila, yaitu paradigma Ketuhanan (moral religius), paradigma kemanusiaan, paradigma kebangsaan (persatuan/kepentingan umum), paradigma kerakyatan/demokrasi, dan paradigma keadilan sosial. Lebih lanjut Barda menambahkan, kualitas lulusan yang diharapkan lahir dari lulusan pendidikan hukum bukan hanya Memiliki intelektual / pengetahuan (knowledge/ cognitive) dan kualitas keterampilan (skill/sensor-motor) yang cukup tinggi, tetapi justru yang memiliki kualitas sikap/nilai-kejiwaan (attitude/affective). Oleh karena itu bila kita cermati bagaimana standar pendidikan tinggi, terdapat indikator pencapaian pembelajaran lulusan yang meliputi aspek pengetahuan, sikap dan keterampilan. Dengan konteks sistem pendidikan hukum yang berbasis Pancasila, maka pendidikan hukum berorientasi pada nilai-nilai Pancasila (kebutuhan Indonesia), dengan 3 kualitas kualitas, yakni pengetahuan (*knowledge*) dan kualitas keterampilan (*skill*) dan juga sikap. yang mampu memberikan solusi bagi setiap permasalahan yang terjadi di tengah-tengah kehidupan masyarakat (*problem solving*).

3 KOLABORASI ANTARA INSTITUSI PENDIDIKAN HUKUM

Bagaimana mencapai ketiga kualitas dalam pendidikan hukum, tidaklah mudah dan sama tantangannya bagi setiap institusi pendidikan hukum di Indonesia. Hal ini tidak terlepas dari berbagai faktor yang mendasarinya. Dari sisi historis, fakultas hukum atau prodi ilmu hukum yang telah mapan dan dikenal mempunyai sejarah perkembangan yang panjang yang dengan demikian dapat dipahami keketatan untuk masuk menjadi mahasiswa. Artinya pada satu sisi calon mahasiswa memiliki telah sangat terseleksi dengan ketat yang mengindikasikan tingkat kompetisi program studi (Kompas: Perbedaan lain adalah mengenai infrastruktur dan fasilitas pembelajaran yang berbeda, seperti fasilitas pembelajaran untuk berbagai praktik, perpustakaan dan sebagainya. Pada sisi sumber daya manusia, khususnya dosen, pun juga terdapat perbedaan, sebut saja yang paling mudah mengenai jenjang pendidikan para dosen, perbedaan jenjang jabatan akademik, perbedaan pengalaman dalam kaitannya dengan dunia praktik dan sebagainya. Faktor letak dikaitkan dengan perkembangan wilayah juga tidak dapat dinegasikan begitu saja dalam menilai kemajuan pendidikan hukum di Indonesia, terutama di daerah 3T. Dalam konteks pandemik COVID-19 yang kemudian memaksa kita beralih ke pembelajaran secara daring, perbedaan infrastruktur telekomunikasi, ketersediaan peralatan dan kemampuan pengadaan peralatan adalah contoh yang dapat mengakibatkan ketimpangan dalam hal mutu lulusan. Dengan potret demikian, pendidikan tinggi hukum di Indonesia berada pada keadaan dan situasi yang berbeda yang membutuhkan solusi yang berbeda tetapi tetap terbuka dan pasti terbuka peluang bersama-sama untuk maju dan makin mengurangi kesejangan tersebut. Untuk itu kolaborasi merupakan salah satu kunci untuk memajukan pendidikan tinggi hukum.

Sebelum merefleksikan dan menginisiasi bagaimana kolaborasi ini dilakukan, kami hendak menyatakan bahwa sistem pendidikan kita dapat dikatakan "highly regulated", dengan berbagai aturan mulai dari penerimaan mahasiswa, tata Kelola organisasi pendidikan, hingga aspek standard pendidikan. Dalam hal sistem dan konten, dapat kita sebut SK Mendikbud Rl No.0325/U/1994 tentang Kurikulum yang Berlaku Secara Nasional Program Sarjana llmu Hukum sebagai pengganti SK. Mendikbud No.017/D/O/1993, maka pada fakultas hukum seluruh Indonesia ditentukan hanya memiliki satu program studi saja yaitu Program Studi llmu Hukum. Materi perkuliahan terdiri dari kurikulum nasional dan kurikulum lokal yang ditetapkan oleh masing-masing fakultas hukum, sesuai kebutuhan daerah masing-masing. Dalam SK tersebut, tampak memberikan porsi lebih besar kepada aspek praktis dengan munculnya kelompok mata kuliah kemahiran hukum (MKKH) yang berada di bawah koordinasi laboratorium fakultas hukum. Selanjutnya pada tahun 2000, melalui Keputusan Menteri Pendidikan Nasional Nomor: 232/U/2000 Tentang Pedoman Penyusunan Kurikulum Perguruan Tinggi Dan Penilaian Hasil Belajar Siswa dan Keputusan Menteri Pendidikan Nasional Republik Indonesia Nomor 045/U/2002 Tentang Kurikulum

Inti Pendidikan Tinggi, pada intinya menegaskan tentang kompetensi yang harus dimiliki oleh peserta didik sebelum hingga dianggap mampu untuk terjun ke masyarakat. Terakhir, hari ini pendidikan tinggi, dalam aspek standard nya diatur dalam Permendikbud No. 3 Tahun 2020, dengan semangat baru yang disebut Merdeka Belajar, Kampus Merdeka.

Kembali pada kolaborasi sebagai salah satu kunci untuk memajukan pendidikan tinggi hukum, sesungguhnya institusionalisasi Kerjasama antar pendidikan tinggi hukum telah berlangsung cukup lama. Di kalangan PTN terdapat Badan Kerjasama Dekan Fakultas Hukum, pada perguruan tinggi islam negeri terdapat pula Forum Dekan Syariah dan Hukum serta pada perguruan tinggi swasta terdapat pula forum kerjasama serupa. Institusionalisasi kerjasama ini merupakan jejaring yang sangat berharga bagi pengembangan pendidikan hukum. Dalam konteks perubahan situasi dan kondisi saat ini, maka kerjasama antar perguruan tinggi hukum dituntut selalu dinamis dan responsif.

Pertama, menetapkan tujuan kolaborasi. Bahwa situasi antar perguruan tinggi terdapat perbedaan berkaitan dengan permasalahan dan tantangan yang dihadapi. Karena itu dalam kolaborasi, kita perlu merumuskan tujuan yang bersifat umum dan semua pihak akan dapat memperoleh manfaat dari kolaborasi. Dalam konteks penyelenggaraan pendidikan tinggi, kita merujuk pada bidang-bidang yang berkaitan dengan pendidikan, penelitian dan pengabdian masyarakat. Penting untuk menjadi catatan tebal bahwa kolaborasi ini bukan tujuan sekedar komunikasi, tetapi setiap pihak dapat berkontribusi dan pihak lainnya dapat pula memperoleh manfaat. Kadang kita masih terjebak pada rutinitas pertemuan yang belum optimal hasilnya.

Kedua, mengembangkan beragam bentuk dan ruang lingkup kolaborasi. Bahwa meskipun perguruan tinggi berdiri pada 3 aspek utama yakni pendidikan, penelitian dan pengabdian masyarakat, maka kita perlu mengelaborasi beragam bentuk dan ruang lingkup kerjasama. Hal paling mendasar dari kolaborasi dalam jejaring pendidikan tinggi hukum adalah pertukaran gagasan dalam banyak aspek; mulai dari bagaimana mendesain kurikulum, tata kelola organisasi, metode pembelajaran, penelitian. publikasi, pemagangan dosen dan sebagainya. Beragam bentuk kerjasama ini akan menjadi bench marking dan pembelajaran yang diantara anggota jejaring pendidikan hukum. Berbagai bentuk kolaborasi ini perlu didesain jangka panjang dan dinamis, dan tidak hanya berkaitan dengan tujuan praktis dan jangka pendek. Hal ini misalnya, beragam konferensi akademik kadang merupakan bentuk pemenuhan target kinerja berkaitan dengan publikasi dan juga aktivitas outbound. Hal demikian tidak keliru, tetapi apa yang perlu dilakukan setelah joint conference, misalnya kolaborasi penelitian, peningkatan kapasitas dalam melakukan riset dan aktivitas lainnya yang melanjutinya merupakan bentuk keberlanjutan.

Ketiga, kolaborasi resources sharing. Tentu ada banyak perbedaan kondisi, permasalahan dan tantangan dari perguruan tinggi hukum. Satu perguruan tinggi hukum mempunyai suatu hal, tetapi yang lain tidak mempunyai. Satu perguruan tinggi mempunyai expert di bidang tertentu sedangkan yang lain tidak. Suatu perguruan tinggi mapan dalam pembelajaran berbasis digital sedangkan yang lain belum mencapai level tersebut. Fakultas hukum A mempunyai koleksi perpustakaan yang lebih lengkap, sedangkan fakultas lain tidak memiliki secara memadai. Maka kolaborasi dalam bentuk resources sharing yang dapat digunakan bersama merupakan hal yang sudah seharusnya dikembangkan. Untuk itu berbagi sumber daya dengan berbagai mekanisme merupakan kunci untuk saling memajukan dan menerima manfaat yang lebih luas. Dapat dipahami bahwa perguruan tinggi saling berkompetisi menjadi terbaik dengan menggunakan segala sumber daya yang dimiliki. Namun mungkin kita lupa bahwa program studi dan perguruan tinggi yang lain masih harus berjibaku dengan hal-hal mendasar seperti pendanaan, mutu sumber daya dosen dan tenaga kependidikan. Untuk *resources sharing* perlu mendapat penekanan dalam kolaborasi. Kami ingin mengambil contoh kecil saja mengenai kinerja inbound dosen yang menjadi kriteria perkembangan perguruan tinggi. Kita bisa lihat satu perguruan tinggi mempunyai jejaring luas dengan dosen-dosen dan peneliti luar negeri, sedangkan perguruan tinggi lain belum mempunyai hal sama. Maka perlu didorong penggunaan dosen atau penelitian asing dapat digunakan bersama-sama dalam kolaborasi yang disepakati. Ini tidak saja hanya pemenuhan kinerja, tapi dalam jangka panjang akan memberikan pembelajaran dan pengalaman dalam aspek bagaimana kerjasama dan mencari partner, juga memberikan atmosfir akademik baru.

Keempat, pengembangan jejaring internasional. Ketika hukum bicara yurisdiksi, apakah relevan jejaring internasional bagi insitusi pendidikan hukum di Indonesia, Apakah jejaring domestik atau dalam skala nasional tidak cukup, sehingga diperlukan jejaring internasional. Chesterman, Dekan Fakultas Hukum NUS menyatakan (IALS: What People Say) bahwa "*Law is a notouriously jurisdiction-specific profession. Yet legal educators and researchers have great deal to learn from one another through their shared and divergent experiences*". Dalam pandangan Chesterman esesni jejaring internasional adalah saling belajar dari yang lain.

Kami berpandangan bahwa ini bukan soal tidak cukup, tetapi ini adalah tentang keilmuan. Ilmu hukum, betapapun hukum selalu bicara yurisdiksi, tetapi keilmuan tidak mengenal batasan teritori. Dalam hubungan manusia, negara dan juhga antar dunia usaha dalam skala global, hukum memegang peran penting. Pengembangan jejaring internasional mutlak diperlukan, juga karena alasan profil lulusan kita akan berada pada profesi hukum. Profesi ini tidak hanya di dalam negeri tetapi di luar negeri, bahkan tenaga-tenaga profesional asing dibidang hukum tidak sedikit telah berada dan berpraktik di Indonesia. Selain mengenai profil lulusan, pada visi dan misi perguruan tinggi hukum, sebagian dapat ditemukan mempunyai berkeinginan kuat pada positioning tertentu, yakni secara regional atau internasional. Tentu terdapat banyak upaya dan strategi dalam jejaring internasional, namun perlu pula didorong kelembagaan kerjasama fakultas / prodi hukum yang ada dapat pula memainkan peran untuk kolaborasi dengan forum atau wadah serupa diberbagai level, misalnya terdapat International Association of Law School atau organisasi lainnya.

Kelima, aksesibilitas dan kolaborasi pengembangan. Pada dasarnya terdapat banyak peluang untuk pengembangan institusi pendidikan dengan berbagai skema baik di dalam dan di luar negeri, terutama dalam skema hibah. Tapi harus diakui bahwa program yang demikian, aksesibilitas dan kesempatan memperolehnya dapat dikatakan "hanya institusi itu itu saja". Ini beralasan dalam banyak aspek, misalnya karena telah "well established" dan sumber daya yang menanganinya tersedia. Untuk itu dalam tulisan ini, perlu untuk digarisbawahi sebagai masukan kepada pemerintah atau institusi internasional untuk menyediakan skema hibah atau donor yang bersifat kolaboratif, yakni mereka yang telah "well established" harus bersama-sama dengan perguruan tinggi yang masih harus mengembangkan institusinya secara mendasar, misalnya perguruan tinggi dari wilayah 3T. Program Orange Knowledge yang disupport oleh NUFFIC dapat menjadi salah satu contoh yang dapat mengembangkan aksesibilitas perguruan tinggi dalam pengembangan dan jejaring internasional. Program ini kolaborasi antara FH Universitas Airlangga dan Faculty of Law Maastricht University dengan tema "*21st Century Legal Professionals For The Rule of Law: Strengthening Skills, Ethics, And Integrity In Indonesian Legal Education*" atau yang disingkat dengan LEAP, yakni Legal Ethics, Integrity and Professionalism, dilakukan bersama penerima manfaat dari 5 Fakultas Hukum hukum lain: Universitas Trunojoyo Madura, Universitas Halu Oleo, Universitas Nusa Cendana, Universitas Mulawarman, dan Universitas Borneo Tarakan.

4 Masyarakat dan Dunia Profesi

Pendidikan hukum sebagai pendidikan akademik, pada dasarnya menghasilkan lulusan yang akan mengisi profesi hukum,seperti hakim, advokat, konsultan hukum, perancang hukum, analis hukum, peneliti dan sebagainya. Kolaborasi dengan dunia profesi menjadi keniscayaan bagi dunia pendidikan tinggi hukum, yang meliputi aspek yang komprehensif, dimulai dari desain kurikulum hingga aktivitas yang mendekatkan lulusan pada dunia profesi, seperti melalui dosen-dosen dari profesi hukum dan pemagangan (Sartono Sahlan: 2013). Untuk itu prodi hukum dituntut mendinamisasi kolaborasi dengan dunia profesi secara berkelanjutan. Bahwa mengingat profesi hukum yang luas, kolaborasi ini dapat menjangkau berbagai aspek, tidak saja organisasi advokat tetapi juga lainnya seperti mediator, kurator dan lain sebagainya.

Mendekatkan calon lulusan dengan aktivitas nyata pada dunia profesi merupakan hal penting, tetapi juga sangat penting untuk memastikan bahwa mahasiswa hukum mempunyai kontribusi nyata pada masyarakat, dengan tujuan untuk pengabdian masyarakat dan memberikan pengalaman pembelajaran yang nyata. Untuk itu perguruan tinggi harus pula berkolaborasi dengan berbagai institusi yang bergerak pada kebutuhan riil masyarakat, misalnya pada Lembaga-lembaga bantuan hukum dan berbagai institusi yang bergerak di bidang riset dan advokasi, termasuk advokasi kebijakan. Hal ini penting tidak saja untuk kegunaan praktik pada profesi hukum, tetapi juga menumbuhkan kepekaan mahasiswa terhadap persoalan-persoalan riil masyarakat yang membutuhkan hukum sebagai salah satu solusinya.

5 Platform bersama dalam jejaring Pendidikan Hukum

Setiap institusi pendidikan tinggi hukum mempunyai perbedaan masalah dan tantangan, pun juga perbedaan kondisi dan capaian. Untuk itu kolaborasi yang bermakna adalah kontributif dan bermanfaat. Bagaimana agar hal demikian dapat dinikmati dan diusahakan bersama? Pandemik COVID-19 dalam dunia pendidikan, jelas telah mengubah banyak hal. Tidak saja perubahan metode pembelajaran, tetapi pembiasaan yang dipaksakan oleh situasi, mendorong kita semua untuk memanfaatkan teknologi informasi. Maka kolaborasi dalam pendidikan hukum, sudah seharusnya beralih dari yang konvensional, yang ditandai dengan pertemuan tatap muka yang tidak selalu *accessible* bagi setiap orang dan institusi menjadi ke platform bersama berbasis teknologi informasi. Platform berbasi laman/ website tentu saja masih sangat relevan menjadi media bagi pertukaran informasi, pertukaran gagasan, pertukaran agenda dan membagi berbagai sumber daya yang dapat dimanfaat bersama, misalnya video perkuliahan, kuliah tamu asing, tutorial pembelajaran dan sebagainya yang tentu saja dapat dimanfaatkan oleh mahasiswa dan masyarakat secara umum. Hal ini akan memberikan manfaat kepada publik secara luas, paling tidak dalam hal pengetahun hukum sehingga hukum bukan barang mewah yang hanya bisa diperoleh melalui jalur pendidikan tinggi. Platform bersama ini tidak mengenal batas konten dan akses dibandingkan apabila laman atau website tersebut dimiliki oleh hanya masing-masing institusi. Platform bersama ini merupakan bentuk "engagement" yang secara tidak langsung akan berkontribusi bagi promosi pendidikan hukum yang lebih baik dan berkontribusi bagi promosi keadilan. Dalam konteks global, Gabriel Bocksang Hola menyatakan (IALS: What People Say)

> "The Engagement of scholars and practitioners from all over the world, with the scope solving ancient problem and discovering new horizons, will promote justice and the common good in all new nations."

Pada akhirnya, kami dapat sampaikan bahwa, kebijakan merdeka belajar, kampus merdeka memberikan kita dorongan yang lebih kuat untuk berkolaborasi. Mahasiswa kita telah didorong untuk berinteraksi dengan mahasiswa lain pada perguruan tinggi berbeda, mengikuti dan menikmati pembelajaran dari prodi pada perguruan tinggi lain dan juga tentu saja memperoleh dosen dari perguruan tinggi lain. Hal ini merupakan modal kuat bagi peningkatan kolaborasi, tidak sekedar menyesuaikan sistem dan administratif untuk berjalannya program tersebut, tetapi terjadi kerjasam yang lebih kuat dengan penekanan pada manfaat yang dapat diperoleh dari kerjasama.

Paling akhir dalam kolaborasi ini, kami mencermati pada masa pandemik ini beragam seminar, kuliah dan sejenisnya telah sangat banyak dilakukan, dengan topik atau materi pada bidang hukum atau isu-isu aktual. Tetapi sedikit sekali hal-hal yang berkaitan dengan pengelolaan pendidikan dan pembelajaran dilakukan. Untuk itu kolaborasi antar fakultas atau program studi hukum dan bersama masyarakat profesi hukum perlu untuk mencurahkan perhatian pada aspek ini. Paling tidak konferensi tahunan sebagai refleksi dan berbagi pengalaman serta inovasi pembelajaran dan pengelolaan pendidikan hukum dapat diinsiasi secara berkala.

6 Rekomendasi

Berdasarkan uraian diatas, beberapa hal yang perlu kita pertimbangkan sebagai berikut:

- *Kolaborasi lebih luas dan menyeluruh dari institusi pendidikan tinggi hukum. Hal ini meliputi perguruan tinggi negeri di lingkungan Kemendikbud, perguruan tinggi keagamaan islam negeri dan perguruan tinggi swasta sehingga manfaat yang lebih luas dapat diperoleh berbagai pihak.*
- *Kolaborasi yang lebih efisien, efektif, adaptif dan aksesibel perlu dikembangkan melalui platform bersama, seperti platform berbasis laman/ website sehingga kemanfaatan lebih luas dapat diperoleh banyak pihak, termasuk masyarakat pada umumnya.*

Conclusion

XXV Future-Oriented Lessons for Legal Education: Some Concluding Comments

*Aalt Willem Heringa**

This edited volume signifies the partial[1] conclusion of LEAP (Legal Education, Ethics and Professionalism), a collaborative project aimed at enhancing and modernizing legal education in Indonesia by focusing on an inclusion of elements of rule of law, skills and legal ethics in the curriculum. Realizing that many aspects of legal education are interdependent and small, interspersed changes will not be sustainable, we took a holistic approach, aiming at a general improvement of legal education and its processes. This is, of course, a long-term endeavour that starts with reflections on aims and possible obstacles and an evaluation of the current situation, but then continues to require lasting attention, frequent re-evaluation, repeated training, reviews and adjustments and much interaction with and among students, teaching staff, administrators, labour market actors and many other stakeholders.

During the three years of our collaboration, we organized practical trainings and reflective workshops on modes of educational delivery and other aspects of teaching law, such as the drafting of course materials. We compiled short guides with tips and tricks for teaching staff, trying to bring skills, analytical competences, as well as critical attitudes into the focus of legal education. We tried to update educational content with greater emphasis on aspects of rule of law, legal ethics and the quality of laws and court decisions, and also attempted to embed these aspects in decision-making structures and processes of educational management.

The underlying motivation for us to carry on our work was that, though challenging, it was worthwhile and fun to work on improving legal education, since it is highly rewarding to see better teaching reflected in the quality of graduates and, in the long run, in the quality of the legal system they going to shape in the future. To create educational materials, to continuously improve the legal curriculum and to think of new ways to convey knowledge and skills is an essential part of the career of a teaching academic. Working on education is part and parcel of legal scholarship; it should be part of career tracks and reward and

* Professor of Comparative Constitutional and Administrative Law, Maastricht University; former dean of Maastricht Law and of the China EU School of Law. Author of *Legal Education* (Intersentia, 2013). Dutch project director of LEAP.

1 Partial, because as a consequence of the pandemic and the resulting inability of project participants to travel during large parts of the project period, LEAP was extended by one year.

promotion schemes. Creating the best possible legal curriculum is a common exercise that academics, teaching staff, regulators and other stakeholders engage in and should be treated as such.

Reflecting this view, this book brings together various contributions from the perspective of people involved on the Dutch side of our project at Maastricht University and from an Indonesian perspective. In a collaborative spirit of mutual learning, our aim with this volume was to provide tools and recommendations of actual use, coming straight from practice, and to show the multifaceted nature of legal education, in which many aspects interrelate.

Two main lessons can be drawn: first, there is no room for complacency; constant improvement and new (sometimes also experimental) tools and methods are necessary to create a standard of legal education that can keep up with the labour market and legal system it serves. Secondly, legal education is always a joint effort. Teaching and learning are best promoted by coordinated and concerted action, through consistent modes of delivery and with a shared philosophy and set of aims. Therefore, the root sources of all improvement, large and small, are communication and cooperation.

Many aspects have been addressed in this edited volume: how to convey legal skills (and which ones), what role case law should play in legal education, how to organize fruitful internships, how to incorporate comparative law, aspects of globalization, problems of legal ethics and good governance in a balanced curriculum, how to teach and learn interactively and in hybrid settings, how to enrich legal education effectively by incorporating moot courts, how to organize proper quality assessments – the list of topics addressed in the book is broad and diverse. Any faculty of law will chart out its own distinct course in all of these areas, but it will need to provide for a coherent and reasoned answer, and one that goes much further than the truism that tradition leads the way. We must be aware of the fact that our students will be the active lawyers who shape our legal systems for the upcoming half-century, and societal changes and challenges happen so rapidly that we must prepare them by teaching a certain versatility and ability to adapt, with the right set of skills, competences and tools. Laws and regulations change, societal issues arise and evolve quickly. Future generations of lawyers need to be equipped with future-oriented tools and well-functioning ethical compasses. As teachers and academics, we need to reflect on how to provide them.

Apart from bringing to the fore the many conclusions and recommendations from the different chapters and emphasizing again the usefulness of putting them into practice and making them part of a coherent faculty strategy, I would like to distinguish 12 lessons for present and future legal education:

1. Make sure that legal education is constructed as a truly academic and analytical, evaluative and critical learning process. This entails three elements: the first is that law students are educated and trained to work and study as critical thinkers who do not

take anything for granted and are capable of critical analysis, creative thinking and evaluation of rules, laws and decisions. They also need to have the creativity to come up with new solutions to novel problems and questions. Secondly, it implies that students are in charge of their learning process and are (to be) actively involved in it – they are engaged actively in class though solving cases put to them, presenting their findings and discussing various solutions. And thirdly, their legal education is more than the acquisition of knowledge of 'black-letter law' and memorizing rules with a steadily decreasing half-time. Instead, students are training to find the law, argue points of law and find solutions to new problems. They learn to collaborate with their peers, discuss new problems and discover solutions through exchange and critically reflect on existing rules and practices.

2. Generally, law schools teach the law in sub-disciplines such as contracts, tort, criminal law, administrative law, international law, etc. However, in the real world and in legal practice, issues pose themselves as consisting of or touching upon different legal fields and even involving other disciplines (see below under Point 3). We have to make sure, therefore, that the problems we present to our students in the study of law mimic and train this inter-sub-disciplinarity. This allows students to learn from the perspective of problems, instead of (solely) from the perspective of a particular legal sub-domain. Crossing borders between legal domains, because of the intertwined nature of societal issues, has to be an important feature of legal education and must not be left to 'learning on the job' in later legal practice.
3. This also applies, albeit to a lesser extent, to interdisciplinarity; indeed, in many domains lawyers are being confronted with other academic disciplines (forensic sciences, aspects of psychology or social science, chemistry, statistics, etc.). As lawyers, we may feel that the law is particularly important, but modesty is also wise and oftentimes we have to accept that other disciplines may be better equipped or more relevant to a specific societal issue, or must be relied upon to solve a legal problem. This is not a plea for the introduction of wholescale sciences in a law curriculum, but for some basic introductions and the creation of awareness and knowledge of the basic concepts of adjacent disciplines.
4. In the fourth place I would argue for more and integral project- and problem-based teaching and collaborative learning for students. That will prepare them for their future careers in two ways: first, it simulates the process of solving questions that are put to them as lawyers, judges or lawmakers. Second, it prepares them for professional life, where collaboration between lawyers and with experts from other disciplines is the norm and the ability to cooperate a highly valued skill.
5. Some of the items mentioned before relate to the labour market and the demands made of lawyers in the real world. While this is so, legal education must also be an *academic* training; the practice of legal *scholarship* should be an integral part of studying law.

6. One of the tools to instill a critical, academic mindset in future lawyers and to stimulate creativity and an openness for novel solutions is the inclusion of comparative law in the legal curriculum. It serves as a lawyer's lab and as an evaluative tool.
7. In all of the courses that constitute a legal curriculum, full attention has to be paid to skills and competences; interactive modes of teaching and learning lend themselves particularly well to integration of (the training of) various skills in substantive law courses.
8. Considering the progress of globalization, the tools of transnational exchange of information, the increasing importance of comparative law and the internationalization of legal issues, it appears both natural and wise that international classrooms have become increasingly common. An international classroom is in itself a good preparation for an increasingly international labour market. Ideally, the concept of 'international classrooms' means not only the internationalization of the student body, but also regular staff- and student exchanges abroad, as well as longer or shorter stints of studies at foreign partner institutions. If necessary, this can also happen virtually. Virtual exchanges would also make foreign study experiences more accessible for larger groups of students. Despite the low threshold and cost, they do require collaboration among law schools, the offer of hybrid courses and the mutual recognition of course credits.
9. Law operates in a social context, a context of human interaction and activities. It is therefore important to include 'law in context' aspects in the curriculum. This also includes devoting curricular time and space to aspects of social sciences and working with empirical data. It is important for students and academics alike to learn and understand the workings of the law and to grasp its impact in and on society. Not least, such an understanding is necessary to anticipate and evaluate the effect of a given rule, regulation or other legal measure.
10. Some of the points mentioned above do require a minimum command of the research methods used in legal science and adjacent academic disciplines. These should therefore receive special attention in courses and skills trainings.
11. I have already referred to the internationalization (and, for the European Union as a species, Europeanization) of law. Those phenomena, their impact on domestic legal orders, as well as the study and appreciation of international/European law will have to necessarily be made a fixed part of the curriculum. This should not only happen through dedicated courses, but because of the vertical impact on domestic law, also as part of regular domestic law courses.
12. Finally, IT aspects should play a greater role in legal education. There are three dimensions to this: first, the inclusion of IT-related legal issues in curricular content (e.g., legal problems arising in the context of artificial intelligence, virtual property, cryptocurrency, regulation of social networks, etc.); second, teaching and learning the use of IT tools in working with the law (e.g., the use of software for case-handling or

of artificial intelligence in deciding cases); third, the use of IT in education (e.g., enhanced use of digital learning environment, virtual classrooms, online exams, etc.).

The points above still leave endless room for choices and decisions to be made. This leads me to the issue of decision-making in a law faculty. As has been argued before, it is for law schools to put legal education on the agenda and to push for the development of coherent approaches to legal education. Education must be an integral part of a law faculty's strategy, and should undergo scrutiny and evaluation on an annual basis. This relates to methodology – the teaching and learning formats used – but also to the substance of courses, which should, after all, be geared towards and keep track of legal and social developments. Some parts of the law become relatively more important than others over time: international law, European law and – in the light of climate change – environmental law are prominent examples. Curricula will have to make room for such development if they are to retain their relevance. For faculties and teaching staff, this implies that legal education – its didactics, the build-up of the curriculum, the integration of skills in teaching and all other relevant aspects – requires significant and regular attention in order to make the right choices.

Printed by Libri Plureos GmbH in Hamburg,
Germany

9 789462 362789